高等职业教育“十一五”规划教材

管理类公共课系列

现代社交礼仪

Xiandai Shejiao Liyi

● 主　编　王　华　邓自新

● 副主编　林　艳　莫　颖　磨　艳

● 参　编　陆纯梅　秦　鹏

华南理工大学出版社

·广州·

内容简介

本书以高校学生为主要对象，从培养学生的个人礼仪修养开始，逐步延伸到日常社会交往场所的礼仪。在内容上，以中华传统礼仪文化为根本，融入现代礼仪内容。全书以基本礼仪知识为载体，基本理论与实用性相结合，强调礼仪“尊重”的内涵，注重细节培养教育，并以实训体验活动为创新点，具有简单、实用、明了、可操作性强的特点。

本书不仅适合高校师生学习使用，同时也是人们了解礼仪、学习礼仪的手册。

图书在版编目（CIP）数据

现代社交礼仪/王华，邓自新主编．—广州：华南理工大学出版社，2009.1（2015.8重印）
（高等职业教育“十一五”规划教材·管理类公共课系列）
ISBN 978-7-5623-2816-2

Ⅰ.现…　Ⅱ.①王…　②邓…　Ⅲ.人间交往-礼仪-高等学校：技术学校-教材　Ⅳ.C912.1

中国版本图书馆CIP数据核字（2009）第015849号

总 发 行：华南理工大学出版社（广州五山华南理工大学17号楼，邮编 510640）
营销部电话：020-87113487　22236378　87111075　87111048（传真）
E-mail: scutc13@scut.edu.cn　http://www.scutpress.com.cn
责任编辑：王　磊
印 刷 者：广州市穗彩印务有限公司
开　　本：787mm×960mm　1/16　印张：14　字数：306千
版　　次：2009年1月第1版　2015年8月第6次印刷
印　　数：9 001～10 000册
定　　价：24.00元

前　言

孔子曰："不学礼，无以立。"荀子曰："人无礼则不生，事无礼则不成，国无礼则不宁。"礼是人类文明的重要标志，是民族文化的重要体现。礼仪在人们长期的社会生活中发挥着重要作用。社会的和谐，经济的繁荣呼唤更多的谦谦君子。在长期的教学中，面对着质朴的学生，常生感慨，许多学生知识丰富、身体健康、精力充沛却文礼不足，许多人在社会交往中不懂得尊重他人，缺乏必要的礼仪常识，常常将自己及他人置于尴尬境地，留下许多遗憾。希望本书能给人们提供一些帮助。

本书以高校学生为主要对象，从培养学生的个人礼仪修养开始，逐步延伸到日常社会交往场所的礼仪。在内容上，以中华传统礼仪文化为根本，融入现代礼仪内容。全书以基本礼仪知识为载体，基本理论与实用性相结合，强调礼仪"尊重"的内涵，注重细节培养教育，并以实训体验活动为创新点，具有简单、实用、明了、可操作性强的特点。

本书适合高校师生学习使用，同时也是人们了解礼仪、学习礼仪的手册。

全书由王华、邓自新任主编。编写分工如下：桂林工学院王华（第三章）；桂林工学院邓自新（第一章、第四章）；广东女子职业技术学院林艳（第二章）；南宁职业技术学院磨艳、桂林工学院邓自新（第五章）；南宁职业技术学院秦鹏（第六章）；广西国际商务职业技术学院陆纯梅（第七章）；广西国际商务职业技术学院莫颖（第八章）。全书由王华、邓自新统稿，王华审定。

本书在编写过程中，查阅了大量相关的著作及资料，吸收并采纳了部分观点和材料，同时得到了许多专家、老师及同学的帮助，在此对他们的付出表示诚挚感谢。

由于作者水平所限，书中难免存在不足之处，恳请读者批评指正。

编　者

2008年8月

目　录

第一章　礼仪基本理论

【学习目标】

- 了解礼仪的起源与发展，从而把握礼仪的本质与内涵
- 了解礼仪的目的与原则，并能应用于实践
- 了解礼仪与礼俗的关系，对礼仪知识的运用能切合实际
- 能够将礼仪与其他社会科学知识结合起来，促进自身综合素质的提高

引入案例

小王是一名刚毕业的大学生，被分到公司办公室锻炼。刚开始，小王工作充满激情，可两周刚过，小王就深受打击，干什么都没了主意。原来，有一天公司安排员工座谈，结果办公室主任批评小王走在了领导前面。刚过了两天，外面来了一批领导考察，由小王负责接待。小王吸取上次的教训，走在领导后面，结果导致活动不顺畅，又挨了领导一顿批评。为此，小王深感疑惑，自己到底应该走在什么地方呢？

分析提示

礼仪的本质是尊重对方以达到人际交往的和谐。所谓尊重是指尽量满足对方对便利、荣誉等利益的需要。本案例中，第一种情况属于陪同，领导熟悉会场情况，此时领导最需要的是荣誉与权威，因此小王应走在领导后面。第二种情况领导不熟悉活动安排与场地情况，最需要的是有人引导，因此小王应该走在领导前面指引方向。从本案例可以看出，生搬硬套一些礼仪规范，不理解礼仪的基本内涵，只会起到负面的效果。

第一节　礼仪的基本原理

我国是闻名世界的礼仪之邦，是东方文明的代表，古往今来，无论是在物质文明还是在精神文明上，中华民族都为世界作出了伟大的贡献。

一、礼仪的起源与发展

（一）礼仪的起源

关于礼仪的起源问题，自古以来我国就有许多的传说和论述，按时间先后主要有周公制礼、礼起源于饮食、礼起源于人的情欲、礼起源于等级区分等。而今天我们探讨礼仪的起源时，都倾向于认为礼仪起源于远古的祭天敬神活动。郭沫若在其著作中这样论述：“大概礼之起于祀神，故其字后来从示，其后扩展而为对人，更其后扩展而为吉、凶、军、宾、嘉的各种仪制。”礼仪作为人类社会活动的规范，其起源是伴随人类社会的产生与发展而出现的，因此从人类文化学的的角度可以分析一二。礼仪起源可以从三个角度分析：从总体的角度分析，其起源于远古的祭天敬神活动；从人类学具体个人的行为动机分析，礼仪主要是人的情欲；从某一具体的礼仪规范产生原因分析，礼仪的起源主要有三个源头：一是古代的祭天敬神，二是当地已有的社会风俗及风尚，三是与外来的文明交流。了解其起源与历史发展可以使我们更深刻地把握礼仪的本质，在社会交往中取得良好的效果。

（二）我国礼仪的发展历程

礼仪作为一种社会行为规范，其形成也不是一蹴而就的，它是一个边发展边创新的过程，与当时的社会历史形态密切相关。中国是世界四大文明古国之一，文化传统源远流长。作为文化内涵之一的礼仪，也经历了一个漫长的形成和发展过程。

中国自古就以礼仪之邦著称于世，其漫长的礼仪发展史大致可以分为礼仪的萌芽阶段、礼仪的形成阶段、礼仪的强化阶段、礼仪的变革阶段、现代礼仪阶段。礼仪的形成和发展，经历了一个从无到有、从低级到高级、从零散到完整的渐进过程。

1. 礼仪的萌芽阶段（原始社会时期）

这一阶段主要是原始社会时期。人们在氏族部落时期，由于认识水平和生产力的原因，人们交往范围不大，交往关系也比较单纯，这一时期的礼仪主要表现在祭天敬神方面，具体到人们相互交往的方面的规范较少，而且也有很重的宗教色彩。在原始社会中、晚期（约旧石器时期）人类逐渐开化，为了对氏族内部关系的维护，出现了早期礼仪的萌芽。例如，在氏族内部婚姻上，禁止和摈弃了血缘群婚，规定了对偶婚制；北京周口店山顶洞人已经知道用穿孔的兽齿、石珠作为装饰品打扮自己；族人去世后会在他们身旁撒放赤铁矿粉，举行原始宗教仪式，这是迄今为止在中国发现的最早的葬仪。

新石器时期，人类进入父系社会，生产力得到了很大的提高，原始礼仪渐具雏形。例如同样在婚姻上规定了同姓不婚，对偶婚制也逐渐被一夫一妻制取代；在今西安附近的半坡遗址中，男女老幼的住处都有相关的规定。炎黄以后，部落联盟和国家逐渐形成，礼仪涉及的范围也越来越广，礼仪的阶级性功能也逐渐显现。《商君书·画策》记载：“神农既后，以强胜弱，以众暴寡，故黄帝为君臣上下之义，父子兄弟之礼，夫妇匹配之合，内行刀锯，外用甲兵，故时变也。”到了尧舜，据《通典》记载就已经五礼兼备了。

2. 礼仪的形成阶段（奴隶社会时期）

这一阶段包括夏商周和春秋战国时期，时间大约为公元前 21 世纪至公元前 221 年。在夏朝，《尚书·禹贡》说大禹分九州，根据山川和不同的土壤制定贡物和赋税，称之为“禹贡”。说明夏朝对诸侯和地方的管理都有一定的规定。在此之后，夏朝统治者为了维护自己的利益，制定了比较完整的国家礼仪和制度，并确定了尊古重礼的传统。到了商代的“成汤之治”，在加强原来国家礼仪制度的建设之外，尊神、信鬼活动开始升温。

推翻殷王朝并取而代之的周朝，对礼仪建树颇多。整个周朝可以分为西周、春秋、战国三个阶段，其礼仪的发展可以从《周礼》、《仪礼》、《礼记》“三礼”得以展现。在西周时期，周武王的兄弟、辅佐周成王的周公制作礼乐，将人们的行为举止、心理情操等统统纳入一个尊卑有序的模式之中。他制定的《周礼》，全面介绍周朝制度，是中国流传至今的第一部礼仪专著。《周礼》（又名《周官》），本为一官职表，后经整理，成为讲述周朝典章制度的书。《周礼》原有 6 篇，详介六类官名及其职权，现存 5 篇，第六篇用《考工记》弥补。六官分别称为天官、地官、春官、夏官、秋官、冬官。其中，天官主管宫事、财货等；地官主管教育、市政等；春官主管五礼、乐舞等；夏官主管军旅、边防等；秋官主管刑法、外交等；冬官主管土木建筑等。在每官下面有设立了相应的官员管理具体的事项，如在饮酒作乐的礼仪方面，就设立了酒正、酒人等官员负责。春官主管的五礼即吉礼、凶礼、宾礼、军礼、嘉礼，是周朝礼仪制度的重要方面。吉礼，指祭祀的典礼；凶礼，主要指丧葬礼仪；宾礼，指诸侯对天子的朝觐及诸侯之间的会盟等礼节；军礼，主要包括阅兵、出师等仪式；嘉礼，包括冠礼、婚礼、乡饮酒礼等。由此可见，许多基本礼仪在商末周初已基本形成。此外，成书于商周之际的《易经》和在周代大体定型的《诗经》，也有一些涉及礼仪的内容。

春秋战国时期是我国的奴隶社会向封建社会转型的时期，也是礼仪重构的第一个重要时期。在此期间，相继涌现出孔子、孟子、荀子等思想巨人，发展和革新了礼仪理论。据传孔子根据《周礼》编订的《仪礼》，详细记录了战国以前贵族生活的各种礼节仪式。《仪礼》共分“士冠礼”等十七篇，主要描述了古人在成年、结婚、见面、饮食等方面的礼仪。后来，孔子的弟子们对《仪礼》进行了阐释，编撰了更为具体详尽的《礼记》。《仪礼》、《周礼》、《礼记》，合称“三礼”，是中国古代最早、最重要的礼仪著作。另外在《论语》、《孟子》、《荀子》及其他诸子百家的论著中也对礼仪进行了大量的论述。总之，孔子等人对礼及礼仪的本质与功能的阐述，把礼仪理论提高到了一个新的高度。

3. 礼仪的强化阶段（封建社会时期）

这一阶段一直延续到 1911 年清政府覆灭。在此期间，封建统治者为了维护自己的地位，封建礼制得到了进一步的强化。

公元前221年，秦王嬴政最终吞并六国，统一中国，建立起中国历史上第一个中央集权的封建王朝，秦始皇在全国推行“书同文”、“车同轨”、“行同伦”，并自封为“始皇帝”。秦朝制定的集权制度，成为后来延续两千余年的封建体制的基础。

西汉初期，叔孙通协助汉高帝刘邦制定了朝礼之仪，突出发展了礼的仪式和礼节，把封建专制制度的理论系统化，刘邦集群臣杀白马盟誓“非刘氏为王者，天下共击之”，提出“唯天子受命于天，天下受命于天子”的“天人感应”之说。董仲舒把儒家礼仪具体概括为“三纲五常”。“三纲”即“君为臣纲，父为子纲，夫为妻纲”。“五常”即仁、义、礼、智、信。汉武帝刘彻采纳董仲舒“罢黜百家，独尊儒术”的建议，使儒家礼教成为定制。

魏晋南北朝时期，是我国礼仪的“礼崩乐坏”时期，也是我国的第二个礼仪重构时期。这个时期的汉王朝礼制的覆灭，人们对社会现实的强烈不满，品评清谈之风在士人之中的盛行，也为礼仪的重构提供了条件。

盛唐时期，是我国的礼仪重建与繁荣时期。这一时期，唐王朝制定了《开元礼》。另外《礼记》由“记”上升为“经”，成为“礼经”三书之一，并总结了“九经”和“十三经”，用以科举取士。所谓“九经”包括《易》、《诗》、《书》、《周礼》、《仪礼》、《礼记》和《春秋》三传。唐文宗开成年间于国子学刻石，所镌内容除“九经”外，又加上《论语》、《尔雅》、《孝经》，这就是“十三经”的雏形。

宋代是我国礼仪的第三个重构时期，出现了以儒家思想为基础，兼容道学、佛学思想的理学，程颐兄弟和朱熹为其主要代表。二程认为，“父子君臣，天下之定理，无所逃于天地间”、“礼即是理也”。朱熹进一步指出，“仁莫大于父子，义莫大于君臣，是谓三纲之要，五常之本。人伦天理之至，无所逃于天地间。”家庭礼仪研究硕果累累，是宋代礼仪发展的另一个特点。在大量家庭礼仪著作中，以撰《资治通鉴》而名垂青史的北宋史学家司马光（公元1019—1086年）的《涑水家仪》和以《四书集注》名扬天下的南宋理学家朱熹（公元1130—1200年）的《朱子家礼》最著名。

明清时期，封建专制进一步加强，其礼仪也变得更加复杂、繁琐、腐化。复杂方面，如忠、孝、节、义等礼仪日趋繁多。例如清代的品官相见礼，当品级低者向品级高者行拜礼时，动辄一跪三叩，重则三跪九叩。腐化方面，如“裹小脚”的规定，虽肇始于宋，但却是风行于明，鼎盛于清。清代后期，清王朝政权腐败，民不聊生，古代礼仪盛极而衰。

4. 现代礼仪阶段（1911年至今）

这一阶段主要包括民国时期和新中国两个部分，是我国的第四个礼仪重建重构时期。这一阶段礼仪的特点是，东西方礼仪开始互相交融，我国现代礼仪的内涵与规范得到了丰富和发展，文明礼仪行为逐步得到广大人民群众的认同。

民国时期礼仪重建的特点是封建礼制土崩瓦解，西方礼仪开始进入我国并得到部分国人的认同，但由于社会制度的不完善，近代礼仪仍含有很多封建因素。

民国初期，清政府的覆灭、军阀混战，社会进入到一个无序的时代；而伴随五四新文化运动、西学东渐，自由平等思想的出现，经一批新知识分子介绍，一些西方礼仪传入中国，如北洋新军时期陆军开始采用西方军人的敬礼，握手礼也开始流行。但由于资产阶级的腐败和先天不足，民国时期，我国的礼仪一直不成体系，比较混乱，一些优良的传统也被丢失。

新中国成立后，中国的礼仪建设从此进入一个崭新的历史时期。新中国成立以来，我国礼仪的发展也经历了一段波折，但整体上仍是一个不断发展的过程。

“文革”前，我国进入社会主义改造和建设时期。此间，人人平等、男女同工同酬的新型社会关系建立，而尊老爱幼、讲究信义、以诚待人、先人后己、礼尚往来等中国传统礼仪中的精华，得到继承和发扬。

“文革”中，国家制度和人民关系都遭到了极大的损害，也给礼仪带来一场“浩劫”。许多优良的传统礼仪，被当作“封资修”货色扫进“垃圾堆”。礼仪受到摧残，社会风气逆转。

“文革”后，我国进入改革开放时期，我国礼仪建设进入新的全面复兴时期。这一时期，我国人民的物质文化和精神文化生活都丰富起来，与世界各国的联系也越来越紧密，在此基础上，礼仪也得到了空前的发展：政府开展文明城市和文明个人的评选引导国民；各行各业的礼仪规范纷纷出台，积极树立行业新风；岗位培训、礼仪教育日趋红火，讲文明、重礼貌蔚然成风；有关礼仪的图书、辞典、教材、讲座、培训不断出现。但目前我国的礼仪教育仍存在一些问题：礼仪的传统内涵挖掘不够，对西方礼仪的引用消化不足，在礼仪的推广上重“器”轻“道”。总体上看，广阔的华夏大地上兴起的礼仪文化热，促成了具有优良文化传统的中华民族精神文明建设的新高潮。

（三）西方礼仪的起源与发展

现代西方礼仪的起源主要有古希腊罗马文明和基督教文明两个源头。

爱琴海地区和希腊是亚欧大陆西方古典文明的发源地。在古希腊神话中，虽然人神混杂，但人们对神的好坏也大胆地表达了自己的爱憎。著名人类学家、法国结构主义人文学术思潮的主要创始人列维斯特劳斯，在其《神话学：餐桌礼仪的起源》等著作中阐释了西方礼仪与神话的关系。

公元前11世纪，古希腊进入因《荷马史诗》而得名的“荷马时代”。《荷马史诗》包括《伊利亚特》和《奥德赛》两部分。这部著名的叙事诗主要讲述特洛伊战争和希腊英雄奥德赛的故事，其中也有关于礼仪的论述。如讲礼貌、守信用的人才会受人尊重。另外，古希腊哲学家对礼仪有许多精彩的论述。例如毕达哥拉斯提出了“美德即是一种和谐与秩序”的观点；苏格拉底认为，哲学的任务不在于谈天说地，而在于认识人的内心世界，培养人的道德观念。他不仅教导人们要以礼待人，而且在生活中要身体力行，为人师表；柏拉图提出了人行为的四大美德：智慧、勇敢、节制、公正；亚里士多德指出，德行就是公正。他说：“人类由于志趣善良而有所成就，成为最优良的动物，如果不讲礼法、违背正义，他就堕落为最恶劣的动物。”

1 世纪末至 5 世纪，是罗马帝国统治西欧时期。期间，教育理论家昆体良撰写了《雄辩术原理》一书。书中论及罗马帝国的教育情况，认为一个人的道德、礼仪教育应从幼儿期开始。而诗人奥维德通过诗作《爱的艺术》，告诫青年朋友不要贪杯，用餐不可狼吞虎咽。在 4 世纪，古希腊和罗马文明受到削弱，基督教成为罗马帝国的国教，其经典《圣经》是其宗教信仰的最高权威，是其教义、神学、教规、礼仪等的依据。人们把它奉为宗教信仰和社会生活的准则。

在中世纪，《圣经》和其他一些基督教教义一直都是欧洲人行为的圭臬。此间统治阶级制定了严格而繁琐的贵族礼仪、宫廷礼仪等。例如 12 世纪的冰岛诗集《埃达》，就详尽地叙述了当时用餐的规矩，嘉宾贵客居上座，举杯祝酒有讲究。

14 至 16 世纪，欧洲进入文艺复兴时代，古希腊和罗马的一些文明开始得到人们的重视。该时期出版的涉及礼仪的名著有：意大利作家加斯梯良编著的《朝臣》，论述了从政的成功之道和礼仪规范及其重要性；尼德兰人文主义者伊拉斯谟撰写的《礼貌》，着重论述了个人礼仪和进餐礼仪等，提醒人们讲究道德、清洁卫生和外表美。英国哲学家弗兰西斯·培根（1561—1626 年）指出：“一个人若有好的仪容，那对他的名声大有裨益，并且，正如女王伊莎伯拉所说，那就‘好像一封永久的推荐书一样。’”

17、18 世纪是欧洲资产阶级革命浪潮兴起的时代，尼德兰革命、英国革命和法国大革命相继爆发。随着资本主义制度在欧洲的确立和发展，资本主义社会的礼仪逐渐取代了封建社会的礼仪。资本主义社会奉行“一切人生而自由、平等”的原则，这一时期的礼仪著作主要有捷克教育家夸美纽斯的《青年行为手册》，英国教育思想家约翰·洛克的《教育漫话》，德国学者缅南杰斯的礼仪专著《论接待权贵和女士的礼仪，兼论女士如何对男士保持雍容态度》。其中《教育漫话》系统地、深入地论述了礼仪的地位、作用以及礼仪教育的意义和方法。英国政治家切斯特菲尔德勋爵在其《教子书》中指出：“世间最低微、最贫穷的人都期待从一个绅士身上看到良好的教养，他们有此权利，因为他们在本性上是和你相等的，并不因为教育和财富的缘故而比你低劣。同他们说话时，要非常谦虚、温和，否则，他们会以为你骄傲而憎恨你。”

现代西方学者编撰、出版了不少礼仪书籍，其中比较著名的有：法国学者让·赛尔著的《西方礼节与习俗》，英国学者埃尔西·伯奇·唐纳德编的《现代西方礼仪》，德国作家卡尔·斯莫卡尔著的《请注意您的风度》，美国礼仪专家伊丽莎白·波斯特编的《西方礼仪集萃》以及美国教育家卡耐基编撰的《成功之路丛书》，法国著名人类学家，结构主义人文学术思潮的主要创始人列维斯特劳斯的《神话学》四卷等。

二、礼仪的内涵与目的

（一）礼的含义

礼是礼仪的核心与基础，所有礼仪的实质都建立在礼上。对于礼的解释，东汉人许慎《说文解字》："禮，履也，所以事神致福也"。"禮"，是一个会意字，从示，从豊，"示"字旁是天上下雨，指示、请示、沟通的意思，"豊"是行礼之器，在字中也兼表字音，把两部分合并起来，就是人们通过物品祭祀上天和神的过程。因此礼的本义就是举行仪礼，祭神求福。礼表现的是一种人类对上天、对神的敬仰关系。到了阶级社会，统治阶级为了维护社会秩序和自己的阶级利益，就把这种人神关系引入扩展到人际关系中，大力倡导信神尊鬼，并将自然的天地等物神格化、人格化，同时亦将君主神格化，宣扬君主乃天之子，是代天神在人间行使权力的，所以君主又叫天子。因此，礼之事神就发展成为事君。统治阶级要求人们像尊敬神一样敬仰自己，就产生了礼的延伸含义：尊敬、尊重。总而言之，一般含有礼的词语都同尊敬、尊重有关。另外，朱熹在其著作中把礼定义为典章规范。

（二）礼仪的含义

1. 中国礼仪的含义

在我国，"礼仪"作为词语最早出现在《周礼》中，《周礼·春官·肆师》中有"凡国之大事，治其礼仪，以佐宗伯"，在《诗·小雅·楚茨》中也有"献醻交错，礼仪卒度"的句子，《史记·礼书》记载："至秦有天下，悉内六国礼仪，采择其善"。礼的含义前面已经讲过，不再赘述。关于"仪"的含义，《说文解字》解释为"儀，度也。从人義聲。義，已之威儀也。从我羊。義，已之威仪也"。《诗·大雅》"令仪令色，小心翼翼"，郑玄笺："善威仪，善颜色。"朱熹注："义者，事之宜也。"总结起来，"仪"就是人在祭祀时的良好形象，引申为适度、美化形象的意思。因此"礼仪"直译就是把尊重做到恰到好处，完善自己形象的准则规范。在我国历史上，礼仪主要有以下几种含义：

（1）一种包括政治、经济、文化、军事制度在内的典章制度。

（2）一种做人的道德规范。

（3）个人及社会必须遵守的行为准则。

（4）各种正式的仪式。

2. 西方礼仪的含义

在欧洲，"礼仪"一词最早见于法语的"etiquette"，其原意是"法庭上的通行证"。古代法国法庭规定，只有具有"etiquette"即通行证的人才能进入法庭，在"etiquette"上即是人们进入法庭后必须遵守的规矩和行为准则。当"etiquette"一词进入英文后，便有了"礼仪"的含义，意即"人际交往的通行证"。现在，在英语中，具有"礼仪"

意义的单词还有以下几个：

“courtesy”指谦恭有礼的言语或举动，即处处合乎时宜而又动人的文雅举止和风度，对他人表示尊敬或尊重的有礼貌的行为等。

“ceremony”原意为宗教的祭礼、礼拜或狂热的崇拜，今为仪式、典礼、礼节、礼仪之意。

“manners”原意为举止行为、风俗习惯等，现引申为礼貌、规矩。

“polite”其词根为磨光、刨亮，现在的意思是有礼貌的、有教养的、高雅的、温和的等等。

“protocol”原意为古希腊语的“向前”，现在指一种刻板的、在外交和军事等特定领域内实行并长期公认的准则。

“rite”有两个意思，一指重大的仪式和典礼；二是泛指由习俗、惯例和仪式构成的行为。

3. 现代礼仪的含义

现代礼仪是我国礼仪和西方礼仪在发展中相互吸收、不断融合的产物。它以我国礼仪文明的等级差序、“礼之用，和为贵”思想和西方自由平等思想为基础，总结我国礼仪和西方礼仪的定义，我们得出现代礼仪的含义：是指人们在社会交往中共同遵循的，以尊重为准则，协调、融洽人际关系的行为准则和规范的总和，具体表现为礼貌、礼节、仪表、仪式等。

（三）礼仪的相关含义

（1）礼节：礼仪规矩、规范，指人们在交际活动中待人接物的形式，如拜会、回访、挥手致意等。《礼记·儒行》：“礼节者，仁之貌也。”孔颖达疏：“言礼仪撙节是仁儒之外貌。”

（2）礼貌：指以言语、行动所表现的恭敬谦虚。如：礼貌待客是商业服务人员起码的职业道德。

（3）礼遇：指要给人尊重的、尊敬的待遇，对人要以礼相待。如对国外来宾要给以高规格的礼遇。

（4）礼制：主要指国家制度。如随着辛亥革命的一声炮响，封建礼制土崩瓦解了。

（5）“三礼”：指《周礼》、《仪礼》、《礼记》。

（6）“五礼”：指吉、凶、宾、军、嘉五礼。

（四）现代礼仪的目的与体现

1. 礼仪的目的

随着社会的发展，礼仪的功能目的也在不断地变化。在礼仪出现之初，其目的主要是祭天敬神，达到上苍福佑，生活安康。在古代阶级社会，礼仪主要有两个目的：一个是建立国家制度，维护统治阶级利益，起到社会“准法律”的作用；一个是维护社会秩序，协调人际关系，起到所谓“礼之用，和为贵”的作用。到了现代社会，由于人们自由平等意识的增强，礼仪作用的范围不断扩展，礼仪与普通民众的生活越来越紧密，礼仪的目的主要体现在提高个人素养、协调人际关系、维护社会公共秩序上。

2. 礼仪的体现

现代礼仪在提高个人素养上体现为如何维护自己的形象，做到尊重自己，尊重环境。礼仪在协调人际关系上的体现主要表现在如何通过尊重他人来达到目的。在现代礼仪中，其实对他人尊重并不仅仅是卑者、地位低的人对尊者、地位高的人的尊重，同时也包含尊者、地位高者对卑者、地位低的人的尊重。这一点，培根在他的随笔集里说，作为一个高明的领导，其对下属的尊重应体现在随和上。另外，尊重的意义的传达载体主要是一种利益传达，这种利益传达主要表现在给予尊者行为上的方便，物质享受和荣誉等精神享受上的优先。如根据不同情况在前面给领导带路，是给予领导行为上的方便，走在领导后面陪同领导，是给予荣誉上的优先。

三、礼仪的内容

（一）礼仪内容在构成要素上的分类

礼仪的内容从构成要素上可以分为礼仪主体、礼仪客体、礼仪媒体、礼仪环境四个方面：

（1）礼仪主体：指各种礼仪行为和礼仪活动操作者和实施者，它包括个人和组织两种类型。

（2）礼仪客体：指各种礼仪行为和礼仪活动的指向和承受者。

礼仪的主体和客体相互依存，在一定条件下可以相互转化。如路上遇见老师，学生向老师问好，学生是礼仪主体，老师是客体；同时，老师要向学生回礼，在此过程中，老师又是主体，学生是客体。

（3）礼仪媒体：任何礼仪行为和礼仪活动必须依托一定的媒介和媒体。这种媒介和媒体就是礼仪的媒体，是礼仪内容和形式的统一。宏观上可以将礼仪媒体划分为：人体礼仪媒体、物体礼仪媒体、事体礼仪媒体。人体礼仪媒体是指在礼仪活动中的能传达礼仪信息的人体姿态、语言、举止等，如鞠躬；物体礼仪媒体是指在礼仪活动中用来传达礼仪信息的物品，如礼品；事体礼仪媒体是指用来传达礼仪信息的各种事件、仪式等活动，如开幕式。

（4）礼仪环境：是指进行礼仪行为和活动的特定时间和空间条件，即礼仪的时间、场合。在进行一项具体的礼仪活动时，必须统一系统地考虑以上四个因素，才能将礼仪做到恰到好处。

（二）礼仪内容在活动性质上的分类

礼仪的内容从活动性质还可以分为社交礼仪、服务礼仪、商务礼仪、涉外礼仪等几个方面。

（1）社交礼仪，指在日常生活中，以交朋结友，联络感情为目的的礼仪。

（2）服务礼仪，指在服务场合，为满足客人需要应遵循的礼仪。

（3）商务礼仪，指企业及商界人士在从事经济活动时应遵守的礼仪。

（4）涉外礼仪，指在同外国人交往时应遵守的礼仪。

四、礼仪的原则

（一）敬人的原则

古人云“敬人者人恒敬之”，尊敬他人就是尊敬他人的社会存在、价值存在，我们要证明自己的价值存在，不仅需要出众的才能，而且还要通过人们的认同与尊重证明。社会学家马斯洛指出人的高层次需要中就有受尊重的需要。一个人如果想得到他人的尊重，就必须首先学会自律、学会尊重他人。所谓敬人，就是尊敬、尊重对方，不要伤害他人的个人尊严，不能侮辱对方的人格，遇到不同意见、不同看法时，要对事不对人。

（二）真诚的原则

真诚就是真实诚恳、守信的意思；就是“己所不欲，勿施于人，己欲达而达人”；就是与人交往时要将心比心，多从对方角度想想。运用礼仪时，真诚是一种态度，直接决定了交往交流的流畅性。在交际过程中做到诚实守信，言行一致，表里如一，不虚伪、不做作，会给人最基本的安全感，是一切交往的基础。交际活动作为人与人之间信息传递、情感交流、思想沟通的过程，如果缺乏真诚则不可能达到目的，更无法保证交际效果。

（三）宽容的原则

宽容即人们在交际活动中运用礼仪时，既要严于律己，更要宽以待人。其实在人际交往中，对他人的宽容就是对自己的一种宽容。宽容就是说要豁达大度，有气量，不计较和不追究。具体表现为一种胸襟，一种容纳意识和自控能力。当然，宽容也绝不是随意的，论语中说“大德不逾闲，小德出入可也”，说的就是在为人方面，宽容要具体情况具体分析。

（四）平等的原则

平等是现代礼仪的核心与基础，即交往双方人格平等。在交往中，由于社会分工的不同，人们奉献、社会价值的不同，可能在言谈举止、物质享受与精神荣誉的给予上会有所不同，但在做人的权力上都是平等的。

礼仪是在平等的基础上形成的，是一种平等的、彼此之间的相互对待关系的体现，其核心问题是尊重以及满足相互之间获得尊重的需求。在交际活动中，对人要一视同仁，相互尊重。在交际活动中既要遵守平等的原则，同时也要善于理解具体条件下对方的一些行为，不应过多地挑剔对方的行为。

（五）适度的原则

适度就是把握分寸、认真得体、恰到好处。礼仪是一种程序规定，而程序自身就是一种“度”。礼仪无论是表示尊敬还是热情都有一个“度”的问题，没有“度”，施礼就可能进入误区。中国有句俗话“礼多人不怪”，在现代社会这并不一定正确，因为同时我们社会也是一个“礼尚往来”的社会，你的“礼”过度了，也会给对方一种心理负担。

（六）从俗的原则

从俗就是指交往各方都应尊重相互之间的风俗、习惯，了解并尊重各自的禁忌，如果不注意禁忌，就会在交际中引起障碍和麻烦。由于国情、民族、文化背景的不同，必须坚持入乡随俗，与绝大多数人的习惯做法保持一致，切勿目中无人，自以为是。

五、礼仪的特点

（一）规范性

所谓规范性，主要是指在交际行为中全社会约定俗成，是全社会共同认可、普遍遵守的准则。在礼仪交往中尊重情感的表达必须符合一定的准则规范，这是建立社会秩序的基础。这些规范本身所反映的实质是一种被广泛认同的社会价值取向和对他人的态度。无论是具体言行还是具体的姿态，均可反映出行为主体的包括思想、道德等内在品质和外在的行为标准。

（二）双向性

礼仪的双向性表现在尊者与卑者礼仪情感表达上的双向尊重，绝不仅仅是卑者对尊者的单向尊敬。我国古语云“礼尚往来”“来而不往非礼也”，培根在其随笔集中说，在社会交往中，卑者通过尊重来表达对尊者的敬意，而尊者通过随和与亲和力来表达对卑者的尊重。礼仪的双向性也是礼仪平等原则的一种反映。

（三）地域民族性

礼仪是与当地的民族生活息息相关的，是当地人民长期生活习惯和历史的一种沉淀，因此，礼仪往往随着地域和民族的不同会有所差异。一般来说，礼仪代表一个国家、一个民族、一个地区的文化习俗特征。例如，同是在婚礼中，我国礼仪以红色为吉祥，而在欧美婚礼中以白色为吉祥。社会交往的扩大，各国民族的礼仪文化都会互相渗透，在近代，我国礼仪吸收了西方礼仪的精华，使中华礼仪在保持传统民族特色的基础上，朝着更文明、更简洁、更实用的方向发展。

（四）层次性

礼仪的层次性是指根据交往对象、场合、活动内容的不同对礼仪方式的要求和程度具有层次性，它是如何把握好礼仪的度的问题。有些场合比较正式，仪式性强；而有些场合却要强调融洽、和谐性。例如，同是欢迎，有正式和非正式之分，有接待规格之分，有欢迎致意方式之分。把握好了礼仪的层次性，礼仪就是人际交往的“一座桥”，把握不好礼仪的层次性，礼仪就是人际交往的“一堵墙”。

（五）传承性

礼仪同其他文化现象一样，是一个不断发展的过程，是对古代文明、先前礼仪的一种继承与发展。因此，要了解把握我们自己的礼仪，首先要了解我国优良的文化传统，理解古代礼仪的精髓。例如，我国礼仪秉承了谦虚的优良传统，而西方礼仪承续了自由平等、个性张扬的思想。我们今天的礼仪形式就是从历史中继承下来的，有不少优秀的形式还要继续传承下去。而那些封建糟粕，则会逐渐被抛弃。所以交际礼仪的传承是个不断扬弃的社会进步的过程。

六、礼仪的功能

（一）规范自身行为，提高人们自身素养

礼仪是一系列行为准则的总和，它对人的言谈举止具有规范指导作用。我国礼仪的基础是儒家文化的“仁爱”思想，同时礼仪又是一个人素养的体现，二者是形式和内容的关系。在一个人的成长过程中，当自己的道德素养达到一定高度，其行为往往都会得到人们的肯定；相反，若一个人的言谈举止平时都高雅健康，随着时间推移，其道德素养也会得到提高。《论语·雍也》云“质胜文则野，文胜质则史，文质彬彬，然后君子”，意思是说，要想成为一个君子，一个有成就的人，就必须外在与内在、形式与内容相得益彰。如果说礼仪是一个人的外在与形式，其道德素养就是内在与内容，二者是相互促进的。

（二）有助于人们美化自身、美化生活

礼仪在教导人们社会交往行为规范的同时，还可以美化我们自身，美化生活。在行为举止方面，礼仪结合了美学的众多原理，因此，学习礼仪可以让我们了解美的内涵、美的种类，了解礼仪在美化生活方面的作用。一般来说，形象礼仪可以让我们了解什么是男性美，什么是女性美，社交礼仪会让我们懂得什么是生活美。可以说，人们可以从礼仪中发现许多生活中的美，提高审美能力，通过礼仪，广大民众的生活会更加美好。

（三）有助于促进人们的社会交往，改善人际关系

礼仪的核心基础是尊重他人，目的是改善人际关系，因此礼仪也是人际交往的润滑剂。在现代社会中，运用礼仪可以使人充满自信，关爱他人，尊重他人，可以规范彼此的交际活动。社会是人际关系的总和，运用礼仪，可以向对方表达自己的尊重、敬佩、友好和善意，增进彼此之间的了解和信任。学好用好礼仪，可以使自己的人际关系更趋和谐，为事业的成功打下良好的基础。

（四）有助于净化社会风气，推进社会主义精神文明建设

社会主义文明建设包括物质文明建设和精神文明建设两个方面，礼仪教育的推广和运用是社会主义精神文明建设的重要内容之一。礼仪的推广，可以在社会上起到良好的示范作用，有助于良好社会风气的形成。一个人、一个单位、一个国家的文明水准如何，礼仪是其评价标准之一。古人云“礼义廉耻，国之四维”，将礼仪列为立国的根本。目前我国正在大力推行的公民道德教育，文明城市、乡村建设，2008 年的奥运会，都要求全体社会成员讲文明、讲礼貌、讲卫生、讲秩序、讲道德，追求心灵美、语言美、行为美、环境美，而这些都是礼仪的实际内容。因此，礼仪的运用，可以更好地促进社会主义现代化建设。

七、礼仪的学习与使用

要学好用好礼仪，首先要掌握礼仪的根基。其根基是文化，是道德。学习现代礼仪，要懂得处处尊重别人，懂得人人自由平等。学好用好礼仪，还要注意社会交往中真善美的重要性，所谓真，就是做人要真实、真诚；善，就是要常怀一颗善良之心，热心帮助他人；美，就是创造发现人际交往中的美、快乐。

在日常生活中，学习和使用好礼仪要把握好礼仪的学习途径和学习方法两个问题。对一般人来说，学习礼仪的途径主要有三条：一是进行理论学习。可以通过查阅古今中外的文化、哲学、礼仪等方面的传统经典，也可以通过现代礼仪专家编撰的专业书籍来学习。二是向社会实践学习。礼仪是一门应用性、实践性、操作性的学科，也是一门时代性的学科，现代礼仪的规范都必须符合社会时代潮流，因此，在社会实践中，符合道德内涵，有助于维护人际关系和谐的规范准则往往都是礼仪。三是向专业人士学习。专业人士所拥有的专业理论是对前人专业知识的总结，是对社会交往实践经验的科学总结。专业人士的讲授具有针对性、生动性、形象化的特点。

对一般人来说，礼仪的学习方法主要有四条：一是要理论联系实际。理论是对实践的总结，同时理论又指导实践。在日常生活中，不可教条主义，胶柱鼓瑟，要理解把握礼仪的本质、核心和目的。具体体现在学习是要将知识运用于实践，同时不断地向实践学习。二是要勤学、勤练、勤用、勤总结。勤是坚持不懈的态度。只有坚持，才会形成一种习惯、一种意识。通过这样四个环节，可以使自己的理论知识和社会经验不断得到丰富和深化，提高自己运用礼仪的能力。三是要结合个人实际，学有主次。礼仪的规范浩大繁复，作为一般人士，全面把握是不可能的。我们在平常学习时，要在把握礼仪的基本原则的基础上，结合个人的工作、生活等实际情况，有目的、有选择地学习。四是要丰富个人文化涵养，提高个人素质。个人礼仪是建立在个人的文化涵养、道德品质基础上的，俗话说“攻人要攻心”，只有我们的思想上去了，文化上去了，个人礼仪才会有更好的表现。

第二节　礼仪的理论基础

一、礼仪理论基础的内部关系

（一）古今礼仪的区别与联系

中国是一个有着五千年文明史的泱泱大国，素有“礼仪之邦”的美誉。了解我国古今礼仪的区别与联系，可以使我们增强民族自信心，理解现代礼仪规范的内涵，在礼仪活动时做到知其然并知其所以然。我国现代礼仪是对古代礼仪的继承与发展，是古代礼仪与现代思想、现代西方礼仪及现代精神物质文化生活的产物。比较古代礼仪和现代礼仪，其区别主要表现在：

（1）基础不同。我国古代礼仪的基础是阶级统治和儒家文化。到了新中国，随着人民民主专政的实行，我国的阶级基础已发生变化，人民成了主人，人人自由平等。现代礼仪的基础也由过去古代礼仪的维护阶级秩序变为尊崇交往对象的人格自由平等。因此，在保留儒家文化精华的同时，古代礼仪的许多糟粕已被现代礼仪废弃，如古人在庭讼时要向官员行跪拜礼等。

（2）功能不同。古代礼仪的目的是为了维护统治阶级的利益和社会秩序，在功能上一定程度充当了法律的作用，是一种治国的手段。现代礼仪的目的是为了维护社会和谐、社会文明，功能上更多是对个人行为的规范，是对国家“法治”起辅助作用，属于“德治”的范畴。

（3）文明程度不同。古代礼仪对人们主要是以约束为主，禁忌较多、比较严厉，迷信成分较多；现代礼仪以提倡自由平等，个性解放为主，规范要求比较宽松，提出尊重女性、女士优先。古代礼仪存在扭曲人性，践踏人权的内容；现代礼仪尊重人性，维护人权。

（4）范围不同。古今礼仪的范围不同主要从内容上和人数上理解：古代礼仪内容广泛，涵盖了社会生活的各个方面，不仅是一种政治制度，还是人际交往的行为规范，是人们评定是非，区别异同，判别嫌疑的标准与尺度。现代礼仪主要指人际交往的准则和规范，是一种交流“语言”。古代礼仪的使用范围主要局限于上层社会，故有“礼不下庶人”之说；现代礼仪的使用面向所有社会交往的民众。

（二）中外礼仪的区别与联系

在现代礼仪中，根据文化的不同，主要可分为东方礼仪、西方礼仪和穆斯林礼仪，这里我们主要分析我国礼仪和西方礼仪的区别与联系。我国礼仪和西方礼仪都是现代礼仪的一部分，都注重人的平等性，讲求相互尊重。但由于东西方历史和文化的差异、民族和地域风俗习惯的不同，中西方礼仪也存在一些区别。

（1）西方礼仪强调个人至上，注重交际实务；我国礼仪强调集体利益，注重内部和谐。如在会议上，我国一般设主席台，整个领导集体都在上面；而在西方，一般只有发言者、主持人在上面。在聚会时，我国人们一般喜欢营造一种热闹的气氛以示和谐，西方人却更重聚会的条理，个人的交流。另外在西方礼仪中人们一般不吝惜对自我的欣赏，而在我国人们为了内部和谐，都喜欢自谦、谦让，有时候还比较客套。

（2）西方礼仪比较直接明白，我国礼仪重间接婉转。如在我国，见面时一般问候对方“吃饭了吗”“去哪里啊”等等，而欧美国家一般直接问候对方“早上好”“下午好”，在见面致意时，我国传统礼仪一般使用鞠躬、微笑、点头等非接触性方式，而西方一般喜欢使用握手、拥抱、亲吻等接触性方式。

（3）西方礼仪重个人隐私、人人平等，而我国礼仪注重仁爱、尊老爱幼。在我国，问对方许多个人问题，在路上主动搀扶老人表示对对方的一种关爱，而在西方却被认为是侵犯个人隐私，不尊重个人权利和价值的一种表现。

（4）宗教礼仪对公众的影响程度不同。在我国，虽然佛教具有很重要的地位，但我国仍然是一个泛神论的国家，宗教礼仪只在一定的范围内起作用；在西方，宗教礼仪是现代礼仪的重要组成部分，直接影响到公众的日常生活。

不同民族的思维方式和价值观念差异是中西礼仪差异的文化根源。在对外交往中，我们要用“和而不同”的态度来对待中西礼仪文化差异，承认和尊重差异，探寻礼仪文化的互通性，增强对文化差异的敏感性和对对方文化的适应力，从而提高交际效率。

（三）礼仪礼俗的区别与联系

礼俗是指一个地方长期形成的民风民俗，是一个地方礼仪的来源与基础，二者都是当地文化的具体体现。比较礼仪与礼俗，其不同点主要有以下几点：

（1）在时间先后上，礼俗早于礼仪，我国古语云“礼出于俗”，说的就是这个意思。在一个地方，礼俗只有剔除糟粕，并符合道德规范、社会时尚，经过提炼后才有可能成为大家认可的礼仪。如我们的现代婚礼就是对古代的婚俗的改良。

（2）在内涵范围上，礼俗的范围要广于礼仪。礼俗包括了当地人们生活的方方面面，其中许多还包含了一些不健康的、迷信的东西，而礼仪则是礼俗的精华，是礼俗的提升。如在我国农村的许多地方，仍然还有家庭聚会就餐时“男女不同席”“让席”的礼俗。

（3）在使用范围上，礼俗一般使用的地域范围较小，且多见于普通日常生活中；而礼仪一般使用地域范围比较大，在日常交往场合和涉外等重大场合都有运用。如在一些少数民族地区的“抢婚”和“哭嫁”风俗。

（4）在表现形态和重要性上，礼俗一般比较随意、非正式，而礼仪更加正式、严肃。如劝酒与敬酒。

当我们到异国他乡访问时，为了表示对当地主人的尊重，应秉持“入乡随俗”和“客随主便”的原则。

二、礼仪理论基础的外部关系

（一）礼仪与文化的关系

被称为人类学之父的英国人类学家 E. B. 泰勒在《原始文化》“关于文化的科学”一章中说：“文化，就其广泛的民族学意义来讲，是一个复合整体，包括知识、信仰、艺术、道德、法律、习俗以及作为一个社会成员的人所习得的其他一切能力和习惯。”显然，这个定义将文化解释为社会发展过程中人类创造物的总称，包括物质技术、社会规范和观念精神。简而言之，文化是人类创造的物质财富和精神财富的总和，礼仪属于文化中精神财富的范畴。礼仪以文化为根基，同时礼仪反映文化的发展状况，文化指导和规范礼仪的发展。

文化与礼仪息息相关，就中国而言，中国传统文化的代表毫无疑问是儒家文化，儒家文化是一种讲究“仁”、“中庸”、尊尊亲亲、讲求秩序的文化，这直接形成了我国的讲求仁爱思想、维护社会秩序、追求和谐的礼仪观。而在西方文化中的自由平等、女士优先对现代礼仪产生了深远的影响。在中西方交往中，如果我们了解对方的文化，就能更好地把握对方的礼仪。

（二）人际交往理论

1. 人际交往和人际关系的含义

人际交往是指人与人之间通过语言和非语言符号交换意见、传达思想、表达感情和需要的交流过程，是人们在心理和行为上产生相互影响的动态的过程。人际交往是把人与社会联系起来的重要媒介。其目的是传达和获取信息，建立良好的人际关系。

人际关系是指人们在物质生活和精神生活中，因情感、利益、共同需求等因素，人与人之间相互作用、相互影响，形成、发展并建立起来的相对稳定的关系。人际关系不仅反映了个人或群体寻求满足其社会需要的心理状态，也反映了个人对于社会的强烈归属感。

从二者定义可以看出，人际交往是一种行为、一个过程，而人际关系是一种状态，是人际交往的目的与结果，前者与信息获取关系密切，后者与情感投入密切相关。保持良好的人际交往和人际关系，可以促进人们的身心健康，增进社会阅历，为自己事业的发展打下良好基础。

2. 人际交往影响因素

（1）交往主体形象因素。两个人相处，最先接触的就是外表形象。如果一个人的外表正好触及对方的厌恶神经，他们又怎么再进一步地深入交往下去呢？形象是指一个人的视觉感受，包括面貌、衣着、仪态、举止风度等。一般来说，仪表整洁、举止大方高雅的人能使人怀有好感，而那些不修边幅、邋邋遢遢或过分追求时髦、浓妆艳抹的人则不会使人产生好的印象，也就不会有愉悦的情绪产生。在社会交往中，人们往往喜欢针对交往对象的外观形象来臆测人的好坏。好的外表形象一般表现在态度表情阳光积极、面貌服饰整洁大方、言谈举止端庄典雅。总而言之，在交往中保持良好的个人形象，进行适当的修饰是相当重要的。

（2）交往主体社会背景因素。影响社会交往的社会背景因素主要包括社会地位、社会角色、个人身份以及年龄、性别等方面。一般来说，悬殊的社会差异，必然影响人际间的交往，社会背景类似或相近的双方交往比较容易。

（3）交往主体文化背景因素。交往主体文化背景主要包括交往双方的信仰、价值观、思维特征、语言差异，交往态度差异，以及接受教育程度、文化素质和文明水平差异等。这些因素均可造成交往障碍，也可成为增进交往的吸引因素。语言不通的异国移民向往我国文化，却无法一下子在新环境中广交朋友，便是这方面显而易见的例子。有关人际吸引的研究表明，交往双方在空间上的接近性、在个性特征和态度等方面的相似性、在需要和期望等方面的互补性以及出众的能力和仪表等因素，都可增进彼此的吸引力。

（4）时空环境因素。指交往双方的物理空间距离和交往频率往往会影响交往的效率。在交往的空间距离方面，一般来说，居住距离越近，彼此间希望交往的愿望越强烈，进行交往的可能性越大。美国心理学家费斯丁格等人以麻省理工学院的170户学生家属宿舍为对象，研究空间距离对交往的影响。结果表明，这些人结交的朋友大多是自己的近邻。另外，心理学家查荣克曾经做过一个接触频率对交往影响的试验，其结果表明，交往的频率越高，越能增强彼此间的了解，越能从交往中找到彼此共同的经验、共同的话题和共同的感受，因而越有可能建立亲密的关系。尤其对初次交往的人来说，以后交往频率对双方人际关系的作用更大。

（5）相似性因素。交往的相似性因素主要是指交往双方的年龄、性别、学历学识、兴趣、性格、价值观等等。我国古语云“物以类聚，人以群分”，相比较而言，人的相似性因素要比空间距离和交往频率的邻近因素在交往中的作用更大。相似性有利于交往的原因在于：一是在年龄、学历、兴趣、信仰上相似者，交往时沟通障碍少，容易达成共识、引起共鸣，产生“知音难遇而遇”的感觉。二是兴趣、态度、年龄等相近时，其活动内容也大多相近，从而相识的机会也多，从相识到相知，建立深厚的友谊也就顺理成章了。

（6）互补性因素。按照马斯洛的层次需要论，人们在追求自身完美的过程中，总是会有这方面或者那方面的不足，这就需要模仿和向别人学习，互补性因素就是这种理论的发展。交往中的互补性因素主要是指因交往双方在个性、能力、学识、特长等方面的差异而羡慕、欣赏对方，从而希望与对方交往的因素。

在工作中，交互性因素可以促使交往双方互相学习、取长补短、优势互补。性格互补的人交往，主动支配型的人可以从被动依赖型的人身上找到成功和满足的喜悦，而被动依赖型的人可以从主动支配型的人身上找到依赖和安全感。在家庭生活方面，有研究表明：增进夫妻感情，保持家庭长期稳定的主要因素是夫妻双方性格互补。

（7）个性品质因素。个性是指个人的心理品质特征，主要包括气质、性格和能力三个方面。同人的形象美相比，人的个性品质是一种内在美，具有更长久的吸引力。优良的个性品质主要表现在诚实、正直、真诚、热情、善良、宽容、幽默、坚定、勤劳等。一般来说，优良的个性品质，可以促使自己身心健康，积极主动地处理人际交往和人际关系，同时，这种优良的品质具有很好的示范作用，对人们产生巨大的吸引力。

另外，情商也是影响人际交往的重要个性心理品质之一。情商（EQ）又称情绪智力，它主要是指人在情绪、情感、意志、耐受挫折等方面的品质。现在心理学家们普遍认为，情商水平的高低对一个人能否与人和谐相处、取得成功有着重大的影响作用，有时其作用甚至要超过智力水平。

心理学认为，情商包括以下几个方面的内容：一是能够认识管理好自身的情绪。因为只有认识自己，才能成为自己生活的主宰。二是能够自我激励，它能够使人走出生命中的低谷，重新出发。三是能认知他人的情绪。这是与他人正常交往，实现顺利沟通的基础；四是善于人际关系的管理。即领导和管理能力。情商水平高的人主要表现为：喜欢社会交往，为人正直，富于同情心，对事业较投入。

3. 人际交往原则

（1）平等原则。平等是建立良好人际关系的基础。在交往之中遵循平等原则可以增强员工的自豪感，同时可以增强集体的凝聚力，可以杜绝上交而谄、下交而渎的现象。

（2）真诚原则。真诚原则可以促使自己站在对方的角度思考问题，培养自己的责任心和同情心。可以在交往中减少摩擦、摈弃虚伪客套，做到表里如一。

（3）宽容原则。宽容是一个人乐观自信、胸襟宽阔的表现，同时表明了自己的包容性。我国古语云“君子和而不同”，说的就是在工作、生活中，我们要在不违背原则的基础上，允许不同意见的存在。

（4）诚信原则。古人云“君子一言，驷马难追”、“君子言必行、行必果”，说明了诚信在人际交往中的重要性。按照现代社会学的社会契约原理，我们对交往对方的承诺，就是与对方签订的一个契约、一个合同，违背承诺就会使自己诚信尽失，给自己工作生活造成很大的困难，故我国有“人无信则不立”的警示格言。

4. 人际交往常见问题

在人际交往中，我们不能控制对方的情绪情感，但我们可以通过自我总结、自我反省，使我们的人际交往更加和谐顺畅。我们自己在人际交往中经常出现的问题有：

（1）自我。主要表现在以自我为中心，只关注自己，不注意别人的感受。另外就是自我封闭，不愿与人交往。

（2）自狂。对周围的人和事都不屑一顾、自以为是，喜欢否定、怀疑、打击别人。

（3）自卑。由于能力性格等方面的因素，这种人自己往往看不起自己，自信心不强，干什么事情都缩手缩脚，不积极、不主动。

（4）自私。这种人思想狭隘，目光短浅，只关注自己私人利益，不关注交往对方和集体的利益。

5. 提高人际交往能力的途径

（1）提高自我认识。交往的前提是我们能够很好地认识自我，懂得是自己身上的什么因素吸引别人，使别人愿意和我们交往。我们应该认识自己在知识、能力、性格、形象等各个方面的优点与缺点，对优点要发扬光大，对可以改正的缺点要积极改正，对无法改变的缺陷和劣势要勇于接受，通过其他方式方法来弥补。

（2）增进身心健康。健康的交往需要健康的身心保证。在日常生活中，我们应积极培养自己良好的道德风尚。

（3）培育积极心态。积极的心态是一种良好的情绪。所谓积极就是要积极地看待别人、看待事情，在交往中，我们都愿意与好人交往，其实我们所说的好人，从某种角度来说，就是愿意、不断地给交往对方好处的人。在交往中，我们积极的心态也可以感染对方，达到人际关系的和谐。

（4）善于表达沟通。善于沟通表现在善于表达、善于倾听。善于表达包括用词准确、方式方法正确、懂得欣赏赞美对方。善于倾听包括倾听耐心专心、理解力强、反馈呼应及时、富有同情心、善于共情。

（5）勤于实践总结。我国古语云“行胜于言”，我们只有不断地交往实践，及时总结经验，才能使我们的交往能力得到更大的提高。

（三）礼仪的学科关系

礼仪是一门社会实践性学科，也是一门综合性边缘性学科。要学好礼仪，必须了解礼仪与道德、文学、传播学、美学、心理学的关系。

1. 礼仪与道德

道德是社会意识形态之一，是人们共同生活及其行为的准则和规范，而礼仪是指人们在长期共同生活和交往中形成的，以风俗、习惯、传统的形式固定的道德行为规范，可见，二者的范围还是有区别的，道德是礼仪的基础。

至于道德和礼仪在实践中的关系，二者是一个相互促进的过程。《中庸》云：“自诚明，谓之性；自明诚，谓之教。诚则明矣，明则诚矣。”这里，所谓“诚”是指由尽性之学所得到的道德；所谓“明”是指由穷理之学所得到的知识，在这里指礼仪知识，用来评价礼仪与道德的关系；“自诚明”就是说，首先从道德入手可以进一步通向礼仪知识，通俗地说，就是一个人道德高尚了，其行为举止自然就符合礼仪规范了；“自明诚”是说，首先从学习礼仪知识入手可以进一步通向道德。就最后的结果来说，“诚则明矣，明则诚矣”，此二者可以殊途而同归，达到礼仪和道德的完善。

2. 礼仪与文学

文学是指用语言文字形象化地反映客观现实的艺术，包括小说、散文、戏剧、诗歌等。礼仪是一种客观现实活动，体现了当今的社会风范。

礼仪与文学的关系主要表现在文学具有反映社会客观现实的功能，优良的礼仪传统可以通过文学来传承；文学通过其教化功能可以陶冶人的道德情操，提高其礼仪修养；文学的现实反思和干预功能可以促使一些人去改变或形成一种风尚，促使新的礼仪与道德规范的产生。文学可以熏陶人们的思想，培养人们的道德修养，文学可以起到教化人伦、移风易俗的作用。梁启超说：“欲新一国之民，不可不先新一国之小说。”鲁迅说，悲剧是净化人们心灵的一副良药。狄德罗认为文艺可以移风易俗。通过学习《论语》、《礼记》等文学经典可以更好地把握我国礼仪的优良传统。

另外，文学一定程度上塑造了一个民族的形象，沿袭了一个民族的传统。一个民族的礼仪与文化可以通过文学展示给本国的人民和国外的人。文学可以使不同社会、不同民族相互了解对方的民族文化、礼仪风俗，探知他们的演变发展，理解其思想和感情，增进交往。

3. 礼仪与美学

礼仪是一门研究和谐人际关系的社会人文学科，美学是研究美的一般规律与原则的科学。关于“美”的研究与定义，《说文》的解释是“甘也。从羊从大。羊在六畜主給膳也。”意思是古人以羊为主要副食品，肥壮的羊吃起来的感受，即美滋滋、快乐。西方哲学对美的定义有，美是愉悦、美是和谐、美是生活和马克思的美是社会生产劳动等定义。总结起来，美学是一门研究生活幸福和谐的学问。通过美学研究，我们可以认识生活中的美，发现生活中的美，创造生活中的美。礼仪是生活美的一种表现，通过礼仪的学习与使用，我们可以去创造生活美。而学习美学可以帮助我们认识礼仪的作用，对礼仪规范的理解更加深刻，做到使用礼仪时规范、适时、适度、合情、合理。

4. 礼仪与心理学

心理学是研究人们心理现象及其客观规律的科学。心理现象指认识、情感、意志等心理过程和能力、性格等个性心理特征。在礼仪交往过程中，我们要尊重对方，要和对方搞好人际关系，首先必须了解对方心理，尽量满足对方的心理需求。另外，心理学的学习也可以使我们自己变得更加自信，改善自己的心理个性，提高自己的交往能力。

5. 礼仪与传播学

传播学是研究传播信息如何被感受，如何引起受众注意，引导受众产生良好知觉的科学。礼仪与传播学的关系主要表现在：礼仪信息的传递要依靠传播，而传播学研究的信息、传播过程以及传播原理等理论可以使礼仪沟通更加顺畅。

【本章小结】

礼是中国文化的核心，中国上下五千年的历史，塑造了灿烂的中国古代文化，成就了中国“文明古国”、“礼仪之邦”的美称。

随着现代中国的进一步对外开放，中国与世界各国的交往不断增强，人与人之间的沟通日益频繁，礼仪在人们的日常生活和工作中越来越重要。

遵守敬人、真诚、宽容、平等、适度、从俗的礼仪原则是现代社会中人与人更好交往的根本。了解规范性、双向性、地域民族性、层次性、传承性的礼仪特点是更好地应用礼仪的前提。

礼仪可以规范自身行为，提高人们自身素养，使人们相互尊重、增进友谊、促进交流、净化社会风气，推进社会主义精神文明建设。对礼仪的学习，了解礼仪的基本理论，掌握人际交往中的基本原则可以使人们在日常交往中少出笑话，少犯错误，更容易被人接受，更容易受到欢迎。

实操训练

有几位同学在校园里散步，他们有说有笑，这时迎面走来一位老师，他们也不认识，但当这位老师路过这几名同学身边时，其他人都还在说笑，只有一位同学，恭敬地鞠了一躬，说了声“老师好”。老师当然也很高兴的回答了一句“你好”，别的同学都不再作声。等老师过去后，有的人便说那个同学有病，不认识的老师还给鞠躬，有的人说他根本是装样子、虚伪，做给别人看的。请问你是如何看待的？如果是你，你会怎么做？请几位同学互扮师生演练，并交流演练后的感受，总结经验。

复习思考题

1. 礼的本质含义是什么？
2. 现代礼仪的目的是什么？在日常生活中是如何体现的？
3. 现代礼仪的原则是什么？
4. 影响人际交往的因素有哪些？如何创造良好的人际关系？
5. 谈谈如何学好礼仪。
6. 东西方礼仪的区别主要有什么？
7. 谈谈礼仪与礼俗的区别与联系。
8. 年青人应该如何提高自己的礼仪涵养？

第二章　个人形象礼仪

【学习目标】

- 了解仪表仪容知识、行为举止礼仪及规范、服饰搭配原则和饰物佩戴的方法
- 掌握正确的站姿、坐姿、走姿、蹲姿、手势及交往沟通时的表情，并进行模拟训练
- 了解仪容礼仪的含义，掌握个人卫生礼仪和美容美发礼仪规范
- 清楚着装要求，掌握着装技巧
- 了解饰物佩戴的原则和方法

引入案例

周恩来总理历来十分注重自己的形象仪表。他常对身边的工作人员说："我们每个人不仅是表现自己，而且更重要的是代表我们的国家。"因此，不论参加会议，还是接待外宾，每次他都细心地检查自己的着装和仪表。一次在连续工作30多个小时后，离会见越南总理范文同仅有14分钟时（其间还要同韩念同志接头了解有关情况），他忽然发现自己胡须稍长，当即对身边的工作人员说："我去刮刮胡子。"不一会儿临近开车，却不见周恩来的身影，大家四处去找，只见他因过度疲劳，一手拿毛巾，一手拿剃须刀，一动不动地歪靠在墙角，大家感动得流出了眼泪。但他很快警觉，马上恢复了先前机敏、洒脱的神采，神情庄重地又一次投入紧张的工作。

分析提示

周恩来总理日理万机，无论在什么场合，都极为重视个人形象，体现了总理对中国民族文化的重视和理解，更体现了总理对他人的尊重，体现了总理良好的外交风度及大国风范，赢得了国人及世界各国人民的尊敬和爱戴。

几千年来，人类对文雅的礼仪规范一直孜孜以求。个人形象不仅是个人问题，同时也是树立良好的组织形象的"门面"和"窗口"。它是自我完善的基础，是塑造良好组织形象的根本保证。为了塑造个人和组织的良好形象，得体地运用礼仪，不仅会使自己更易于被他人所接受，而且还会有助于维护自身乃至所在单位的良好形象。

见面时“先入为主”的首因效应现象很常见，由此形成的对个人整体的看法很难改变。传统的心理学理论认为：人与人见面后所产生的好恶，决定于见面的7秒钟。而在现实生活中，由于人们反应速度的增快、信息的发达，对对方的认同感已不再需要7秒钟的时间，常常在视线所及的头一、二秒钟，就已经产生或优、或良、或劣的判断了。忽视仪表仪容方面的礼仪，势必给社交活动的顺利进行造成障碍。现代职业人士都应注重个人形象和工作单位形象的维护，把握好体态、服饰和表情等细节问题，为事业的成功创造前提条件。

第一节　仪表仪容礼仪

一、仪表礼仪

（一）什么是仪表美

仪表，指人的外表、外观形象。包括人的容貌、服饰、姿态、风度等方面，是一个人的精神面貌、内在素养的综合表现。

随着社会文明程度的提高，追求仪表美成为人们的一种共识。人们通常用仪表端庄、容貌俊秀、风度翩翩、举止潇洒等来赞扬一个人的仪表美。仪表美使人赏心悦目，令人感叹赞美。

仪表美是个综合概念，它包括三个层次的含义：一是指人的容貌、形体、仪态等的协调优美。如体格健美匀称，五官端正秀丽，身体各部分比例协调，线条优美和谐，这些先天的生理因素，是仪表美的基本条件。二是指经过修饰打扮后及后天环境的影响形成的美。天生丽质这种幸运并不是每个人都能拥有，而仪表美却是每个人都可以去追求的。即使天生丽质，也需要用一定的形式去表现。无论一个人的先天条件如何，都可以通过化妆、服饰、外型设计等方式使自己具有仪表美。三是指内在美的一种自然展现。仪表美是一个人纯朴高尚的内心世界和蓬勃向上的生命活力的外在表现，这是仪表美的本质。

真正的仪表美是内在美与外在美的和谐统一，古人云：慧于中，才能秀于外。一个人如果没有道德、情操、智慧、志向、风度等内在美作为基础，那么，再好的先天条件，再精心的打扮，也只能是一种肤浅的美、缺少内涵的美，不可能产生魅力。因此，一个人的仪表美是其内在美的一种自然展现。

（二）注重仪表美的意义

1. 仪表是素养和品位的体现

仪表美是讲究礼貌、礼节的表现，是对他人的一种尊重，也是对自己的一种尊重。尊重是人们在社交活动中最普遍的心理需要。人们往往通过仪表来判断一个人的身份、地位、职业、学识、个性等。这种人的第一视觉印象常常会使人形成一种特殊的心理和情绪定势。

国外的一位心理学家曾做过一个实验，分别让一位身着笔挺军服的海军军官，一位戴金丝眼镜、手持文件夹的青年学者，一位打扮入时的漂亮女郎，一位挎着菜篮子的中年妇女，一位留着怪异头发、穿着邋遢的男青年在公路边搭车。结果，女郎、军官、学者的搭车成功率较高，中年妇女稍难些，男青年很难搭到车。

这则故事告诉我们：不同的仪表代表了不同的人，随之就会有不同的际遇。对职业人士来说，仪表端庄大方、整齐美观，既体现了一个人的精神风貌，也是自尊自爱的表现。而衣冠不整，不修边幅，会被认为是作风拖沓，生活懒散，责任心不强，难以得到人们的信任。

2. 仪表和成功联系在一起

个人形象的好坏并不仅仅是个人的小事，还会影响到个人事业的发展。如何在社交场合保持良好的形象，受到越来越多人的关注。美国成功学家拿破仑·希尔说：一个人能否成功，关键在于他的心态。仪表美是积极心态的外在表现，正式的、得体的、优雅的仪表能够促使人们更加自信、积极奋发、进取、乐观，成功也就越来越近；相反，形象邋遢的人，心态也可能消极、悲观，在人际交往中也很难获得别人的尊敬和信任。注重自身仪容仪表，是成功社会交际的必要条件之一。

3. 仪表美是自尊自爱的需要

一个热爱生活、富于理想、工作作风严谨的人，应该是注重仪表的。仪表端庄大方、整齐美观，既体现了一种安全感，一种认真的作风，一种自信、热情、向上的精神风貌，也是自尊自爱的表现。

4. 仪表美是尊重他人的要求

注重仪表是讲究礼节、礼貌的表现，是对他人的一种尊重。公司员工的仪表美能满足宾客视觉美方面的需要，同时，置身于端庄、大方的服务人员之中，使他们感到自己的身份地位得到应有的承认，求尊重的心理也就会得到满足。

5. 仪表美是企业公关活动的需要

公司员工良好的仪容仪表，不仅反映了个人的精神面貌，更重要的是代表了企业的形象。美观整洁、端庄大方的仪容仪表，能使客人产生好感，取得良好的工作效果。企业贸易洽谈人员的仪表美，有助于谈判的成功；服务人员的仪表美，有利于提高服务质量。公司员工的仪表仪态反映着企业的管理水平和服务质量，其对接待服务工作的影响是不可低估的。

（三）仪表美的基本要求

仪表是一个人的精神面貌、内在气质的外在表现，对仪表的总体要求是：面容端正，举止大方；端庄稳重，不卑不亢；态度和蔼，待人真诚；服饰规范，整洁挺括；打扮得体，淡妆素抹；训练有素，言行恰当。具体可概括为以下几点：

1. 追求秀外慧中

仪表美必须是内在美与外在美的和谐统一。要有美的仪表，必须从提高个人的内在素质入手，“诚于中而形于外”。如果没有文明礼貌、文化修养、知识才能这些内在素质作基础，那么所有外在的容貌、服饰、打扮、举止，都会让人感到矫揉造作，“金玉其外，败絮其中”，只能使人厌恶。

2. 强调整体效果

仪表美应该是整体的美，强调的是整体效果。白皙的皮肤，端正的五官，令人赞叹；修长的身材，优美的线条，让人羡慕；但仪表美绝不仅仅限于此，它是各方面因素的和谐统一。某一局部的静态的美不等于是仪表美，它同时还要和得体的举止、言谈、修养、服饰等相联系，与自己的职业、身份、年龄、性格、体型相称，与周围环境场合相协调，讲究和谐的整体效果。

3. 讲究个人卫生

仪表美必须讲究个人卫生，在与人交往时，必须讲究仪表的修整与清洁，具体应做到：

（1）勤洗澡，勤换衣袜，身上不能留有异味。

（2）保持口腔清洁，勤漱口刷牙，防止口臭。

（3）上班前不能食用葱、蒜、韭菜等有刺激气味的食物。

（4）头发要适时梳洗，发型要大方得体，指甲要经常修剪，保持指甲的清洁。

二、仪容修饰礼仪

仪容礼仪是个人形象礼仪的重要组成部分。仪容的基本含义是指一个人的容貌，包括一个人头部的全体外观、面容及其他暴露在外的肢体部分。简单地讲是指人体不需要着装的部位，主要是指面部。广义上还包括头发、手部，以及穿着某些服装而暴露出的腿部。仪容在礼仪学上的定义是指经过后天的修饰能够给别人良好感觉的容貌，是一种自觉的后天性行为，是秀外慧中的体现。

社交礼仪对个人仪容的首要要求是仪容美。具体含义包括仪容的自然美、仪容的修饰美和仪容的内在美。在这三者之间，仪容的内在美是最高的境界，仪容的自然美是人们的心愿，而仪容的修饰美则是仪容礼仪关注的重点。

要做到仪容修饰美，自然要注意修饰仪容。修饰仪容的基本规则是：美观、整洁、卫生、得体。

（一）头发

头发是人体的制高点，很能吸引他人的注意力。观察一个人的外表首先是由头部开始的，所以头发在人的仪容方面就显得尤为重要。拥有整洁、干净的头发是社交礼仪中最基本的形象，它能全面地表现一个人的道德修养、审美情趣、知识结构及行为规范，可以感受出其是否身心健康和对生活、对事业的态度。因此，在树立与众不同的自我时，首先应“从头做起”。

1. 了解自己的头发

一个人的头发平均有12万根，每根头发的生命期限大约是三年，之后便自行脱落，每人每天大约要脱落几十根至一百根。随之新头发又会长出来。生活、工作过度紧张或焦虑、急躁、惊恐等不良心态都会使头发黯然失色。

发质大约可分为四种：一是油性头发，即常有油腻的感觉，洗后易出油，头皮屑较多。二是干性头发，即头发表面干燥，洗后无光泽、无润滑的感觉，发型不易保持。三是中性头发，即头发柔顺、有光泽，是较理想的发质。四是劣质头发，即摸起来质感不好，梳头时尖端会断裂，易打结。

从外观和感觉上看，健康的头发主要特征是：头发有很好的弹性、韧性和光泽；头发柔顺，易梳理，不分叉，不打结；用手轻抚时有润滑的感觉；梳理时无静电，不容易折断。

2. 头发的修饰应注意四个方面

（1）勤于梳洗。头发是人们的脸面之中的脸面，所以应当自觉地做好日常护理。不论有无交际应酬活动，平日都要对自己的头发勤于梳洗。对头发勤于梳洗有三个作用：一是有助于保养头发，二是有助于消除异味，三是有助于清除异物。若是对头发懒于梳洗，弄得自己蓬头垢面，满头汗馊、油味，发屑随处可见，甚至生出寄生物来，就会败坏个人形象。

（2）长短适中。从社交礼仪和审美的角度看，一个人头发的长短受到若干因素的制约，不能只讲自由与弘扬个性，而不讲规范。

头发的长度，在一定程度上与个人身高有关。以女性留长发为例，头发的长度就应与身高成正比。一个矮个的女性若长发过腰，会使自己显得个头更矮。职业对头发的长度影响很大。时尚界女士通常长发飘飘，而商界、政界人士则不宜如此，剃光头则男女都不合适。

（3）发型得体。发型，即头发的整体造型。选择发型，除个人偏好可适当兼顾外，最重要的是要考虑个人条件和所处场合。

个人条件，包括发质、脸形、身高、胖瘦、年龄、着装、佩饰、性格等，都影响到发型的选择。其中脸型对发型的选择影响最大。选择发型时，一定要符合职业特色和形式美的原则，使二者相互适应。

不同的职业、身份和工作环境，发型也应有所不同。在工作场所抛头露面的人，发型应当传统、庄重一些；在社交场合频频亮相的人，发型应当个性、时尚一些。前卫、怪异的发型只有对艺术工作者才适宜。

（4）美发自然。美发不仅要美观大方，而且要自然，不宜雕琢痕迹过重，或是不合时宜。在通常情况下，美发的方法有四种形式，它们分别是：烫发、染发、作发和假发。

烫发，即运用物理手段或化学手段，将头发做成适当的形状的方法。染发，是指发色不理想，或是头发变白，即可使用染发剂令其变色。对中国人而言，将头发染黑不必非议，而若想将其染成其他颜色，甚至染成多色彩发，则须三思而行。作发，即运用发油、发露、发乳、发胶、摩丝等美发用品，将头发塑造成一形状，或对其进行护理。假发，头发有先天缺陷或后天缺陷者，均可选戴假发。选择假发，一是要使用方便，二是看上去要自然，不可过于做作或过分俗气。

（二）面容

仪容在很大程度上是指人的面部形象表现。修饰面容，首先要做到面部干净，即要勤于洗脸，使之干净清爽，无汗渍、油污、泪痕，以及其他不洁之物。其次要进行适当保养和修饰，如剃须、化妆等。

（1）眼睛。眼睛是人际交往中被他人注视的主要部位，是修饰面容时的首要之处。要注意眼睛的保洁。这里主要是指眼部分泌物的及时清除问题。对于这一点，应铭记于心，随时注意。另外，若眼睛患有传染病，应自觉回避社交活动。

（2）耳朵。耳朵虽位于面部两侧，但仍在他人视线注意之内。要注意耳朵卫生。在洗澡、洗头、洗脸时，不要忘记清洗一下耳朵。

（3）鼻子。涉及个人形象的有关鼻子的问题主要有两个：①清洁。平时，应注意保持鼻腔清洁，不要让异物堵塞鼻孔，不要在人前人后时时挖鼻孔。②鼻毛。参加社交应酬之前，勿忘检查一下鼻毛是否长出鼻孔之外。一旦出现这种情况，应及时进行修剪。

（4）嘴巴。牙齿洁白、口腔无味，是嘴巴护理上的基本要求。要做到这一点，一要每天定时在饭后刷牙，以除去异物、异味；二要经常采用爽口液、牙线、洗牙等方式保护牙齿；三要在重要应酬之前忌食烟、酒、葱、蒜、韭菜、腐乳之类气味刺鼻的东西。

（5）脖颈。修饰脖颈，一是要防止其皮肤过早老化，与面容产生较大反差；二是要使之经常保持清洁卫生，不要只顾脸面，不顾其他。

（三）手臂

手臂修饰主要包括手掌、肩臂与汗毛三个方面：

（1）手掌。手掌的修饰重点有：①洗涤。在日常生活里，手是接触其他物体最多的地方，更应当勤于洗涤。②指甲。手上的指甲应定时修剪，大体上应每周修剪一次。③死皮。手部若接触过肮脏之物，在手指甲周围即会产生死皮。若发现死皮，应立即将其修剪掉，但不宜当众操作，更不宜用手去撕，或用牙去咬。④伤残。手部要悉心照料，不要让它常常带着伤残。若皮肤粗糙、红肿、皲裂，应及时进行护理、治疗。

（2）肩臂。社交礼仪规定，在非常正式的社交活动中，人们的手臂，尤其是肩部，不应当裸露在衣服之外。在这些场合不宜穿着半袖装或无袖装。而在其他一切非正式场合，则无此限制。

（3）汗毛。因个人生理条件的不同，手臂上汗毛生长得过浓、过重或过长，一般无关大局。在他人面前，尤其是在外人或异性面前，腋毛是不应为对方所见的，最好还是采用适当的方法进行脱毛。根据现代人着装的具体情况，女性特别要注意这一点。在正式场合，一定要牢记，不要穿着会令腋毛外现的服装。而在非正式场合，若打算穿着暴露腋窝的服装，则务必先行脱去或剃去腋毛。

（四）腿部

俗语云“远看头，近看脚，不远不近看中腰”，修饰腿部，应当注意脚部、腿部、汗毛等三个部位的修饰。

1. 脚部

脚部修饰应关注以下三点：

（1）裸露。严格地说，在正式场合光着脚穿鞋子是不雅的。一些有可能使脚部过于暴露的鞋子，如拖鞋、凉鞋、无跟鞋，也不宜登上大雅之堂。

（2）清洁。在正常情况下，应注意保持脚部的卫生。鞋子、袜子要勤洗勤换，不要穿残破、有异味的袜子，如有可能，应在办公室或随身所带的提包里装上备用的袜子，以备不时之需。在非正式场合光脚穿鞋子时，要确保其干净、清洁。不要在他人面前脱下鞋子，更不要脱下袜子抠脚丫子。

（3）趾甲。脚趾甲要勤于修剪，至少要做到每周修剪一次。趾部通常不应露出鞋外，所以不要随便穿露趾凉鞋活动于正式场合。

2. 腿部

在正式场合，不允许男士的着装暴露腿部（即不允许穿短裤），女士不应穿暴露大部分大腿的超短裤。在庄严、肃穆的场合，女士的裙长应在膝部以下。女士在正式场合穿裙子时，不允许光着大腿不穿袜子，尤其不允许其光着的大腿暴露于裙子之外。在非正式场合，特别是在休闲活动中，则无此规定。

3. 汗毛

男性成年以后，腿部汗毛大都过重，所以在正式场合不宜穿短裤，或卷起裤子。女性若腿部汗毛变浓黑茂密，则最好脱去或剃除。也可以选择深色丝袜，加以遮掩。不要光着大腿，也不要穿浅色薄型的透明丝袜。

（五）化妆

化妆是有意识、有步骤的自我美容，是修饰仪容的一种高级方法。在人际交往中，进行适当的化妆既是自尊的表示，也意味着对交往对象的重视。在一般情况下，女士对化妆应更加重视。在社交场合，化妆需要注意两个方面：其一，要掌握原则；其二，要合乎礼规。

1. 化妆的原则

（1）审美原则。化妆的目的是使人变得更加美丽，化妆作为社交手段时，要注意遵循审美规律，不要自行其是，任意发挥，寻求新奇，弄巧成拙将自己老化、丑化、怪异化。要注意适度矫正、修饰得当，避短藏拙，体现魅力。

（2）自然原则。化妆的最高境界，是“自然而然”，即没有任何明显的人工美化的痕迹。通常，化妆既要求美化、生动、具有生命力，又要求真实、自然、天衣无缝。

（3）针对性原则。化妆讲究时间，注意场合，服从目的，体现个性。一些基本的知识必须通过学习来掌握，工作时化妆宜淡，社交时化妆可以稍浓，舞会可以化艳妆等等，做到“淡妆浓抹总相宜”。

（4）协调性原则。高水平的化妆，强调的是整体效果。所以在化妆时，应努力使妆面协调、全身协调、场合协调和身份协调，以体现出自己慧眼独具，品味不俗。

2. 化妆的礼规

化妆是一门既复杂又有趣的艺术，进行化妆时，应认真遵守以下礼仪规范。

（1）勿忽视化妆，容颜不整。整洁是基本的礼貌。进入社交场合前，不但女性应适度化妆，男性也应该进行修饰。蓬头垢面、须发不整是失礼的。

（2）忌不注意地点和时间。化妆，应在无人之处，或是在专用的化妆间。不要当众进行化妆，不要在公共场所化妆，当众化妆既有碍于他人，也不尊重自己。

（3）忌非议他人的化妆。由于民族、肤色和个人文化素养的差异，以及个人审美情趣的不同，每个人的化妆不可能都是同一角度，不要总是认为自己的化妆最好，而对别人评头品足。一般不应问化妆品的品牌，因为它往往和个人的工资收入联系在一起，属于个人的隐私。

（4）上班时不宜使用浓香型化妆品。一般来说，工作时间，宜化淡妆，宜使用适量的清香型香水。将自己的妆化得过浓、过重，香气四溢，容易影响他人。

（5）不宜过分热情帮他人化妆。有的人不管对方是否情愿，都要主动为别人化妆或补妆。尤其是对刚结识的陌生人来说，就是强人所难和热情过头了。勿使妆面出现残缺，应及时避人补妆，若听任不理，会让人觉得自己低俗、懒惰。勿借用他人的化妆品，借用他人化妆品很不卫生，故应避免。

3. 化妆的基本步骤

职业女性以淡妆为好，基本步骤为：第一步，清洁面部。用洗面奶洗脸，使面部彻底清洁。随后在脸上扑打化妆水，油性皮肤用酸性收缩水，干性皮肤用爽肤水。方法：用棉花球蘸化妆水轻轻拍打脸部及颈部。

第二步，涂粉底。先用少量的护肤霜，以保护皮肤免受其他化妆品的刺激。再在面部的不同区域使用粉底。方法：用手指腹或细软的海绵在脸上及脖颈周围涂抹，要轻柔地向上向外涂抹。

第三步，用粉饼定妆。粉饼宜选择接近自己的肤色，皮肤偏暗者，不宜选太白太亮的粉饼，皮肤较黄者，不宜选太亮的粉饼。方法：扑粉时要轻柔而且均匀，脸盘四周及脖颈耳郭边均应扑上粉。

第四步，用胭脂涂腮红。胭脂的颜色可根据自己的爱好和肤色来选择。方法：在脸颊涂上少量胭脂，不要涂得太浓厚。液体状、膏体状腮红应在涂粉底之后、补粉定妆之前涂用。

第五步，描眉。描眉时要顺着眉毛生长的方向画，画完后用小刷轻刷两下，去掉笔痕。

第六步，画眼线。一般选用深咖啡色或黑色的眼线笔。方法：在紧靠眼睫毛的眼睑边缘描画眼线，上眼线从内眼角画到外眼角，下眼线一般只从外眼角画至距内眼角 1/3 处收笔。

第七步，涂口红。口红选择不能太艳，上班族的口红颜色应以庄重典雅为宜，故可选择一些深红色的口红。方法：先用唇笔描出唇形，然后填入色彩适宜的唇膏。

三、表情形象运用

表情是人通过面部形态变化所表达的内心的思想感情。面部表情的基本要求是热情、友好、诚实、稳重、和蔼。

人的表情是复杂的，心理学家的公式是：感情的表达 = 言语 7% + 声音 38% + 表情 55%。可见表情在人与人之间的沟通中占有相当重要的位置。健康的表情留给人们的印象是深刻的，它是优雅风度的重要组成部分。

专家分析，健康的表情在对方心中的印象是十分深刻的，它属于给人的第一印象。在给人的印象中各种刺激所占百分比是：

视觉印象占 75%（包括表情、态度、特别的微笑）

谈吐印象占 16%（谈吐文雅、有文化教养等）

味觉印象占 3%（香甜可口）

嗅觉印象占 3%（多变、舒畅）

触觉印象占 3%（和谐、温暖和多方面综合性的感觉）

面部表情反映着人的内心，它是不会撒谎的。中国有句古话：“入门不问枯荣事，细看容颜心便知。”这里的“容颜”包括表情、面部化妆及微笑等，反映一个国家、民族的风貌，反映一个人的精神状态、文化素养和道德水准，以及对社会、对生活的态度。追求美好的“容颜”，必须不断充实自己的内涵。

构成表情的主要因素有二：一是目光，二是笑容。

（一）目光

目光是面部表情的第一要求，眼神则是最明确的情感表现形式。所以，要学会正确地运用目光。目光在人际交往中具有不可替代、不可忽视的作用，而这个作用主要通过瞳孔和视线表现出来。

1. 瞳孔的变化

几千年来，我国人民已不自觉地掌握了瞳孔交际的方法，并因此而创造出相应的众多成语，如目光炯炯、目光深邃、目不见睫、目光黯淡、目光闪烁、目光迷离、目光如炬、目散神迷、杏眼圆睁、怒目而视、顾盼生辉、含情脉脉、暗送秋波、眉来眼去……我国古代孟子云："存乎人者，莫良于眸子。眸子不能掩其恶。胸中正，则眸子瞭焉；胸中不正，则眸子眊焉。听其言也，观其眸子，人焉瘦哉!"（《孟子·离娄上》）意思是说，一个人的内心活动，很容易从他的眼神表现中窥察出来。内心光明正大，眼睛就会炯炯有神；内心肮脏丑恶，眼睛就会暗淡无光。所以，观察一个人内心的秘密，最好的办法就是去观察他的眼睛。通过瞳孔的变化，可知晓人的内心世界。

美国芝加哥大学的海斯博士的实验证明，瞳孔增大，表示被试对所看物体有不同程度的喜爱或兴趣；瞳孔缩小，表示被试对所看物体的讨厌或拒绝；瞳孔不起变化，表示被试对所看物体漠不关心或感到无聊。瞳孔是一个人兴趣、态度、情感等心理变化的高度灵敏的显像屏幕，具有较强的表现力和感染力。我们应该学会使用和调节自己的瞳孔，恰当地表达出对他人礼貌友好或冷淡蔑视的态度和情感。

可根据交际场合的变化以及交际对象的不同来调节瞳孔的变化。如想表达对对方的友好和亲切感情时，不妨洞开心扉、瞳孔放大，让"窗口"更为明亮，表示自己的礼貌或爱恋；反之，则可有意将瞳孔缩小，让"窗口"暂时关闭，表示自己的冷淡或反感。而在自己心情烦闷、苦恼不堪、精神受挫而又不愿让他人窥探时，则可戴上有色眼镜予以掩盖。当然，这是特殊情况。

2. 视线的运用

在双方直接见面交谈中，用眼睛注视对方是必不可少的。视线的高度与位置，以及注视的时间长短，根据交际对象和交际场合的不同，有一定的要求。

（1）注视的位置。不同场合和交往对象，注视的部位应有区别。注视对方的双眼，表示自己重视对方，但时间不要太久；注视对方的额头，表示严肃认真、公事公办；注视对方的眼部至唇部之间，表示礼貌和尊重对方；注视对方的眼部至胸部之间，表示亲近和友善。具体而言主要有三类：

① 公事视线。公事视线的位置是：以对方双眼为下底线，到前额中部，构成一个等边三角形。这种视线的特点是公事公办、严肃郑重，不含任何个人感情色彩，能深刻地影响对方情绪，使对方立即进入"角色"。而主动使用这种视线行为的一方，则掌握了交谈的主动权。使用场合是外交谈判、商务谈判等。

② 社交视线。社交视线的位置是：以对方双眼为上底线，到唇部中央，构成倒等边三角形。这种视线的特点是亲切温和，能造成一种融洽和谐的气氛，让对方感到平等舒服。使用场合是上下级友好交谈，同事交往，以及各种联谊会、茶话会、座谈会等。

③ 亲密视线。亲密视线的位置是：以对方双眼为上线，延长至胸部。这种视线的特点是热烈柔和，能将炽热的感情很快传达给对方，使对方体会到一种关切或热爱之

情。使用场合是好朋友或恋人之间。

一般来说，与人见面时可把自己的目光放虚一些，不要聚于对方的某个部位，而应把目光放在对方的嘴、头顶、脸颊两侧和脖子的范围。在正式公开场合下，目光所及区域应为对方额头至两眼到嘴之间，给人以轻松、平和的感觉。

（2）注视的时间。表示友好：注视对方的时间占全部相处时间的1/3左右；表示重视：应常常把目光投向对方，占全部相处时间的2/3；表示感兴趣：目光始终盯在对方身上，注视的时间占全部相处时间的2/3以上；表示轻视：目光经常游离对方，注视时间不到全部相处时间的1/3。如果谈话时心不在焉，东张西望，或因紧张、羞怯不敢正视对方，目光注视的时间不到整个谈话时间的1/3，那就不容易被人信任和尊重。总之，注视时间的长短应看对象场合，与亲朋好友交谈保持长期时间凝视会缩短彼此的距离，加深感情交流。

凝视是最常用的一种目光，即目光专注于某一点。比如，说“你很漂亮”、“很有成绩”、“你已经尽力了”等直指他人的话时，注视眼睛目光交流，对方会感到你的真诚，相反，如果你嘴里说着赞扬的话，眼睛却看着别处，显然是言不由衷。

在礼仪场合应注意不可将视线长时间固定在所要注视的位置上。日本京都大学灵长类研究所的学者正高信男说：“不论是人还是动物，长时间地凝视对方是制造紧张气氛，意在恐吓对方，这是发动进攻的前奏。”这是因为，人本能地认为，过分地凝视是一种威胁，是在窥视自己内心深处的隐私。所以，双方交谈时，应适当地将视线从所规定的位置上移开片刻。这样，能使对方心理轻松，感到平等，易于交往。

3. 眼神运用

运用眼神是一种极高的艺术，是目光、瞳孔、视线对心灵的忠实反映。在日常社交场合，除遵循前面所述的准则外，还应注意下面三点：

（1）理解视线向度的不同含义。一般说来，俯视：即向下注视他人，表示爱护、宽容的语义；正视：即平视，表示理性、平等；仰视：即主动居于低处，抬眼向上注视他人，表示尊敬、期待和仰慕。看人时，侧视、斜视或东张西望，则表示对对方的厌恶和漠不关心。

（2）要学会用眼睛表示对他人的尊重和友善。在师长面前，仰视时目光应略向下，以示恭敬谦虚；对幼小者，目光则应平和亲切，以体现爱心；在朋友面前，目光应热情洋溢，以示友好；当与两个以上的人共处时，无论长幼、上下、男女，在有所侧重的同时，更要“一视同仁”。

（3）要善用目光的变化。要根据不同语境，灵活运用目光来表达自己内在的感情。即兴发言或演讲也是一种社会交往活动，如果发言的人一直看着离自己最近的人会倍感紧张，这时不妨采取虚视的方法，看离自己远的人，比如，看最后排的、最左边的和最右边的，对离自己近的人稍加注意就可以了，这种方法对怯场的人很有帮助。在交际场合演讲时，不时用目光与不同角度的听众进行沟通，时而用扫视全场的环视法，时而用凝视一方的点视法；讲到兴奋时，让眼睛发出兴奋的光芒，讲到哀伤时，眼睛低垂，让眼睛凝滞一会儿。

（4）要克服不良的看人习惯。正确的目光应是坦然、亲切、和蔼、有神的，即要避免呆滞的、漠然的、疲倦的、冰冷的、惊慌的、敌视的、轻蔑的、左顾右盼的目光，也不可盯着他人某处不放或全身上下打量。上下左右打量别人，别人会以为你对他不信任，才全面地审视他，其伴随的语言是："你是谁?""你是干什么的?""从哪儿冒出个你来?"等等。

（5）由于民族文化背景的不同，对目光的要求也不一致。瑞典人见面时，喜欢互相对视；阿拉伯人认为，对谈话人凝眸而视是起码的礼仪，当然只是在男子之间；英国人则不喜欢这样的目光；非洲的尼日利亚和某些地中海国家的人认为，凝视对方是不吉利的；日本人在见面时，通常是看着对方的脖子；南美洲某些印第安人相互交谈时，喜欢左顾右盼，人多时，发言人背对听众。了解这些，可减少一些误解。

总之，目光伴随的语言是非常丰富的，只有心胸开阔、精神健康、善待他人、不被人误解的人，才是真正受欢迎的人。

4. 眼神的训练

训练矫正"目光无神"的方法：眼睛盯住两三米距离的某一物，先看外形，渐渐缩小范围，把目光集中到物体的某一部分，再缩到某一点，这时的目光是集中的，眼睛是明亮的。

每天经常练习，会使眼大无神变为炯炯有神，旅游工作者通过这种训练，可使眼神转为传递心灵信息的无声语言。

（二）微笑

人与人相识，良好的第一印象来源于人的仪表谈吐，但更重要的是取决于他的表情。微笑是表情中最能赋予人好感、增加友善和沟通、愉悦心情的表现形式。一个对你微笑的人，必能体现出他的热情、修养和魅力，从而得到他人的信任和尊重。可以说，微笑是人际交往的润滑剂。

1. 微笑的含义

（1）微笑既表示友好，又是一种自信、力量的象征。微笑是交际活动中最富有吸引力、最有价值的面部表情。

（2）微笑是礼貌的表示。一个彬彬有礼、有教养的人，微笑之花会常开在他（她）的脸上，不论对任何人，他（她）都会毫不保留地把微笑作为一件礼物，慷慨奉献给每个人。

（3）微笑是和睦相处的反映。能够与别人和睦相处的人，一定是保持微笑的人，他（她）能感觉到人人都可爱，人人都会信任她（她），定会架起一座心灵相通、相近、相亲的人间友谊之桥。

（4）微笑是心理健康的标志。真诚的微笑能松弛神经，活跃思维，使一个健康的人把美好的情意、健康的思想、温暖的情怀和善良的心地交融在一起，是保持心情愉快的最好方法，就是对你的同事、朋友乃至不相识的人也应带有微笑。

2. 微笑的作用

无论在哪里，只要你不吝惜微笑，往往就能左右逢源，顺心如意。利用微笑，可以消除彼此之间的陌生感，打破交际障碍，为更好地沟通与交往创造有利的氛围。与人初次见面，面露微笑，就像具有一种磁力，使人顿生好感；见到老友，点头微笑，会使人感到你不忘旧情，重视礼仪；上级对下级的一个微笑，会让人感到平易近人。

（1）有益健康。人们常说“笑一笑，十年少”，这是有科学道理的，因为人在笑时，全身的肌肉松弛，达到一种放松的境界，有利于新陈代谢，进而促进身体的健康发展。据有关医学家实验得出，在病人面前，医护人员的微笑，对患者的安抚胜过10剂良药。所以，笑是人类健康的保证。

（2）表现性格。不同的笑，能表现人的不同性格。美国心理学家弗德烈·戈思宁指出：开怀大笑的人，凡事决断迅速，生性坦率热情，但感情相对脆弱；笑中带泪的人，极富同情心；笑声低沉的人，生性多愁善感；笑声柔和的人，性格厚重，擅长于处理人事纠纷；笑声干涩的人，性格略带冷漠，但比较现实。

（3）和谐关系。发自内心的各种笑，如真诚的笑，善意的笑，歉意的笑，内疚的笑等，能满足人的尊重的需求，取得对方的理解、信任和支持，从而缓和紧张的气氛，调节人际关系。我们敬爱的周恩来总理堪称微笑的楷模。周总理生前带着“中国人的微笑”，走向世界，受人爱戴，被世人所传颂。所以，在日常交际中，我们应该学会微笑，以显示成熟和开朗、宽容与豁达，促进人际关系的美好与和谐。

3. 微笑的训练

微笑由丰富而有力度的内涵酿成，是可以训练养成的。据说，日本在培养空姐时，就要进行长达几个月的微笑训练。要充分发挥微笑在表情表现中的魅力，其要求是：

（1）掌握微笑的基本技能要领。即微笑时面部肌肉放松，口角的两端要平均地向上翘起。轻笑，笑时不露齿，尤其避免露出牙齿，并避免牵动鼻子，练习时，为使双颊肌肉向上抬，口里可念普通话的“一”字音。但要注意下唇不要用力过大。笑时使用的肌肉主要集中在两腮和嘴的周围。训练的方法：一是放松肌肉，练习“多来咪”唱法，清楚、大声反复唱三次；二是增加肌肉弹力，把嘴张大后，停10秒钟，最后抿成圈后坚持10秒钟；三是练习笑，把嘴张开1/3后，轻笑，张开一半后再笑，反复三次；四是保持笑，把嘴角使劲往上提，并发出“whisky”音。

（2）掌握微笑的基本心理要领。即必须是发自内心的微笑才能使人感到温暖，令人惬意，与人距离迅速缩短，使怨愤情绪冰释雪融。

（3）掌握笑的关键。笑的关键在于善于用眼睛来笑。如果一个人的嘴向上翘时，眼睛仍然是冷冰冰的，会给人虚假的感觉。眼睛的笑容训练是：取一张厚纸，遮住眼睛的下边部位，对着镜子，心里想着那些最使你高兴的事情，嘴角两端做出微笑的口型。

这时，你的双眼就会十分自然地呈现出微笑的表情了。随后放松你的面部肌肉，眼睛也随之恢复原形，这时的目光中仍会发射出含笑脉脉的神采来。

（4）收拾好自己的表情。给人安详、平静、稍带微笑的训练方法：一是梳洗完后，对着镜子微笑，把好的笑容定格。二是收拾心情，即善于遗忘不愉快的事情，否则会刻在脸上。想清楚自己错在哪里，然后放掉，要善于宽容自己，放下不足。三是调适自己的声音感觉，录一段话，自己感觉，就可以找到修饰的地方。四是自我奖赏，在情绪低落时，最好给自己买一份礼物或穿着比平时好一些，这样会给别人愉快的感觉，从而提升自己愉快的情绪。

（5）自然流露的微笑是表达真意的微笑。自然才是美丽的表情、动人的仪态，亲切自然的微笑来自于内心深处，来自于心之微笑；心笑，才能使微笑自然而然地溢于言表。渗透情感的微笑是表达真情的微笑，它包含着对他人的关怀、热忱和爱心；情是微笑的一种重要内力，它赋微笑以色彩、能量而形成感染力。

第二节　举止礼仪

举止是一种无声的“语言”，能体现一个人的基本素质和受教育的程度。要塑造良好的社交形象，必须讲究礼貌礼节，做到彬彬有礼、落落大方。“人的举止应该像她的衣服，不要太窄或设计太特异，但必须不拘束或不妨碍行动。”这是伟大的哲学家培根的名言。因此，注意自身的举止形态，把它规范在礼貌、道德规范之中，能够塑造自己得体而优雅的形象。

一、站姿

站姿是静态的造型动作，是其他动态美的起点和基础。古人主张“站如松”，这说明良好的站立姿势应给人一种挺、直、高的感觉。在出席各种交际场合时，站姿首先引起别人的注意，优美挺拔的站姿能显示个人的自信、气质和风度，并给人留下美好的印象。

（一）标准站姿的总体要求

站姿的总体要求是上体正直、头正目平、嘴唇微闭、表情自然、收颌梗颈、挺胸收腹、双臂下垂、立腰收臀和双腿自然站直（如图2－1、图2－2）。

标准站姿的要领如下：

（1）头要正，要有向上顶的感觉，目光平视前方。

（2）肩要放松，不可端肩，更不能一肩高一肩低。

（3）双臂自然下垂。

（4）腿要并拢，双脚后跟贴紧，脚尖外展或并拢。

图2－1　男士基本站姿（正面）

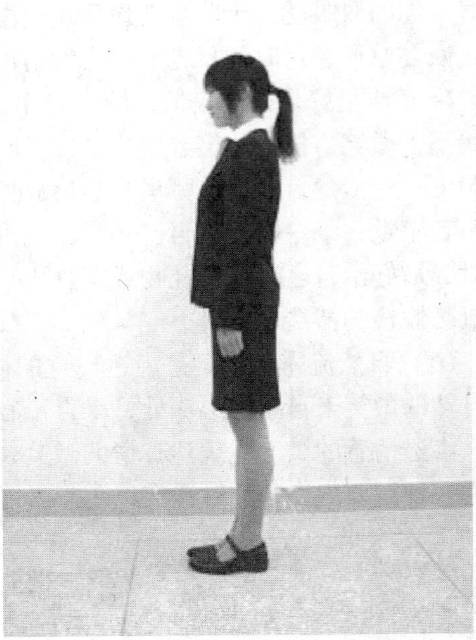

图2－2　女士基本站姿（侧面）

（二）其他站姿

根据场合的不同，在基本站姿的基础上身体某些部位可以采用一些变化形成其他种类的站姿。

1. 前搭手站姿

具体要求：两脚尖展开，左脚脚跟靠近右脚中部，重心平均置于两脚上，如果站立时间较长也可采用“丁字步”站姿，通过重心的转移来减轻疲劳，双手置于腹前，左手搭在右手手背上。此站姿尤其适合于女性，能很好地体现女性美（见图2－3）。

2. 后搭手站姿

具体要求：两脚平行开立，脚尖展开，挺胸立腰，下颌微收，双目平视，两手在身后相搭，贴在臀部。此站姿只适合于男士，具有权威和阳刚特质（见图2－4）。

3. 持文件夹站姿

具体要求：身体直立，挺胸抬头，下颌微收，提髋立腰，吸腹收臀，手持文件夹（见图2－5）。

4. 提公文包站姿

具体要求：身体直立，挺胸抬头，下颌微收，双目平视，手提公文包（见图2－6）。

图 2－3　女士前搭手站姿

图 2－4　男士后搭手站姿

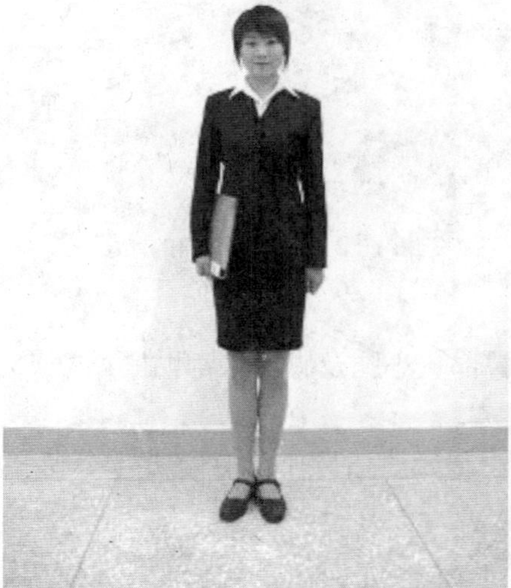

图 2－5　女士持文件夹站姿

图 2－6　男士提公文包站姿

站立时，既要遵守规范，又要避免僵硬，所以站立时要注意肌肉松弛的协调性。强调挺胸立腰，但两肩和手臂的肌肉不能太紧张，要适当放松，气下沉至胸腹之间，呼吸要自然。以总体的站姿为基础，善于适时地变换姿态，追求动态美。同时，站立时要面带微笑，使规范的站立姿态与微笑相结合。

另外，在礼仪场合，女性站立时，双腿要求靠拢，男士可等肩开立也可并腿。

（三）禁忌的站姿

禁忌的站姿如图2－7、图2－8所示，主要表现为：

（1）身形不正，主要有头歪、探脖、弓腰、东倒西歪，叉腰翘臀。

（2）手位不当，主要表现在插兜、抱胸、抱头和支撑身体而导致身体变形等。

（3）倚门靠柱，无精打采，重心不稳。

图2－7　不正确的站姿

图2－8　不正确的站姿

（四）正确站姿的训练方法

（1）两人一组背靠背站好，脑后、双肩、臀部、小腿及脚后跟都贴紧站立15～20分钟。

（2）一个人靠墙站，脑后、双肩、臀部、小腿及脚后跟都贴在墙壁上，坚持15～20分钟，经常练习。

二、坐姿

坐姿和站姿一样，都属于静态造型。正确优雅的坐姿是一种文明的行为，坐姿文雅，坐得端庄，不仅给人沉着、稳重、冷静的感觉，而且也是展现自己气质和风范的重要形式。

（一）标准坐姿的总体要求

在各种场合都要力求做到“坐如钟”，坐姿的总体要求是：端庄、稳重、文雅。关键要做到头正、挺胸、收腹、立腰、前倾、并膝（见图2－9、图2－10）。

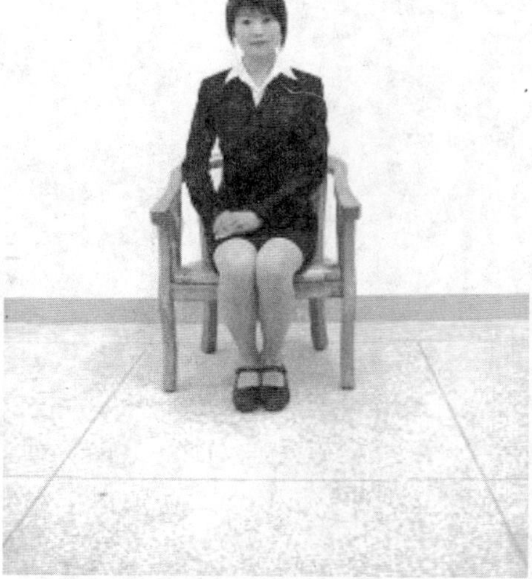

图 2－9　女士基本坐姿

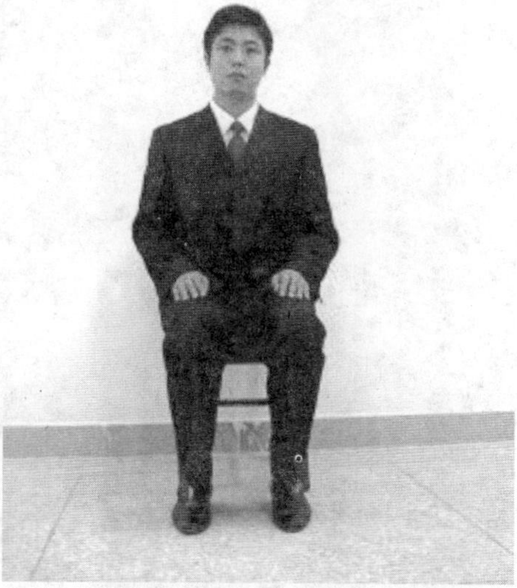

图 2－10　男士基本坐姿

（二）坐姿的种类

坐姿是否优美，是影响形象的重要因素。坐姿通常有以下几种：

1. 双脚垂直式

适用于最正规的场合。具体要求：双腿垂直于地面，女士双脚的脚跟、膝盖直至大腿都要并拢在一起，双手自然放在双腿上，身体可稍稍侧向一方，男士两腿可平行与肩同宽展开，这是正式场合的最基本的坐姿，可给人诚恳、认真的印象。这种坐姿一定要伸直脊背，头部摆正，目视前方（见图 2－11）。

2. 双腿叠放式

适合于穿短裙的女性采用。具体要求：双脚置放的方法依坐椅的高矮而定，既可以垂直，也可与地面呈 45 度角斜放，右腿重叠于左腿上，脚尖不应该翘起，切勿双手抱膝，更不能两膝分开（见图 2－12）。

3. 双脚交叉式

适用于各种场合，男女皆可选用。具体要求：双膝先并拢，然后双脚在踝部交叉，交叉后的双脚可内收，也可斜放，但不宜向前方远远地直伸出去。

4. 双脚内收式

适用于一般场合，男女皆宜。具体要求：两大腿并拢，双膝可略打开，两脚稍许分开后向内侧屈回，双脚掌着地。在自己不受注目的场合，这种坐姿显得最轻松自然。

5. 双腿斜放式

适用于穿裙子的女性在较低处就座所用。具体要求：双脚先并拢，然后双脚再向左侧或右侧斜放，力求斜放后的腿部与地面呈45度角。

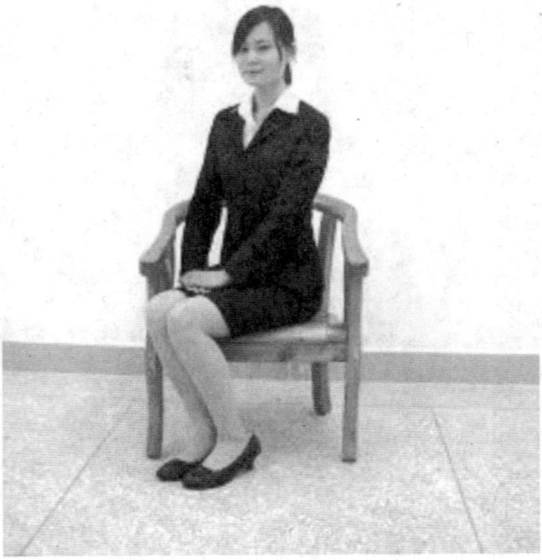

图2-11　双脚垂直式

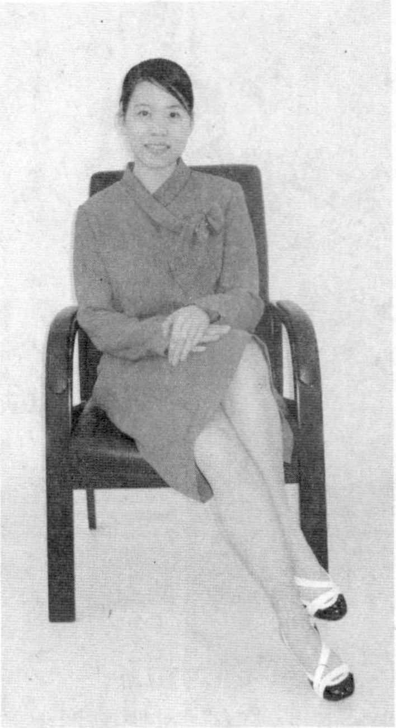

图2-12　双腿叠放式

6. 前伸式坐姿

适用于男士。坐正，两腿前伸，双脚在踝关节处交叉。

7. 男士正身重叠式坐姿

右小腿垂直于地面，左腿在其上重叠，左下腿向里收，脚尖向下，双手扶于扶手上或交叉于腿间。

8. 男士开关式坐姿

正坐，两小腿前后分开，两脚前后在一条直线上，两手自然放在双腿上或合握置于两腿间。

总之，要善于利用坐姿来表示对他人的敬意。面对不同的情况，可选择不同的坐姿，以适当的坐姿来表示对他人的尊重。

（三）就座的基本礼规

（1）入座时轻、缓、稳，动作协调柔和，神态从容自如。要注意做到不紧不慢、不慌不忙，大大方方地从椅子的左后侧入座。如果要挪动椅子的位置，应当先把椅子移到欲就座处，然后坐下，坐在椅子上移动位置是有违社交礼仪的。若是走向他人对面落座，可采用逐步接近属于自己的坐椅，尽量不要背对自己将要与之交谈的人。

着裙装的女性通常应当在入座前用手将裙子拢一下，显得优雅。要是面对一位异性，坐定后才大模大样地前塞后掖自己的裙摆，难免会失之于庄重。

（2）坐在椅上，至少应坐满椅子的2/3。背脊轻靠椅背。端坐时间过长，可将身体略为倾斜，面向主人，双脚交叉，足部重叠，脚尖朝下，斜放一侧，双手互叠或互握，放在膝上。女性若穿西装裙，最好并靠双脚，向左或右一方稍倾斜放置。

（3）离座时，身旁若有人坐，须以语言或动作向其示意，随后方可站起来。与他人同时入座，须注意起身的先后次序，地位低于对方时，应稍后离座。地位高于对方时，可先离座，双方身份相似时，才允许同时起身离座。离座时，要起身缓慢，无声无息，宜从左侧离开，“左出”也是一种礼节。

（4）男性坐姿可体现阳刚之气。上身保持正确的坐姿，双脚自然分开，以肩宽为限，双手呈掌型分别放于双腿之上，以显示男性的优雅和阳刚。

（5）女性坐姿要体现端庄之美。落座后，上身保持正确的坐姿，应双目平视，嘴唇微闭，面带笑容，挺胸收腹，腰部挺起，重心垂直向下，双肩平正放松，上身微向前倾，手自然放在双膝上，手心向下，双膝并拢，大腿夹紧，身体侧向左（右）侧时，右（左）脚藏于左（右）脚之后，亦可双脚一脚稍前，一脚稍后。这样的坐姿显得娴静优雅。

（四）禁忌的坐姿

禁忌的坐姿如图2－13、图2－14所示，具体表现为：

图2－13　不正确的坐姿

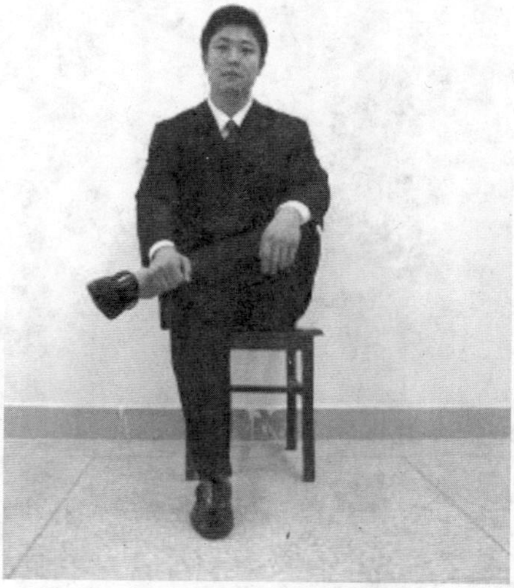

图2－14　不正确的坐姿

（1）忌大大咧咧地一把拉过椅子，“扑通”一声把自己扔进坐椅里，落座时搞得响声大作，这是没有教养的表现。

（2）忌在拜访长辈、上司或贵宾时，架起“二郎”腿，并将跷起的脚尖冲着他人。

（3）忌“拖泥带水”，或萎靡不振，斜躺在椅子上。

（4）忌两腿叉开，伸得老远，或是脚藏在坐椅下，甚至用脚勾着坐椅的腿，这都是非礼的举动，也会给人传递错误的知觉感受，造成不必要的麻烦。

（5）忌来回抖动腿脚。

三、走姿

走姿也叫行姿或步态，属于动态的行为举止。古人主张“行如风”，即行走的姿势要轻快、自然，才是优美的步态。

（一）走姿的总体要求

走姿的总体要求是：轻松、矫健、优美、匀速。虽不一定非要做到古人所要求的“行如风”，至少也要做到不慌不忙，稳重大方。

1. 标准走姿的基本要求

上身挺直，头正目平，收腹挺腰，摆臂自然，步态优美，步伐稳健，动作协调且走成直线（如图2－15、图2－16）。

图2－15　女士基本步态

图2－16　男士基本步态

2. 标准走姿的具体要求

（1）双目向前平视，微收下颔。

（2）双肩平稳，双臂自然摆动，摆幅在 30 ～ 35 度为宜。

（3）上身挺直，头正、挺胸、收腹、立腰，重心稍向前倾。

（4）注意步位，两脚内侧落于一条直线上。

（5）步幅适当，一般是前脚脚跟与后脚脚尖相距一脚之长，但因性别、身高不同以及服饰的限制会有一些差异。

（6）行走速度适中，停步、拐弯、上下楼梯要从容不迫，控制自如。

（二）走姿的场合运用礼规

根据不同的场合，走姿有不同的礼规：

（1）进入办公室、登门拜访、参观展览、探望病人：脚步应轻柔，不宜发出响声。

（2）走入会场、迎接外宾等重大正式的场合：脚步要稳健、大方，充满热情。

（3）办事联络，往来于各部门之间：步伐要快捷而稳重，以体现办事者的效率、干练。

（4）参加婚礼等喜庆活动：步态应轻盈、欢快，有跳跃感，以反映喜悦的心情。

（5）参加吊丧活动：步伐要缓慢、沉重，有忧伤感，以反映悲哀的情绪。

（6）引导陪同应注意的事项：

① 引导员所处的方位：若双方并排行进时，引导员应居于左侧；若双方单行行进时，则居于左前方一米左右的位置。

② 协调的行进速度：在陪同引导时，引导员的行进速度应与对方协调，勿我行我素，走得太快或太慢。

③ 及时的关照提醒。当经过拐角、楼梯或道路坎坷、照明欠佳之处时，须关照并提醒对方留意。

④ 采用正确的体位。请对方开始行进时，应面向对方，稍许欠身，在行进中与对方交谈或答复其提问时，应将头部和上身转向对方。

（7）上下楼梯应注意的事项：

① 坚持“右上右下”的原则。

② 要礼让服务对象。即上下楼梯时，不要与服务对象抢行，出于礼貌，可请对方先行；当自己陪同引导客人时，上下楼梯则应先行。

（8）进出电梯应注意的事项：

① 牢记“先出后进”。里面的人先出，外面的人后进。

② 电梯内无人时，引导员先进后出；电梯内有操作员时，引导员后进后出。

（9）出入房间应注意的事项：

① 要先通报。出入房间时，尤其是进入房门前，一定要向房内的人通报。

② 要用手开关门。用肘部顶、用膝盖拱、用臀部撞、用脚尖踢、用脚跟蹬等不良的做法，都不宜用。

（三）禁忌的走姿

禁忌的走姿具体表现为：

（1）内“八”字和外“八”字步伐，这种走法不但不雅观，走时间长了也容易累。

（2）双眼左顾右盼，这样显得精神不够集中。

（3）驼背含胸，走路时双手插在裤兜或双手背在身后，这样会让人觉得你很没有精神。

（4）埋头或仰头，双肩一高一低，高低起伏，重心不稳（见图2－17）。

（5）腰的扭动过于明显，东摇西摆，飘忽不定（见图2－18）。

（6）走路过快或过慢，落脚过重或过轻，跨步过大或过小。

图2－17　不正确的步态（扭腰摆臀）

图2－18　不正确的步态

四、蹲姿

蹲姿并非常用的姿势，在特殊的情况下，人需要用蹲姿，如捡起掉到地上的物品，蹲下与小孩子亲密交谈，游览中劳累而又无可坐之处蹲下来歇歇。在社交场合，蹲姿的运用要优美、典雅。

（一）蹲姿的总体要求

蹲姿的总体要求：自然、得体、大方。

1. 正确蹲姿的要点

以正确的站姿站好，上体保持直立，目视前方，弯下膝盖，膝盖并拢，臀部向下，双手放在双膝之上或自然垂于体侧。

女性蹲姿应展现优雅之美。正确的蹲法是：左脚在前，左脚全脚掌着地，小腿基本垂直地面，右脚在后，右脚跟提起，脚前掌着地，两腿靠紧向下蹲，臀部向右脚跟蹲下。

2. 蹲姿的具体要求

（1）下蹲时，两腿合力支撑身体，避免滑倒。

（2）下蹲时，应使头、胸、膝关节在一个角度上，使蹲姿优美。

（3）女性无论采取哪种蹲姿，都要将腿靠紧，臀部向下。

（二）蹲姿的种类

（1）交叉式蹲姿。即下蹲时，右脚在前，左脚在后，右小腿垂直于地面，全脚着地。左脚在后与右脚重叠，左膝由后面伸向右侧，左脚跟抬起，脚掌着地。两腿靠紧，合力支撑身体。臀部向下，上身稍前倾。

（2）高低式蹲姿。即下蹲时，左脚在前，右脚稍后，两腿靠紧向下蹲。左脚全脚着地，小腿基本垂直于地面，右脚脚跟提起，脚掌着地。右膝低于左膝，左膝内侧靠于右小腿内侧，形成左膝高右膝低的姿态，臀部向下，基本上以右脚支撑身体。

男性可选用第二种姿态，两腿之间可有适当距离。

（三）禁忌的蹲姿

禁忌的蹲姿具体表现为：

（1）当东西掉在地上时，低头、弯背、翘臀部拾物。

（2）在公共场合下蹲时，双腿平行叉开，这样做像在上洗手间，故称“洗手间姿势”，十分不雅。

（3）下蹲时，注意内衣“不可以露，不可以透”。

（4）面对他人过近，会使他人不便。

（5）背对他人，是对别人不够尊重。

五、手势

手势是人们利用手表达心意时所使用的姿势。手势是人际交往不可缺少的、最具有表现力的一种“体态语言”。手势的美是一种动态美，若能恰当地运用手势来表达真情实意，将给人一种优雅、含蓄、彬彬有礼的感觉。法国大画家德拉克洛瓦指出：“手应当像脸一样富有表情。”古罗马政治家西塞马则说过：“一切心理活动都伴有指手画脚等动作。手势恰如人体的一种语言，这种语言甚至连野蛮人都能理解。”他们的话从不同侧面指出了手势的重要性。

（一）手势的总体要求

手掌自然伸直，手指并拢，手与前臂成一条直线，肘关节自然弯曲，掌心向斜上方。在出手势时，要讲究柔美、流畅，同时配合眼神、表情和其他姿态，使手势显得协调大方。

（二）手势的种类

手势一般分为以下四种：

（1）情意性手势。主要用于带有强烈色彩的内容，其表现方式极为丰富，感染力极强。

（2）象征性手势。主要用来表示一些比较复杂的感情和抽象的概念，从而引起对方的思考和联想。

（3）指示性手势。主要用于指具体事物或商量，其特点是：动作简单，表达专一，一般不带感情色彩。

（4）形象性手势。主要作用是模拟事物的形状，以引起对方的联想，给人一种具体明确的印象。

（三）基本的手势

学习手势，重要的是正确掌握和运用下述基本手势。

（1）垂放，这是最基本的手势。其做法有二：一是双手自然下垂，掌心向内，叠放或相握于腹前；二是双手伸直下垂，掌心向内，分别贴放于大腿两侧。

（2）背手，多见于站立、行走时，既可显示权威，又可镇定自己。具体做法：双臂伸到身后，双手相握，同时昂首挺胸。但是，如果在你不是权威的场合，这样做是不礼貌的。

（3）持物，即用手拿东西。其做法多样，既可用一只手，又可用双手。最关键的是，拿东西时应动作自然，五指并拢，用力均匀。不应翘起无名指与小指，显得故作姿态。

（4）鼓掌，是用于表示欢迎、祝贺、支持的一种手势，多用于会议、演出、比赛或迎候嘉宾。其做法是：以右手掌心向下，有节奏地拍击掌心向上的左手。必要时，应起身站立。但是，不应以此表示反对、拒绝、讽刺、驱赶之意，即不允许“鼓倒掌”。

（5）夸奖，此种手势主要用于表扬他人。其做法是：伸出右手，翘起拇指，指尖向上，指腹面向被称道者。但在交谈时，不应将右手拇指竖起来反向指向其他人，因为这意味着自大或藐视；或以之自指鼻尖，也有自高自大、不可一世之意。

（6）指示，这是用以引导来宾、指示方向的手势。其做法是：以右手或左手抬至一定高度，五指并拢，掌心向上，以其肘部为轴，朝一定方向伸出手臂。

（四）常用的手势

1. 引领的手势

在各种交往场合都离不开引领的动作，例如请客人进门，客人坐下，为客人开门等，都需要运用手与臂的协调动作，同时，还必须注入真情实感，调动全身活力，使心与形体形成高度统一，才能做出色彩与美感。引领动作主要有以下几种表现形式：

（1）横摆式。以右手为例，将五指伸直并拢，手心不要凹陷，手与地面呈45度角，手心向斜上方。腕关节微屈，腕关节要低于肘关节。动作时，手从腹前抬起，至横膈膜处，然后，以肘关节为轴向右摇动，到身体右侧稍前的地方停住。同时，双脚形成右丁字步，左手下垂，目视来宾，面带微笑。这是在门的入口处常用的谦让礼的姿势。

（2）曲臂式。当一只手拿着东西，扶着电梯门或房门，同时要做出"请"的手势时，可采用曲臂手势。以右手为例：五指伸直并拢，从身体的侧前方，向上抬起，至上臂离开身体的高度，然后以肘关节为轴，手臂由体侧向体前摆动，摆到手与身体相距20厘米处停止，面向右侧，目视来宾。

（3）斜下式。请来宾入座时，手势要斜向下方。首先用双手将椅子向后拉开，然后，一只手曲臂由前抬起，再以肘关节为轴，前臂由上向下摆动，使手臂向下成一斜线，并微笑点头示意来宾。

2. 挥手的手势

挥手语是通过手臂的挥动来传情达意的体态语。挥手语所表达的内涵也非常丰富，可表达致意，也可表达告别。作家方纪的《挥手之间》一文对毛泽东同志赴重庆谈判时与送行的人挥手作别的一瞬作了非常细致的描述："主席也举起手来，举起他那深灰色的盔式帽，举得很慢很慢，像是举一件十分沉重的东西，一点一点的，等到举过头顶，忽然用力一挥。"主席这一手势语中既包含了强大的决心，也包含了与送行的延安人民难舍难分的深情。挥手语在更多的场合下是作为一种伴随语而发挥作用的。如在公关演讲过程中，慷慨激昂的言辞辅之以恰当的挥手语，可以产生令人振奋的效果；在与人交谈时，恰当地运用挥手语，也能产生很好的传播效果。

（五）禁忌的手势

在社交活动中，下列手势是应避免出现的手势。

（1）在交际场合，当众搔头皮、掏耳朵、抠鼻孔、剔牙、咬指甲、剜眼屎、抓痒痒、搓泥垢、搓脚丫等手势，均极不卫生，是不当之举。

（2）在大庭广众之下，双手乱动、乱摸、乱举、乱扶、乱放，修指甲、揉衣角、抬胳膊、抱大腿、拢头发、用手指在桌上乱画、玩手中的笔或其他工具等手势，亦是应当禁止的不稳重的手势。

（3）掌心向下挥动手臂，勾动食指或除拇指以外的其他四指招呼别人，用手指指点他人，都是失敬于人的手势。其中指点他人，忌伸出一只手臂，食指指向他人，其余四指握拢的手势，因含有教训别人之意，尤为失礼，此手势只有历数恶行，责骂对方时才使用。非洲和欧洲绝大多数地方都把这种手势视为极大的侮辱。

（4）掌心向下手势，有显示权威，给人压力之意。只有安静！坐下！等命令语气讲话时才使用的手势，平时应避免出现。

（5）在任何情况下，都不要对他人“鼓倒掌”，不要用掌声讽刺、嘲弄别人。

（6）易误解的手势。易为他人误解的手势有下列几种：

①“OK”手势。即拇指和食指合成一个圆圈，其余三指自然伸张。这种手势在西方某些国家比较常见，但应注意在不同国家其语意有所不同。如：美国表示“赞扬”、“好”；在法国表示“零”或者“无”；在印度表示“正确”；在中国表示“零”或“三”两个数字；在日本、缅甸、韩国则表示“金钱”；在巴西则是“引诱女人”或“侮辱男人”之意；在地中海的一些国家是“孔”、“洞”的意思，常用此来暗指、影射同性恋，不了解这些的人就很容易误解。

② 伸大拇指手势。大拇指向上，在说英语的国家多表示“OK”之意或是搭车之意；若用力挺直，则含有骂人之意；若大拇指向下，多表示坏、下等人之意。在我国，伸出大拇指这一动作基本上是表示赞同、好等，向下伸则表示蔑视、不好等意思。

③“V”字形手势。伸出食指或中指，掌心向外，其语意主要表示胜利，掌心向内，在西欧表示侮辱、下贱之意。这种手势还时常表示“二”这个数字。

④ 伸出食指手势。在我国及亚洲其他一些国家表示“一”、“一个”、“一次”等；在法国、缅甸等国家则表示“请求”、“拜托”之意。在使用这一手势时，一定要注意不要用手指指人，更不能在面对面时用手指指着对方的面部和鼻子，这是一种不礼貌的动作，且容易激怒对方。

⑤ 捻指作响手势。就是用手的拇指和食指弹出声响，其语意表示高兴，或表示赞同，或是无聊之举，有轻浮之感。应尽量少用或者不用这一手势，因为其响声有时会令他人反感或觉得没有教养，尤其是不能对异性运用此手势，这是挑衅、轻浮之举。

第三节　服饰礼仪

服饰是一种文化现象，是一种无声的语言。美国华盛顿联邦银行总裁辛克利时常告诫属下的主管：如果你要别人以专家对待你，你就必须穿得像一个专家。一个人的着装往往能从侧面透露出一个人的修养、性格、气质、爱好和追求等信息。

俗话说：“三分长相，七分打扮。”我国民间也有句俗谚：“人要衣装，佛要金装。”说明服装的作用是十分重要的。在社交场合，服装在某种意义上好似一封无言的介绍信，时时刻刻向自己的每一个交往对象传递着各种信息。美国心理学家彼德·罗福甚至认为：一个人的服装并不只是表露他的情感，而且还显示着他的智慧。一个人的衣着习惯，往往透露出他的人生哲学和价值观。伟大的莎士比亚则进一步强调：“服装往往可以表现人格。”

孔子说，人“不可以不饰，不饰无貌，无貌不敬，不敬无礼，无礼不立”。这里的“饰”可以理解为服饰。由此可见，学习服饰礼仪，遵守服饰礼仪，乃人际交往取得成功的一个前提。

一、服装的色彩及面料

（一）色彩

色彩是服装上最引人注目的要素。当我们看一件服装，最先映入眼帘的往往就是它的颜色。人们着装的效果在很大程度上是由色彩搭配的好坏来决定的。任何一个色彩都无所谓美，无所谓丑。能给人以美的印象的只能是色彩之间的关系。因为色彩之美是在互相比较衬托之中显现的，服装色彩的美有一定的规律可循，这需要掌握一定的色彩知识。

1. 色彩的基本知识

色彩的认识与鉴别可以从色相、明度、纯度三个方面进行。色相是指一种色彩的相貌，即该色彩基本颜色的感知倾向，如红、黄等。明度也叫亮度，是指色彩的明暗程度。纯度是指色彩的纯净程度，代表色彩的鲜艳程度。

色彩分为无彩色和有彩色。无彩色是指有丰富的明暗区别而不带彩的色，包括黑、白、灰三种。有彩色是指除无彩色之外的所有色，如红、橙、黄、绿、青、蓝、紫。其中，红、蓝、黄为三原色，即母色，青、紫、橙、绿为二次复色。

2. 色彩的特征

从本质上讲，色彩是人的眼睛对物体反射的不同波长的光所产生的印象。从色彩的功能上看，具有以下基本特征：

（1）色彩的冷暖感。每种色彩都有它质的方面的特征，即色相。如红色为红色相，蓝色为蓝色相。色彩因色相的不同，而使人产生温暖或者寒冷的感觉。使人有温暖、热烈、兴奋之感的色彩叫暖色，如红色、黄色、橙色。使人有寒冷、抑制、平静之感的色彩则叫冷色，如蓝色、青色。绿色、紫色及无彩色属于中性色。

色彩的冷暖感在服装上的作用表现在：冬季，暖色的服装使人感到温暖、亲切；在肃穆的场合，冷色服装显得端庄得体；活跃的个性，暖色的服装更显其快乐和热情；嘈杂的环境，冷色的服装能使人心平气静；喜庆欢宴，暖色服装能增添节日的气氛；酷暑夏日，冷色服装能带来凉意。总之，恰当地运用色彩的冷暖感觉，能使服装的色彩与穿着者的心理感受结合得更完美。

（2）色彩的轻重感。色彩的明暗变化程度，被称为明度。不同明度的色彩，往往给人轻重不同的感觉。色彩越浅，明度就越强，它使人有上升感、轻感。如：高明度的白色、淡黄色，使人联想起棉花，感觉轻、飘。色彩越深，明度越弱，它使人有下垂感、重感。如：黑色、褐色，使人想起金属、泥土，有沉重的感觉。

色彩的轻重感在服装配色中的运用，主要表现在色彩的整体搭配上，给人一种平衡的感觉。上轻下重，比较符合人们的传统审美观，是一般的职业服，给人稳定的心理感觉和稳重、干练、沉着的印象。上重下轻，能产生一种青春、活泼、动态的美感，是一种时尚的搭配方式，给人轻盈活泼的感觉。儿童、青少年或旅游运动装适合这种搭配。

（3）色彩的软硬感。色彩的鲜艳程度，叫纯度。色彩的纯度越高，就越鲜艳纯粹，并给人以软的感觉。色彩的纯度越低，就越为深、暗，并给人以硬的感觉。前者适用于喜庆场合的着装，后者则适用于庄重场合的着装。

（4）色彩的缩扩感。色彩的波长不同，给人的收缩或扩张的感觉便有所不同。一般来讲，冷色、深色属收缩色；暖色、浅色则为扩张色。运用到服装上，前者使人苗条，后者使人丰满，二者皆可使人在形体方面避短遮羞，但若运用不当，会令人在形体上出丑露怯。

（5）色彩的明快感和忧郁感。这是由于色彩明度和纯度的起伏变化，给人不同的心理感觉所造成的。明亮而鲜艳的色彩明快感强，深暗浑浊的色彩忧郁感强。一般来讲，明快色有亮感、强感，宜于表现青春和活力的情感；忧郁色有暗感、弱感，宜于表现老练、成熟的风格。

（6）色彩的兴奋感和沉静感。这是色彩引起的人的生理上的反应。明亮、鲜艳、温暖的色彩能使人的血压升高，血液循环加速，使人兴奋；深沉、浑浊、寒冷的色彩使人血压降低，减慢血液循环，使人宁静。

了解掌握色彩对人生理的不同作用，我们在服装色彩的选用和搭配时就能有的放矢，因人而异。根据不同的场合和需要，进行不同的服装配色，才能收到预期的效果，或唤起热情，或使人保持清醒的头脑。

3. 正装的色彩

非正式场合所穿的便装，色彩上要求不高，往往可以听任自便。而正式场合穿着的正装，其色彩却有规可循。

（1）三色原则，在礼仪场合，正装的色彩在总体上应当以少为宜，最好将其控制在三种色彩之内。这样做有助于保持正装的庄重、保守的风格，并使正装在色彩上显得规范、简洁、和谐。正装的色彩若超出三种色彩，一般都会给人以繁杂、低俗之感。

（2）基本色彩。正装的色彩，一般应为单色、深色，并且应当无图案。最标准的套装色彩是蓝色、灰色、棕色、黑色。衬衫的色彩最佳为白色；男士的皮鞋、袜子、公文包的色彩宜为深色。

（二）服装的面料

服装用面料制作而成，面料就是用来制作服装的材料，也叫质料。作为服装三要素之一，面料不仅可以诠释服装的风格和特性，而且直接左右着服装的色彩、造型的表现效果。常见的面料有以下几种：

1. **棉布**

棉布是各类棉纺织品的总称。它多用来制作时装、休闲装、内衣和衬衫。它的优点是轻松保暖，柔和贴身，吸湿性、透气性甚佳。它的缺点则是易缩、易皱，外观上不十分挺括美观，在穿着时必须时常熨烫。

2. **麻布**

麻布是以大麻、亚麻、苎麻、黄麻、剑麻、蕉麻等各种麻类植物纤维制成的一种布料。一般被用来制作休闲装、工作装，目前也多以其制作普通的夏装。它的优点是强度极高，吸湿、导热、透气性甚佳。它的缺点则是穿着不甚舒适，外观较为粗糙、生硬。

3. **丝绸**

丝绸是以蚕丝为原料纺织而成的各种丝织物的统称。也像棉布一样，它的品种很多，个性各异。它可被用来制作各种服装，尤其适合用来制作女士服装。它的长处是轻薄、合身、柔软、滑爽、透气，色彩绚丽，富有光泽，高贵典雅，穿着舒适。它的不足是易生折皱、容易吸身、不够结实、褪色较快。

4. **呢绒**

呢绒，又叫毛料。它是对用各类羊毛、羊绒织成的织物的泛称。它通常适用以制作礼服、西装、大衣等正规、高档的服装。它的优点是防皱耐磨，手感柔软。高雅挺括，富有弹性，保暖性强。它的缺点主要是洗涤较为困难，不大适合于制作夏装。

5. **皮革**

皮革是经过鞣制而成的动物毛皮面料。它多用以制作时装、冬装。皮革可以分为两类：一是革皮，即经过去毛处理的皮革。二是裘皮，即处理过的连皮带毛。它的优点是轻盈保暖，雍容华贵。它的缺点则是价格昂贵，贮藏、护理方面要求较高，故不宜普及。

6. **化纤**

化纤是化学纤维的简称，它是利用高分子化合物为原料制作而成的纤维的纺织品。通常它分为人工纤维和合成纤维两大门类。它们的共同点是色彩鲜艳、质地柔软、悬垂挺括、滑爽舒适。它们的缺点则是耐磨性、耐热性、吸湿性、透气性较差，遇热容易变形，容易产生静电。它虽可用以制作各类服装，但总体档次不高，难登大雅之堂。

7. **混纺**

混纺是将天然纤维与化学纤维按照一定的比例，混合纺织而成的织物，可用来制作各种服装。它的长处是既吸收了棉、麻、丝、毛与化纤各自的优点，又尽可能地避免了它们各自的缺点，而且在价格上相对低廉，所以大受欢迎。

二、服饰佩戴礼仪

服饰包括服装和饰物两个方面，具体包括衣、裤、裙、帽、袜、鞋、手套等各类衣饰。服饰是人体美的重要组成部分。人的形体美，主要取决于先天的遗传。人的高矮、长相，很难自己选择。尽管现代的健美术、整容术、化妆术，可以局部改变人的形体、容貌，但作用毕竟有限，有的甚至还有副作用。而服饰却是改变人的相貌的最简便有效而无害的手段。

（一）西装礼仪

西装是一种国际性的服装，是世界公认的男士正统服装。它造型美观，且有开放式的领型和宽阔而舒展的肩部，腰部略收，穿起来方便，也有风度，给人以落落大方的感觉。西装款式的选择及穿着方面都有一定的讲究和礼仪要求，我们必须注意。

1. 西装的款式

男性西装的款式可分为欧式、美式、英式三大流派，其中欧式又有意式（意大利式）和法式（法国式）等小的流派。

（1）欧式西装。即欧洲型西装，面料厚，剪裁贴身，腰身中等，胸部收紧突出，袖笼和垫肩较高，领型狭长，注重外形，多为双排扣。

（2）美式西装。即美国型西装，使用的面料薄、有弹性，造型自然，腰部稍微收缩，胸部不过分收紧，垫肩适度，领型宽度适中，一般多为单排扣。

（3）英式西装。即英国型西装，其轮廓与欧式西装相似，但垫肩较薄，穿上别有特色，绅士派头十足。

现在的男士们所穿的西装无外乎两大类，一类是平驳领、圆角下摆的单排扣西装，另一类是枪驳领、方角下摆的双排扣西装。在选择西装时，要充分考虑自己的身高和体型，力求合体。其上装的肥瘦，应以内穿一件羊毛衫且有适当松度为宜；长度适中，其袖长以至腕关节为宜。款式的选择应因人而异，中等身材且比较单薄的男士穿着单排扣西装则可显得俊逸、挺拔；身材高大的男士穿着双排扣西装则可显现雄健端庄。

2. 西装的选择

西装有套装和单件上装的区别，套装也有两件和三件套之分。两件套指的是用同色、同料裁制的，相互配套的西装上衣和裤子；三件套指的是在两件套的基础上再加上一件同色、同料的背心。套装以深色为主，可作礼服，一般宜在宴会、招待会、酒会、正式会见、工作会议、庆典仪式、出访、迎宾等各种正式场合穿着，但三件套多在春秋季穿着。穿着正式的套装，必须系领带，这不仅是出于服饰的配套需要，更重要的是出于礼仪上的需要。在半正式场合，如办公室、午宴、一般性会见、访问等，宜选择较明亮的深色、中性冷色或浅色调的西装，也可穿单色、条纹及暗色小格的套装，最好系领带。在非正式场合，如外出游玩、参观、逛街、购物、探亲访友或餐厅聚餐，最好穿休闲西装或普通的单件西服便装，可以不系领带。

3. 西装的穿戴

西装造型美观，如果穿着不讲究，就会显得不伦不类，西装穿着的基本要求如下：

（1）选好和穿好衬衣。衬衣是西装最为重要的配件之一，主要是对西装起衬托的作用。与西装配套的，一般为有着硬质的“V”形领衬衣，其颜色有白色、浅色或竖条、方格等。在社交场合和日常生活中，最受欢迎、效果最好的衬衣是白色和纯色。在纯色中，一般又以浅蓝色最佳，不宜穿杂色或格子衬衣。

选择衬衣，除应注意与西装颜色搭配外，还应根据自己的脖子粗细选好合适的领围尺码。合适的领围应是以在穿着后能伸进两个手指为宜。此外，脖子较短较粗者不宜选用宽领衬衣，脖子较长者不宜选用窄领衬衣。一件与西装上衣搭配合适的衬衣，其领口应比西装领子高出 1 厘米左右，袖子应比西装长出 2 厘米左右。衬衣的穿着，不论是长袖还是短袖，硬领衬衫都必须扎进西裤的腰内，软领衬衫则可不扎。凡与西装上衣配穿的衬衣必须将袖口的扣子扣起，凡系领带的不论是否与西装配穿也都必须将领口和袖口的扣子扣好，不能挽起袖子。

（2）系好领带。领带也是西装最为重要的配件之一，在整套西装中作点睛之笔，凡在正式或比较庄严的场合，穿着西装必须系结领带。领带应系在硬领的衬衫上，其结应位于“V”形领的中间部位。各类 T 恤衫、圆领衫、“V”形软领衫等都不能系领带。所系领带的长度，应视裤子的立裆长度而定，如穿立裆短的裤子，领带尖一般在腰带扣的上方；如穿立裆长的裤子，领带尖可盖住腰带扣。如在衬衣与西装外套之间还穿着背心或羊毛衫等，要注意领带一定要放在这些衣服的里面，而绝不能放在这些衣服的外面。系领带并非一定要用领带夹，如用领带夹，其位置应在衬衣的第四与第五纽扣之间。

（3）处理好西装纽扣。穿双排扣西装，在正式场合所有的纽扣都应扣好，只有在家或独自一人在办公室里坐下时才可将怀敞开。穿单排扣西装，其纽扣无须全扣，也可以不扣。两粒扣的只需扣上面一粒；三粒扣的，只需扣中间一粒，总的原则是，在礼仪场合，最下面的一粒纽扣是永远不扣上的。

（4）裤缝必须挺直。无论是穿套装还是单件西服便装，裤缝都必须挺直。

（5）注意皮鞋及袜子的配套。穿西装一定要配穿西装皮鞋，不能穿布鞋、旅游鞋或雨鞋。皮鞋的颜色应与西装的颜色相配套，一般都应深于或近于西装的颜色。凡穿着深色或中性色西装，宜与黑色西装皮鞋搭配。

穿皮鞋还应配上合适的西装袜。男士的西装袜宜略深一些，使它在西装与皮鞋之间显现出一种过渡。严格一些讲，白色的运动袜、半透明的丝袜等，都与西装不般配。

（二）套裙礼仪

西装套裙是深受女性喜爱的服装之一，更是职业女性的最佳选择。女性穿着西装套裙，可变得精神，不仅会使着装者显得精明、干练、洒脱和成熟，还能烘托出女性所独有的韵味，显得优雅、文静、娇柔与妩媚。

1. 西装套裙的种类

一套正规的西装套裙是由女式西装上衣与同色同料的西装裙组合而成。其形式基本上可分为两种，一种是两件套，即仅是上装与一条半截裙所构成；另一种是三件套，即在两件套的基础上，加上一件背心。在日常生活中，两件套西装套裙是最为常见的形式。

西装套裙的组合也可以分为两种，一种是一件西装上衣与非配套的其他裙子搭配组合；另一种是西装上衣与其成套设计和制作的相配裙子的组合。

2. 西装套裙的选择

（1）面料的选择。正统的西装套裙所选用的面料应是质地上乘，上衣与裙子应使用同一种面料，要注意面料的匀称、平整、滑润、光洁、丰厚、柔软、挺括，其弹性一定要好，且不起皱。

（2）色彩的选择。西装套裙的色彩选择应注意两个方面，一是力求色调淡雅、清晰、庄重，不宜选择过于鲜亮、刺眼的色彩。二是应注意与穿着者所处的环境要协调，应体现出穿着者的端庄与稳重。蓝色是成熟和稳重的象征，具有独特的不落伍性，自有一种韵味，可与多种色彩搭配；白色是春夏永远不衰的主角，它清纯、恬静，却又蕴含着无穷的魅力。总之，黑、白、灰、蓝色、藏青等色，能给人一种稳定、端庄、高雅无华之感，都是格调雅致的配色。

（3）造型的选择。西装套裙的造型与其他一般套裙不同，主要在于它的上衣为女式西装。

传统的西装套裙的造型，强调的是上衣不宜过长，裙子不宜过短，尤其对裙子的长度要求较严，通常以至膝下小腿肚最为丰满处为标准，太短了不雅，太长了没神。现代女性却从穿着的视觉效果出发，对西装套裙的造型采用四种形式，即上长下长、上短下短、上长下短、上短下长。并根据身材和体型，对上衣选用紧身式或松身式，配以宽窄适度的裙子，展现着装者的风姿。体型苗条者或过瘦者，则应以紧身式上衣与喇叭裙配以显示其女性的线条美；肥胖者则可选择松身式上衣与筒裙搭配，以掩饰肥胖的身躯和过于突出的臀部，使之显得优雅。其上衣的领型，除可采用常规的枪驳领、平驳领、一字领、V 字领、U 字外，还可根据自己的身材高矮、胖瘦、脸形和脖长等情况，选用青果领、披肩领、蟹钳领、燕翼领、圆领等。上衣的衣扣也可根据上衣的造型选择单排扣或双排扣，衣扣的数量可根据领型确定，多则 6 粒，少则 1 粒。在选择与西装上衣搭配的裙子时，应充分从自己的实际出发，除选用正统的西装裙外，还可选用围裹裙、一步裙、筒裙、百褶裙、人字裙、喇叭裙、旗袍裙等。但凡作为西装套裙的裙子，一般不宜添加过多的花边或饰物。

3. 西装套裙的穿着

西装套裙不仅是女性喜爱的职业服装，而且是女性的礼服之一，宜在正式场合下穿着。并应注意以下几点：

（1）要合身得体。穿着的西装套裙不能过大或过小。其上衣最短可齐腰，裙子最长不能超过小腿中部，否则将给人以勉强和散漫的感觉。同时，也不能肥大或过于包身，以免给人不正经之嫌。穿着西装套裙绝不准许露臂、露肩、露背、露腰、露腹，不准“捉襟见肘”。

（2）衣扣要到位。穿着西装套裙必须按规矩将上衣的扣子全部扣好，尤其在正式场合更要注意，即便在再忙、再热的情况下，也不允许敞怀不扣扣子。不允许当着他人将上衣脱下来。

（3）内衣不可外显。穿着西装套裙必须内穿一件款式及领口适宜、不透明的衬衫，内衣的领口一定要内隐在衬衫的领口内，否则内衣领外露或透过衬衫显现内衣，都会使穿着者有失身份。

（4）注意配穿衬裙。穿着西装套裙，特别是穿薄型面料或浅色面料的西装套裙时，一定要注意内穿一条衬裙，否则将有失身份或形象。

（5）不可自由搭配。标准的西装套裙应是西装上衣与半截裙的搭配组合，不能与牛仔裤、健美裤、裤裙等搭配，在正式场合一定要按此规定穿着，不可自由搭配。此外，在半截裙中，一般不可以将“黑色皮裙”与西装上衣搭配，因为在国外，“黑色皮裙”是“街头女郎”的工作服，不属正统装，故职业女性应慎穿，以免让知情者耻笑。

4. 讲究鞋袜配套

在正式场合穿着西装套裙，宜穿黑色或白色的高跟或半高跟的皮鞋，并配以肉色的丝袜。丝袜的长度必须与裙子的长度相适应，一般来讲，过膝的长裙应穿中筒袜；到膝盖的裙子宜穿长筒袜；到膝上的裙子宜穿连裤袜。在非正式场合，腿部肤色较黑的女性可穿浅色袜子；腿上有疤痕者可穿暗色或有纹理的袜子，但它不适合在正式场合穿；在任何场合也不可以穿色彩艳丽、图案繁多的低筒袜。穿着西装套裙不可穿布鞋、凉鞋、旅游鞋。

（三）便装礼仪

便装指平常穿的服装，使用范围广泛，便装比正装随便得多，例如，上街购物、观看电影、戏剧、会见朋友等都可以穿。它很大程度上受流行趋势的影响，是时装的重要组成部分。每个人可根据自己的爱好及自身的客观条件选择各种式样的便装，但穿着时一定要注意到它是否符合所处的环境和气氛。

1. 便装的种类

便装按服装配套形式可分为单件和套服，单件分单衣、夹衣、棉服和羽绒服等上衣及裤、裙等下装，套服按用途分居家服、运动服、旅行服、娱乐服、休闲服等。

2. 便装的选择与穿戴

便装的选择除了价格因素之外还要注意以下几个方面：

首先，要考虑服装的整洁程度。便装不是随便的衣装，要能够在方便自己的同时，还能够尊重对方，美化自身形象。

其次，要考虑服装的合身程度。便装的选择与穿戴还要考虑自己的个性特征，主要包括年龄、性别、职业、身材特征。如穿戴不符合自己年龄层次的服装会引起旁人非议。

最后，便装穿戴要考虑结合服装的特殊性。有些服装的设计有其专门的目的性，因此使用时最好能结合相关活动充分利用。根据服装的使用用途和设计特点，日常生活中主要有以下几类：

（1）运动服，适合各类运动时穿着，是一种专有服装。宜选颜色较鲜艳、活泼大方的款式，这样可增加运动的兴趣，活跃活动气氛。

（2）旅游服，适合出门旅游时穿，选择原则：轻便、结实、耐磨、透气、易洗等特点。面料以全棉针织服、全棉水洗牛仔服及轻柔的化纤面料为宜。款式简洁、大方、实用，色彩可根据季节有所变化，最好与田野、山林、湖泊等自然色相协调。

（3）海滨服，是专供在海滨沙滩游玩时穿着的服饰，以泳装为主。泳装皮肤暴露较多，为能尽情享受阳光，泳装的色彩以鲜艳亮丽、缤纷为多，这是海滨风景线的点缀。

（4）居家服。居家服相对可以轻松随意些。一般情况下，羊毛衫、套头衫均可。没有客人时，睡衣、睡裙也可，但不能接待客人。在客人面前，适当的修饰是必要的，这样可以给人一种亲切和愉快的感觉。

（四）各类服装穿着的礼仪

1. 着装的TPO原则

国际上盛行着装的TPO原则，指的是人们在选配着装时，应注重时间（Time）、地点（Place）、场合（Occasion）这三个客观因素。就是要求人们在决定穿一件衣服时，要首先考虑在什么时间，到什么场合，因什么事或是要和谁见面。在考虑了这些因素后，再根据需要选择最得体的衣服，这样才会穿着得当。

（1）时间原则。个人在着装时必须考虑时间的合宜性，做到“随时更衣”。在业余时间，人们着装要以方便、随意为宜，可选择便服、运动服、休闲服等。在工作时间，着装要根据自己的工作性质和特点，总体上以稳重大方为原则。如果有社交活动或公关活动，则应以典雅端庄为基本着装格调。此外，着装应体现季节的协调性，做到冬暖夏凉、春秋适宜。

（2）地点原则。特定的环境应配以与之相适应、相协调的服饰，以获得视觉与心理上的和谐感。在办公室里穿一套随意性极强的休闲服，穿一双拖鞋，或在绿草如茵的运动场穿着一身笔挺的西装，穿一双皮鞋在运动，都会因环境的特点与服饰的不协调而显得人境不宜。

（3）场合原则。服装的场合原则是人们约定俗成的惯例，人们在交往中会遇到不同的场合，不同的场合应有不同的着装。在上班的时候，人们着装应庄重。在社交场合，着装应以时装和礼服为宜。

2. 不同场合的着装礼仪

美国科学家本杰明·富兰克林说过：“饮食也许可以随心所欲，穿衣却得考虑给他人的印象。”在任何场合，穿衣打扮既可表明你的身份、个性和气质，也反映你的内涵和修养。

在不同场合的着装，应遵循下列礼仪要求：

（1）喜庆场合的着装要求。喜庆的场合都具有气氛热烈、情绪昂扬、欢快喜庆的特点，为了与气氛相协调，服饰上应注意两个方面：一是色彩要丰富。男性服装的色彩以深色为宜，单色、条纹、暗小格均可。女性可以选择适合自己的各种颜色的连衣裙或套裙。二是款式要新颖得当。正式的喜庆场合，男性仍以中山装、西装或自己的民族服装为主，女性可根据季节的不同和自身的特点，选择自己喜欢的款式，既可穿西装套裙，也可穿旗袍或连衣裙。

（2）庄重场合的着装要求。庄重场合，是指工作场合，如庆典仪式、正式宴请、会见外宾等。这种场合一般要注意以下三点：一是要按规定着装，凡是请柬上规定的着装，一定要按规定穿着。如果没有规定的，一般情况下，男性应以西装为主，女性以西装套裙或长裙为主。二是要按规范着装。着装，特别是穿着正式服装有一定的规范。出席重大的宴会，参加庆典、会见，男性一定要穿衬衣、系领带，穿西服应配上皮鞋，女性不宜穿凉鞋等。三是要注意着装的礼貌。即在庄重的场合，除了按规定、规范着装外，还要注意着装的礼貌和行为的彬彬有礼。

（3）悲伤场合的着装要求。悲伤的场合气氛比较肃穆，心情比较悲伤、沉重。在服饰方面一般应注意三点：一是着装的颜色要素雅，忌大红大绿，五彩缤纷。二是着装的款式要严整。要让人有一种庄严感，不宜穿太宽松、太暴露的服装，也不宜穿有花边或飘带之类装饰物的服装。三是注意配件和饰物的选择。在悲伤的场合，最好不戴或少戴。除了珍珠外，所有的饰物都应是黑色或素色的。女性不能抹口红，也不能用花手帕。

（五）佩饰礼仪

佩饰，是指人们在着装的同时所选用、佩戴的装饰性物品。饰物是一种点缀，它对于人们的穿着打扮，尤其是对于服装而言，起着辅助、烘托、陪衬、美化的作用。

从审美的角度看，佩饰与服装、化妆一道被列为人们用以装饰、美化自身的三大方法之一。较之于服装，它更具有装饰、美化人体的功能，对人体的美起到画龙点睛的作用。

在社交场合，佩饰尤为引人注目，并发挥着一定的交际功能。这主要体现在两个方面：第一，它是一种无声的语言，可借以表达使用者的知识、阅历、教养和审美的品位；第二，它是一种有意的暗示，可借以了解使用者的地位、身份、财富和婚姻现状。这两种功能，特别是第二种功能，是普通服装所难以替代的。

随着人们生活水平的提高和审美观念的改变，饰物已经越来越为人们所喜爱。饰物的佩戴有一套约定俗成的规则，应对此有所了解。

1. 饰物佩戴的原则

饰品佩戴贵在适度，既不在于首饰数量的多寡，也不在于首饰价值的贵贱，而在于首饰的选配是否得当。使用首饰时，通常应遵守如下原则：

（1）季节原则。戴首饰应与季节相吻合。

（2）质地原则。戴首饰质地上的原则是争取同质。

（3）数量原则。戴首饰数量上的原则是以少为佳，点到为止。人在交际时，特别是在正式场合，全身饰物最好不要超过三件，使其真正起到"点缀"作用。

（4）色彩原则。戴首饰时色彩上的原则是力求同色。

（5）场合原则。在不同的场合下，要遵从不同文化背景的人们有关佩饰的传统和习惯。在上班、运动或者旅游时以少戴首饰为好；晚宴、舞会或喜庆的场合最适宜佩戴首饰；吊唁、葬礼场合只允许佩戴结婚戒指、珍珠项链和素色饰品。在社交场合中不要靠佩戴首饰去标新立异。

（6）体型原则。戴首饰时要使首饰适合自己的体型，突出个性，不盲目模仿，扬长避短。

（7）性别差异原则。女性佩饰的种类很多，选择的范围也很广，除了男性特有的饰品外，基本是每种都能配用。同时，要注意以下三个原则：一是与体型相配原则。脖子粗短者，不宜戴多串式项链，而应戴长项链；相反，脖子较瘦细者，可戴多串式项链，以缩短脖子的长度。二是与年龄吻合原则。年轻者可戴一些夸张的无多大价值的工艺品，年纪较大的应戴较贵重的精致的饰品，这样显得庄重、高雅。三是简洁原则。这是佩饰的一个最简单的原则：少而精。忌把全部家当都往身上戴，这样，除了给人俗气平庸的感觉外，没有任何美感。故佩戴时，应选择一件或两件最合适的饰品，以达到画龙点睛之效。

男性能佩用的只有戒指、领饰等。所以，男性佩饰的要旨是少而精。场合越正规，男性佩戴的饰物应越少。男性佩戴不要花哨繁杂或戴多枚戒指，否则会令人感到造作并有损男子汉的阳刚之气。

（8）协调原则。戴首饰时，搭配上要尽量与服装协调。首先，饰品要与服装色彩相协调。服装色彩单调沉稳，可佩戴鲜明而多的饰品，使之活跃而富有变化；服装色彩华美强烈，可佩戴单纯而含蓄的饰品，使之缓和且具有平衡感。其次，饰品要与服装的质料相协调。即饰品的材料、工艺、档次要与服装的质料相协调统一。一般说来，越是高档的服装质料，所要求的饰品的材料、工艺、档次也越高。再次，饰品要与服装款式相协调。一般说来，宽松的衣服配宽松的饰品；紧身显露体型的服装，则配结构紧凑细小的饰品；休闲服配造型活泼、明快简洁的饰品；礼宴服则配造型典雅、精致华丽的饰品。

2. 饰物佩戴的方法

饰物佩戴是服饰礼仪的重要组成部分。它不仅展示美丽，而且体现文化。不仅具有美化的功能，同时还能传播一定的信息，具有一定的象征意义。不同的佩戴方法，反映不同的文化层次。

（1）帽子。帽子不仅具有防寒、防晒的功能，而且是服饰搭配中的重要组成部分，在礼节上也是十分重要的。美国有位服装专家曾说过："对全世界的人来说，不论是男是女，帽子都是一种权力和地位的象征。"帽子的选择一定要依自身条件、服装与场合而定。只有在其风格、色彩、造型等方面与其所搭配的其他服饰浑然一体，才能达到服饰的整体效果。

① 帽子的搭配应根据服装进行选择。帽子必须在风格、外形、色彩等方面与外衣、围巾与手套、裤、裙等相配套，给人一种和谐美。一般来讲，如果穿毛料西装，可以戴礼帽或前进帽；穿中山装宜戴圆顶帽或前进帽。穿礼服时必须戴黑色的帽子；对于风衣，帽子的选择余地很大，一般帽子皆可选用。帽子的颜色与外套的颜色浑然一体，就能把人的视线向上引，个子显得较高；反之，与外套颜色反差很大的帽子，会使个子显矮。帽子与时装的配套，也十分讲究。高档的毡呢法式女帽，配上西式服装和大衣，是具有潇洒和庄重风度的打扮。因此在选帽时，应运用"相辅相成"的原则，扬长避短，以免搭配不当，显得不伦不类。

② 帽子的搭配应根据年龄进行选择。就女性而言，不要戴形状复杂的帽子，一顶小小的运动帽或者无帽檐的帽子，会衬出年轻洒脱的魅力；如果要想稍显成熟，那就要选择深色帽或帽檐朝下的帽子。

③ 帽子的搭配应根据场合进行选择。国外参加正式的仪式一般都戴帽子，并且都戴黑色的帽子。女性戴帽子要讲究一些。参加宴会、游园和婚礼活动，戴上一顶适合的帽子，的确可以使人增添风采。但这类活动中戴的帽子帽檐不能过宽，否则便会遮挡别人视线。在寒冷的冬天，女性戴上一顶手织的绒线帽，既使他人感到温暖，又让自己显得妩媚、俏皮可爱，却不会使你显得威严。年龄偏大较成熟的女士，可以选择小呢帽、宽边帽、中等宽边的帽子，有边沿的帽子会为女士增加风度和气派。

④ 帽子的颜色应根据肤色进行选择。肤色较白的人选择余地较大；若肤色较深，可以戴鲜艳漂亮的帽子，不宜戴深色帽子；肤色发黄的人最好戴深色、咖啡色的帽子，这样可衬托出一些健康色，戴白、绿、浅蓝都会有病态的感觉。

⑤ 帽子的搭配应根据体型进行选择。身材高大的人帽子宜大不宜小，否则就会给人以"头轻脚重"之感；反之，身材瘦小的人帽子宜小不宜大。此外，帽子要根据各人的脸形慎加选用。如长脸形不宜戴高帽子；圆脸的人则适于戴帽顶微凸的帽子；尖三角脸形的人，选戴圆顶帽则能起到较好的补拙效果。

在正式社交场合是否戴帽子，必须依不同场合和规定。参加正式宴会而穿晚礼服时，绝对不能戴帽子；在正式的午餐或招待会上，有时规定必须戴帽子；出席鸡尾酒会可以随意选戴各式与服饰相配的帽子。

（2）围巾。围巾是服装的装饰部分，也是活泼部分。选择时应考虑个人的爱好、肤色、年龄及服装的款式。在其颜色选择上，重在对服装颜色的衬托，一般选用服装的对比色，即采用冷色与暖色、深色与浅色的搭配。如年轻人身穿咖啡色的上衣，围一条乳白色的围巾，会显得格外英俊；身穿乳白色的外套，配上一条鲜红色的围巾，又会显得分外热情和优雅。老年人穿一件灰色大衣，围一条浅色的围巾，定会很有风度。男性围巾的方式多为交叉式，而女性围巾的围着方式比较多，有古典式、阔领式、肩形式等。同一套服装，配以不同围巾装饰，可以起到不同的着装效果，女性的围巾不仅可以围在脖子上御寒，而且可以扎在头发上和腰间作为装饰。如果再以丝巾扣与丝巾配套，那就变化更多了。因此，女性要特别注意围巾的搭配，这样可以使你的衣服变得多样化起来。

（3）手套。在日常生活中，手套起着夏可防晒、冬可御寒的作用，而且发挥着极其重要的装饰作用。

首先，要同整体装束一致。穿深色大衣，适合戴黑色的手套；穿灰色或浅褐色大衣，可以戴褐色手套。穿西装或运动服装，要选择与之色彩一致的手套或黑手套。至于薄纱手套、网眼手套、锦纶手套，只适合女性穿西服套装或穿夏令时装时选戴。

其次，要同人的气质相协调。选戴手套时必须注意与年龄、性格和气质联系起来。年长的人，适合戴深色的手套；年轻的人，适合戴浅色或彩色的手套。身高臂长的人，戴上一副长手套，会显得潇洒豪放；身矮臂短的人，戴上一副短手套会显得精明强干。

再次，要注意一些手套的礼节。在西方社交场合中，女士大多戴着手套，并且认为唯有如此才是讲礼貌的。人们握手寒暄时，男士如果戴着手套就会被认为是不礼貌的。男士进入室内，也应当脱下手套。在这两种情况下，女士都不必脱下手套。这是礼节给予女士们的优待。但是不论男士还是女士，需要饮茶、吃东西时，均应提前脱下手套。

在舞会上，女士喜欢戴长手套，如果与其他服装搭配得当，会显得更加风度翩翩，但是不要把戒指、手链、手表等物戴在手套的外边。穿短袖或无袖上衣参加舞会，一定不要戴短手套，不然是很难看的。如果袖子与手套相接，则手套应该盖在袖子下面，而不是把衣服塞进手套里。

（4）腰带。腰带已成为时装的重要组成部分。一条宽腰带可以显示女性的胸部、腰部、臀部的曲线美，甚至可以改变整个时装的格调。女性系腰带应考虑同服装相配套。男性的腰带有工作时使用和休闲时使用之分。在工作中使用的腰带以黑色和棕色皮革制品为佳，宽度一般不超过3厘米。选择腰带时应注意，腰带的宽细要与人的体形相配。身材高大、腰部纤细的人应系宽腰带；个子矮小的人应系细腰带；而腰粗的人不能系鲜艳的腰带，应系颜色深的腰带。

（5）鞋袜。鞋袜的选择也要注意与整体装束搭配协调，从而体现穿着的整体美。鞋子的选择应与服装的色彩、款式和质地相匹配。身穿西装，宜与皮鞋搭配；穿旅游服，则应与旅游鞋搭配；穿运动服应穿运动鞋或旅游鞋；穿西装裙和旗袍则宜与高跟或半高跟皮鞋相搭配。穿露脚趾的凉鞋、拖鞋，跟光着脚没有什么两样，在庄重正式的场合绝不能穿。在正式场合或宴会不宜穿靴子。鞋的颜色应选择比服装深或与其相似才显和谐美观。

在一切正式场合，男性只宜穿黑色或深咖啡色皮鞋。黑色的皮鞋可与黑色、灰色、藏青色西装相配，深咖啡色的皮鞋可与咖啡色的西装相配。白色与灰色的皮鞋，只适合于游乐时穿，不适用于正式场合。

男性穿皮鞋不管其新旧，保持鞋面的清洁是第一位的。参加社交活动前一定要擦皮鞋，这是对别人的尊重。注意不要让过长的裤管给自己当布擦。男性在正式场合如果以中山装为礼服，则最好穿皮鞋。男性一般不宜穿鞋跟高并且钉掌的皮鞋。

女性在社交场合一般穿黑色高跟皮鞋，或各种彩色皮鞋配近似色调的长裙、旗袍等服装，同样显得高雅动人。

袜子也是仪表的一部分。男性的袜子要注意长度、颜色和质地。长度要高及裤腿上部，太短的袜子穿起来松松垮垮，坐下来稍不留意就会露出皮肤，有失体统。袜子的颜色以单一色调为佳。穿礼服与黑色鞋最好配一双黑袜子，在涉外活动中不宜穿白色运动袜，因为白色运动袜在这种场合穿着显得不庄重、不严肃，甚至给人以轻浮的感觉。男袜不宜太薄或太厚，以棉线袜最好。袜子的清洁是极其重要的，无论男性还是女性，每天都要换洗袜子，夏天尤其如此。平时要多为自己准备几双袜子，以应急需。

女性穿裙子应当配长筒丝袜或连裤袜，颜色以肉色最常用，一般不宜选用色调鲜艳的袜子。修长的腿穿透明丝袜最合适；腿太细可穿浅色丝袜，显得细腻娇嫩；腿较粗可穿深色的袜子，给人一种修长健美的感觉；不能上装较浅、袜子色调很深，否则将给人头轻脚重、忽然变矮的感觉；女性的袜子一定要大小相宜，不要走不了几步路就往下掉，或者显得一高一低。但即使这样，也不要当众整理自己的袜子；女性穿袜子配裙子时，应注意不露出袜口；不可以赤脚穿凉鞋；不要穿挑丝、有洞或用线补过的袜子外出，否则也都是失礼的。应当在办公室或工作场所预备一两双袜子，以备袜子被钩破时换用。

（6）眼镜。眼镜的功能已不仅仅局限于实用性，还常常被人们用作装饰品或作为时装的搭配物。一副合适的眼镜，可以强调个性，是现代人修饰脸形的重要饰物。眼镜选戴得好，可使人显得儒雅端庄。

在选择眼镜时，首先，镜架与脸型要相宜：脸形窄长者宜选圆形或偏方形的宽边镜架，以缓和人们对长脸的印象；脸形较圆者，宜选方形的镜架，以增加脸形的力度感；三角形或瘦脸形者，宜选圆形或偏圆形的镜架，可使脸部饱满。其次，眼镜的颜色及大小与面部脸色和脸形大小要相协调。再次，眼镜的外观造型、颜色、质地等要与职业和身份吻合。年轻人不宜戴过于厚重深暗、造型古板的眼镜；有身份的年长者，不宜戴过于新奇轻巧的眼镜；知识分子应选择精致大方的眼镜；外事工作者可戴精美华贵的眼镜。

此外，应注意眼镜佩戴的场合。在正式场合，即使在室外，如无特殊原因，也不应戴颜色较深的太阳镜；与地位或年龄明显高于自己的人交谈，也不宜戴深色的太阳镜；与女性做正式接触时或在与人握手谈话时，亦不宜戴太阳镜，如有特殊情况或不方便将眼镜摘下时，应向对方说明。

（7）皮包。皮包除了实用还具有装饰的作用。男士在公务活动时随身携带一个公文包或手提包，是男士成功的象征；女士外出，特别是出入正式场合应随身携带一个精致、漂亮的皮包，可显示女性的魅力。

对皮包的颜色和款式的选择，必须注意同衣服和其他饰物相匹配。男士的皮包在质量上以皮质为首选，在颜色上则以深咖啡色最好，黑色或灰色次之，在款式上宜选手提式。女性宜选择手袋或肩包。

女性手袋和肩包的选择比较讲究。首先要注意颜色与服装的色彩相协调，最好选用中性色，如黑色、白色、棕色，以便与各种色彩的衣服搭配。其次要注意与自己的体型相协调，体型苗条的女性宜选用小巧玲珑的；体型矮胖的女性应选用体积小、造型不能过于秀巧的；体型高胖的女性，应选用体积稍大的。再次要注意与自己的年龄相适应，年轻的宜选用色彩鲜艳、造型美观的羊皮或缎面小包；中年女性宜选用黑色天鹅绒或黑色丝绒的小提包。参加鸡尾酒会携带的包可随意些，以色彩鲜艳、轻巧为佳。在社交场合，肩包可挂在桌子底下或坐椅背上，手袋可放在桌子上或腿上。

（8）其他配件。钢笔、手表、打火机被西方人称作男士三大件，并被看做身份的象征。男士在公务活动和社交活动中应携带至少一支钢笔，笔可放在公文包里，也可放在西装上衣内侧的口袋里，但不能插在西装上衣外侧的口袋里，中山装上衣左胸外侧的口袋里可插上钢笔。手表的佩戴因人而异，但不论是男士还是女士，在涉外交往中最好戴机械表或电子表，不要戴潜水表、太空表或卡通表。在正式场合，携带钥匙应使用钥匙包，并把它放在西装上衣内侧的口袋或公文包里。不要使用钥匙坠、钥匙链或把钥匙别在腰上。

3. 饰品的选择与佩戴

（1）饰品的种类。饰品的种类丰富多彩，大致有戒指、耳环、项链、手镯、脚链、胸针等。根据材料和质地又可以为三大类：

① 矿质类：包括钻石、宝石、玉、水晶、玛瑙、翡翠、金等。

② 非矿质类：包括珍珠、象牙、琥珀、珊瑚等。

③ 仿制品类：包括玻璃制品、陶瓷制品、木制品、人造珍珠、人造宝石、镀银、镀金等。

（2）饰品的佩戴方法。

① 戒指。戒指起源于3 000多年前的古埃及。当时埃及有地位的人都有自己的印章，以作为地位和权威的象征。后来这种印章逐渐演变成戴在手指上的戒指，作为装饰品为妇女所喜爱。

戒指的戴法最为讲究，戒指戴在不同的手指上传递不同的信息。把戒指戴在食指上，表示无偶尔寻求恋爱对象或求婚的意思。戴在中指上，表示已有了意中人，在恋爱之中。戴在无名指上，表示已经订婚或结婚。戴在小手指上，则表示奉行独身主义。在不少西方国家，未婚女子的戒指戴在右手而不是戴在左手上。修女的戒指则总是戴在右手无名指上，意味着她已经把爱献给了上帝。

按风俗，结婚戒指忌用合金制造，必须用纯金或白银制成，象征爱情纯洁。选戒指应与手型相配，手指粗短者，不宜戴方型宽阔的戒指，最好选不规则图形如椭圆形、犁形等较好；手指纤细者，可选较为丰富的如圆形、心形等。从审美角度而言，戒指并非越大越好，应视个体的手形等来进行选择。女性一般以镶宝石、钻石、翡翠或镂空雕花居多，男性一般选正方形或长方形的，更显庄重、高贵。金银不可同时戴。

② 项链。项链是戴于颈部的环形首饰。男女均可使用，但男士所戴的项链一般不应外露。通常，所戴的项链不应多于一条，但可将一条长项链折成数圈佩戴。

项链的粗细，应与脖子的粗细成为正比。从长度上区分，项链可分为四种。其一，短项链。它约长40厘米，适合搭配低领上装。其二，中长项链。它约长50厘米，可广泛使用。其三，长项链。它约长60厘米，适合女性使用于社交场合。其四，特长项链。它约长70厘米以上，适合女性用于隆重的社交场合佩戴。

个子偏矮且圆脸形的人，宜戴长项链至胸部，这样可拉长人的高度；个子高且颈细长的人，用短项链可缩短颈长。

戴项链时应避免因文化差异产生的误解。外事活动时，不戴有猪、蛇生肖的挂件，或有耶稣殉难像的十字架的挂件。女性的项链、挂件可视情况露出或隐藏起来。

③ 挂件。挂件又叫项链坠，多与项链同时配套使用。其形状、大小各异，常见的有文字、动物、鸡心、锁片、元宝、花篮、十字、像盒、镶宝、吉祥图案、艺术造型等等。

选择挂件，要优先考虑它是否与项链般配，要力求二者在整体上协调一致。另外，在正式场合不要选用过分怪异或令人误解的图形、文字的挂件，也不要同时使用两个或两个以上的挂件。

④ 耳环。耳环又叫耳饰，具体又可分为耳环、耳链、耳钉、耳坠等。在一般情况下，它仅为女性所用，并且讲究成对使用，即每只耳朵上均佩戴一只。不宜在一只耳朵上同时戴多只耳环。在国外，男子也有戴耳环的，但习惯做法是左耳上戴一只，右耳不戴；双耳皆戴者，有时会被人视为同性恋。

佩戴耳环，应兼顾脸型。总的来说，不要选择与脸型相似形状的耳环，以防同型相斥，使脸型方面的短处被强调、夸大。

若无特殊要求，不要同时戴链形耳环、项链与胸针。三者皆集中于齐胸一线，若同时出现，容易显得三者争辉，繁杂凌乱，影响美感。

⑤ 手镯。手镯即佩戴于手腕上的环状饰物。佩戴手镯，所强调的是手腕与手臂的美丽，故二者不美者应慎戴。男人一般不戴手镯。

手镯可以只戴一只，也可以同时戴上两只。戴一只时，通常应戴于左手。戴两只时，可一只手戴一个，也可以都戴在左手上。同时戴三只手镯的情况比较罕见。不要在一只手上戴多只手镯。

⑥ 手链。手链是一种佩戴于手腕上的链状饰物。与手镯不同的是，男女均可佩戴手链，但一只手上仅限戴一条手链。

在一般情况下，手链应仅戴一条，并应戴在左手上。在一只手上戴多条手链，双手同时戴手链，手链与手镯同时佩戴，一般是不允许的。在一些国家，所戴手镯、手链的数量、位置，可用以表示婚否。它与手镯均不应与手表同戴于一只手上，否则太累赘。

手镯和手链的戴法也有不同的暗示，戴在右臂或右手腕上，表示“我是自由的”，或“正在热切地盼望异性的追求”；戴在左手腕上，表示已名花有主；戴在左右两臂或是双手腕上，说明已婚。

⑦ 脚链。脚链即佩戴于脚踝部位的链状饰物。它是新兴的一种饰物，多为青年姑娘所喜爱，主要适用于非正式场合。

佩戴脚链，意在强调脚腕、小腿等相关使用部位的长处，若此处无美可陈，或是缺点较多，则切勿使用。

脚链一般只戴一条，戴在哪一只脚腕上都可以。若戴脚链时穿丝袜，则应将脚链戴在袜子外面，以便使其更为醒目。把脚链戴在袜子里面，不仅不能发挥其作用，而且还会令人误以为你的脚腕“静脉曲张”。

⑧ 胸针、胸花。胸针即别在胸前的饰物，多为女性所用。其图案以花卉为多，故又称胸花。胸花是一种纯装饰性的饰品，适用于春秋季节，选择时，应考虑自身的脸形、年龄、场合和服装的整体效果。做到：第一，与脸形协调，长脸形者宜选用圆形或弧度较多的胸花，圆脸形者则不宜。第二，与年龄相适应，青年人宜选用小型精致的胸花；老年女性则宜佩戴各种深色的、造型传统、做工精细的胸花。第三，与所处的场合相符合，喜庆的场合宜佩戴艳丽的胸花；追悼会等丧葬场合只能戴白花；出席宴会等正规社交场合，宜选配较大型的胸花。第四，与服装的整体色调相协调，应采用对比手段，使之“素中带艳”、“艳中带素”，对服饰整体起到“画龙点睛”的效果。

别胸针的部位有讲究。穿西装时，应别在左侧领上，穿无领上衣时，则应别在左侧胸前。发型偏左时，胸针应当居右。发型偏右时，胸针应当偏左。其具体高度，应在从上往下数的第一粒、第二粒纽扣之间。

⑨ 领针。领针即专用于别在西式上装左侧领之上的饰物。严格讲，它是胸针的一个分支，但男女皆可选用。

佩戴领针，数量以一枚为限，而且不宜与胸针、纪念章、奖章、企业徽记等同时使用。在正式场合，不要佩戴有广告作用的别针。不要将其别在诸如右侧衣领、帽子、书包、围巾、裙摆、腰带、裤腰、裤管等不恰当的位置上。

【本章小结】

个人形象不仅是个人问题，同时也是塑造良好组织形象的根本保证。得体地运用礼仪塑造个人良好形象，不仅令自己更易被他人所接受，而且还会有助于维护所在单位的良好形象。

个人形象由仪表仪容、行为举止、服饰搭配组成。仪表仪容是指人的外表、外观形象。包括人的容貌、服饰、姿态、风度等方面，是一个人的精神面貌、内在素养的综合表现。因此，总体要求是：面容端正，举止大方；端庄稳重，不卑不亢；态度和蔼，待人真诚；服饰规范，整洁挺括；打扮得体，淡妆素抹；训练有素，言行恰当。实现秀外慧中，整体和谐的良好效果。

举止是一种无声的“语言”，能体现一个人的基本素质和受教育的程度。要塑造良好的社交形象，必须注重个人举止，站、坐、行，一举手、一投足，体现彬彬有礼、落落大方，优雅得体的良好气质。

服饰是体现一个人的修养、性格、气质、爱好和追求的标签。在社交场合，服装在某种意义上好似一封无言的介绍信，时时刻刻向自己的每一个交往对象传递着各种信息。一个人的衣着习惯，往往透露出他的人生哲学和价值观。因此服装的穿着及饰品的佩戴必须遵循 TPO 原则，体现少而精、多而不乱、适合个人的基本要求。

实操训练

在教师的讲解和示范的基础上，将学生分成若干小组，由学生分别对站、坐、走等各种姿态进行演练，小组成员帮助纠正其缺点。如此反复训练，逐步掌握运用各种体态技巧。

复习思考题

1. 简述仪表美的意义及仪表美的基本要求。
2. 简述站姿、坐姿、走姿、蹲姿、手势的基本要求。
3. 在交往中如何把握自己的眼神？
4. 微笑的作用是什么？怎样进行微笑训练？
5. 举例说明在个人仪态中如何正确使用手势。
6. 仪容美的基本要求有哪些？仪容美应从身体的哪几个方面考虑？
7. 对照个人举止行为规范，找出自己在这方面的缺点。
8. 什么是服饰的“TPO”原则？
9. 不同场合的着装有什么要求？
10. 西装的穿着有哪些要求？

11. 职业女性着装有哪些要求?
12. 各种着装的配饰有什么要求?
13. 如何佩戴戒指? 饰物佩戴的原则有哪些?
14. 化妆的原则和礼规有哪些?
15. 请结合个人实际谈谈服饰搭配的技巧与经验。

第三章　日常交往礼仪

【学习目标】

- 了解问候致意、握手、鞠躬、介绍以及名片递交等日常交往礼仪
- 掌握见面、介绍、称呼、名片递交的规范应用
- 掌握规范的日常交往礼仪规范
- 了解赠送、舞会、交谈等礼仪规范

引入案例

相传东汉时期有一个“倒屣相迎”的故事，说的是东汉时期的大学问家蔡邕，他是蔡文姬的父亲，文史、辞赋、音乐、天文无不精通，官任皇室右中郎将，人称“人学显著，贵重朝廷，常车骑填巷，宾客盈座”。但他从不摆架子，从不傲慢，很善于和人交往，好朋友很多。有一次，他的好友王粲来拜访，正逢蔡邕睡午觉。家人告诉他王粲来到门外，蔡邕听到后，迅速起身跳下床，急急忙忙踏上鞋子就往门外跑，由于太慌忙，把右脚的鞋子踏到了左脚上，把左脚的鞋子踏到了右脚上，而且两只鞋都倒踏着。当王粲看到蔡先生是这么个模样，便抿着嘴笑起来。由此便有了“倒屣相迎”之说，借以比喻对朋友的热情与诚意。

分析提示

以热情有礼、周到妥帖的态度做好迎客工作，让客人有“宾至如归”之感。与客人见面时，应着装得体，并向客人表示欢迎、问候，握手致意。平常，我们只知道衣装不整待客实乃无礼之举，这个故事告诉我们谦逊、热情与诚意才是礼仪的内核，没有了这些，即使衣冠楚楚，也不过是个“暴发户”而已，不值一提。

在现代社会中，人们的社会属性日益增强，与人交往的机会也日益增多。与人交往中，一个人的形象与给人留下的印象，虽然主要取决于个人品质与修养，但就外在表现而言，其言谈举止，待人接物的方式是否符合社会通行及人们认可的交往礼仪规范，也是很重要的。因而，要使自己在社会生活中成为受欢迎的人，学习和掌握日常交往中的一些通则及规范是非常必要的。

日常交往礼仪主要介绍的是与我们日常生活紧密相关的一些礼仪规范，在把握日常交往礼仪的基本准则的基础上，分别对交往中常见的一些活动如见面礼仪、馈赠礼仪、接待礼仪、交谈礼仪和舞会礼仪进行介绍，使人们在了解日常交往礼仪的同时，注重自身素质的提高，培养高尚的道德品质，自觉完善礼仪修养。

第一节　见面礼仪

见面是人们日常交往中的重要内容。古人云：有朋自远方来，不亦乐乎？亲朋好友相见，不是很高兴吗？作为礼仪之邦，我国自古以来就注重人们相互见面礼仪。古代，人们将相互见面的礼仪称为“相见礼”，不同阶层的人须严格遵守不同的礼节规范。这些规范为人们的日常相见提供了准则。在现代社会交往中，见面问候依然是社交中的重要环节，必须遵守相应的规范和原则。

相约见面为的是探讨合作，解决问题，发展友谊，互相促进，因此在初次见面时应特别注意自己的言行，避免不欢而散。见面礼仪包括打招呼、握手礼、名片礼、脱帽礼、拥抱礼、亲吻礼等。

一、见面问候的原则与方式

（一）见面问候的原则

1. 尊卑原则

在日常交往中，见面问候必须遵循尊卑原则，即卑者主动向尊者致意问候，如年轻人主动向长辈问候，男士应主动向女士打招呼等。一般而言，年龄大、地位高、女性在交往双方中属于尊者，反之为卑者。

2. 尊重隐私原则

在日常交往中，务必要严格遵守“尊重隐私”的礼仪原则。一般而论，下列八个方面的私人问题，均被视为个人隐私问题，特别是在涉外交往中，初次见面不可问及：一是收入支出。二是年龄大小。三是恋爱婚姻。四是身体健康。五是家庭住址。六是个人经历。七是信仰政见。八是所忙何事。

3. 区别对待原则

在社交场合与人见面时，应根据对方的不同年龄、性别、身份、地位，区别对待，提出对方感兴趣的话题。

（二）见面问候的方式

1. 打招呼

打招呼是熟人相遇的一种简单的见面礼节。在公共场所遇到熟人，应当主动向对方示意、打个招呼，这是一种有礼的表示，显示出友好和善意，也是对别人的尊重。即使是一面之交，也应有所表示。见面问候的方式多种多样，根据习惯、爱好、亲疏关系等等，可以有不同的表示。

（1）致意。致意从广义上是指人们互致情意的过程，一般包括问候交往对象的神情态度、体态和语言等三个方面，狭义上是指见面时情感的表达传递。在公共场合与人打招呼，如果两人近距离相遇，可以微笑地寒暄一下，问候一声“最近好吗”。如果离得很远，双方又都看到彼此时，打招呼就不要老远就喊着别人名字了，这样其实挺不礼貌，既影响其他人，也会弄得对方尴尬，反而是失礼了。在这种情况下，不如就隔着人群以微笑点头向对方示意，相信对方也一样可以感受到自己的善意和礼貌，并同样回报以微笑。举右手打招呼并点头致意也是一种得体的方式。

在西方，男子戴礼帽时，还可施脱帽礼，即两人相遇可摘帽点头致意，离别时再戴上帽子。

与相识者在同一场合多次见面，只点头致意即可。对一面之交的朋友或不相识者在社交场合均可点头或微笑致意。

在外交场合遇见身份高的领导人，应有礼貌地点头致意或表示欢迎，不要主动上前握手问候。只有在领导人主动伸手时，才向前握手问候。如遇到身份高的熟人，一般也不要径直去问候，而是在对方应酬活动告一段落之后，再前去问候致意。

（2）称呼。称呼指的是人们在日常交往应酬之中，所采用的彼此之间的称谓语。称呼他人是日常交往中一件极为重要的事情，若称呼得不妥当极容易让他人产生反感，造成失礼。在人际交往中，选择正确、适当的称呼，反映着自身的教养、对对方尊敬的程度，甚至还体现着双方关系发展所达到的程度和社会风尚，因此对它不能随便乱用。

选择称呼要合乎常规，要照顾被称呼者的个人习惯，入乡随俗。在礼仪场合，人们彼此之间的称呼是有其特殊性的，要庄重、正式、规范。

职务性称呼：以交往对象的职务相称，以示身份有别、敬意有加，这是一种最常见的称呼。有三种情况：只称职务、在职务前加上姓氏、在职务前加上姓名（适用于极其正式的场合）。

职称性称呼：对于具有职称者，尤其是具有高级、中级职称者，在工作中直接以其职称相称。称职称时可以只称职称、在职称前加上姓氏、在职称前加上姓名（适用于十分正式的场合）。

行业性称呼：在工作中，有时可按行业进行称呼。对于从事某些特定行业的人，可直接称呼对方的职业，如（老师、医生、会计、律师等），也可以在职业前加上姓氏、姓名。

性别性称呼：对于从事商界、服务性行业的人，一般约定俗成地按性别的不同分别称呼“小姐”、“女士”或“先生”，“小姐”是称未婚女性，“女士”是称已婚女性。

姓名性称呼：在工作岗位上称呼姓名，一般限于同事、熟人之间。

另有三种特殊情况：可以直呼其名；只呼其姓，要在姓前加上“老、大、小”等前缀；只称其名，不呼其姓，通常限于同性之间，尤其是上司称呼下级、长辈称呼晚辈，在亲友、同学、邻里之间，也可使用这种称呼。

（3）微笑。美国社会学家亚当斯指出：“在问题还没有发生之前，我就用微笑把它笑走了，至少将大问题变成了小问题。当你微笑的时候，别人会更喜欢你。而且，微笑可以让你自己感到快乐。它不会花掉你任何东西，还可以让你赚到任何股票都付不出的红利。”

微笑是一种令人感觉愉快的面部表情，它可以缩短人与人之间的心理距离，为深入沟通与交往创造温馨和谐的氛围。于是，有人把微笑比作人际交往的润滑剂。真正的微笑应发自内心，渗透着自己的情感，表里如一，毫无做作或矫饰的微笑才有感染力，才能被视作“参与社交的通行证”。由此可见，笑容是所有身体语言中，最直接有利的一种，应好好利用。在交往中应展露自信而自然的笑容，但是切忌不要呆笑。

（4）挥手。挥手也是日常交往中打招呼的常见做法。有时看见相熟的同事、朋友，而自己正在忙碌，无暇分身相迎，常会以举手致意。举手致意既可伴以相关的言词，也可代以手势表示。举手致意的正确做法是：a. 全身直立，面带微笑，目视对方，略略点头。b. 手臂轻缓地由下而上，向侧上方伸出，手臂可全部伸直，也可稍有弯曲。c. 致意时伸开手掌，掌心向外对着对方，指尖指向上方。d. 手臂不要向左右两侧来回摆动。

挥手道别也是人际交往中的常规手势，采用这一手势的正确做法是：a. 身体站直，不要摇晃和走动。b. 目视对方，不要东张西望，眼看别处。c. 可用右手，也可双手并用，不要只用左手挥动。d. 手臂尽力向上前伸，不要伸得太低或过分弯曲。e. 掌心向外，指尖朝上，手臂向左右挥动；用双手道别，两手同时由外侧向内侧挥动，不要上下摇动或举而不动。

（5）点头。点头礼，也就是颔首礼。点头礼的做法是头部向下轻轻一点，同时面带笑容。点头礼适用的范围很广，如在路上行走或在公共场合与熟人相遇，可行“点头礼”，忘记对方姓名或只觉得对方面熟时，可点头致意，行点头礼时，最好摘下帽子，以示对对方的尊重。注意点头时频率不要过高，幅度不宜过大。

2. 握手礼

握手是日常交往的一般礼节，是世界各国通行的礼节。握手是在相见、离别、恭贺或致谢时相互表示情谊、致意的一种方式，双方往往是先打招呼，后握手致意。

握手必须基于双方之自然意愿，不可强求。原则上女士、长者、领导等尊者应先伸出手表示友善，另一方才可以伸手互握，握手时一定要用右手，要紧握对方的手，时间一般以 1 ～ 3 秒为宜。过紧地握手，或是只用手指部分漫不经心地接触对方的手都是不礼貌的。当被介绍之后，最好不要立即主动伸手。年轻者、职务低者被介绍给年长者、职务高者时，应根据年长者、职务高者的反应行事，即当年长者、职务高者用点头致意代替握手时，年轻者、职务低者也应随之点头致意。和年轻女性或异国女性握手，一般男士不要先伸手。年轻者对年长者、职务低者对职务高者都应稍稍欠身相握。有时为表示特别尊敬，可用双手迎握。男士与女士握手时，一般只宜轻轻握女士手指部位。男士握手时应脱帽，切忌戴手套握手。

握手时双目应注视对方，微笑致意或问好，多人同时握手时应按顺序进行，切忌交叉握手。不可让目光移向别处。在私人交往中，当你赴约聚会，则应先与主人握手，然后再与其他人握手。离开时也应先与主人握手告别再看别处，或再与第三者交谈。握手后，不要当着对方的面擦手。

在任何情况下拒绝对方主动要求握手的举动都是无礼的，但手上有水或不干净时，应谢绝握手，同时必须解释并致歉。如不愿握手，微微欠身鞠一个躬也是很有礼貌的。

3. 鞠躬礼

鞠躬，意即弯身行礼，是人们在生活中对别人表示恭敬的一种礼节，既适用于庄严肃穆、喜庆欢乐的仪式，也适用于一般的社交场合。

在一般的社交场合，晚辈对长辈、学生对老师、下级对上级、表演者对观众等都可以行鞠躬礼。行鞠躬礼时，须脱帽，呈立正姿势，脸带笑容，目视受礼者，嘴里不能吃任何东西，或是边鞠躬边说与行礼无关的话。男士双手自然下垂，贴放于身体两侧裤线处，女士的双手下垂搭放在腹前。然后上身前倾弯腰，下弯的幅度可根据施礼对象和场合决定鞠躬的度数。一般60度，而90度大鞠躬常用于特殊情况。

鞠躬礼在东南亚一些国家较为盛行，如日本、朝鲜等。所以，在接待这些国家的外宾时可以行鞠躬礼致意。行鞠躬礼一般有三项礼仪：受鞠躬应还以鞠躬礼；地位较低的人要先鞠躬；地位较低的人鞠躬相对深一些。

4. 拱手礼

拱手致意在我国是一种民间传统的会面礼，是人们表示祝贺、祝愿的一种施礼方式。其姿势是起身站立，上身挺直，两臂前伸，双手在胸前高举抱拳，通常为左手握空拳，右手抱左手，拱手齐眉，前后略摆动几下。

在我国，拱手致意通常用于以下场合：如春节，邻居、朋友、同事见面时，常拱手为礼，以表祝愿；为欢庆节日而召开的团拜会上，大家欢聚一堂，互相祝愿，常以拱手致意；婚礼、生日、庆功等喜庆场合，来宾也可以拱手致意的方式向当事人表示祝贺；双方告别，互道珍重时可用拱手礼；有时向对方表示歉意，也可用拱手表示。拱手致意时，往往与寒暄语同时进行，如“恭喜、恭喜”，“久仰，久仰”，“请多多关照”，“节日快乐”，“后会有期”等等。

“拱手”之礼，与“握手”、“拥抱”、“亲吻”相比，避免了人体接触，对于阻止传染源大有益处。林语堂老先生曾举了不少例子说明中国人的习性在许多地方比西洋人强。其中就有中国人见面寒暄时，比西洋人讲卫生。他在《西洋的怪风俗》中说：“东西文化一个大异点，就是西洋人彼此握手，而我们则自己握手。在西洋的许多怪风俗中，我想握手是最怪不过的了。”他说的“和自己握手”就是“拱手”。

5. 拥抱礼

所谓拥抱礼，一般指的是交往双方互相以自己的双手揽住对方的上身，借以向对方致意。行礼时，通常是两人相对而立，各自左臂偏上，右臂偏下，右手环抚于对方的左后肩，左手环抚于对方的右后腰，彼此将胸部各向左倾而紧紧相抱。拥抱礼多行于官方或民间的迎送宾朋或祝贺致谢等场合。

拥抱礼是流行于欧美的一种见面礼节。在中国，人们对此不甚习惯，而在国际社会中，它却得到广泛的运用。对于拥抱礼，主要应注意下述四点：

一是具体做法。拥抱礼最常见的做法是：两人走近之后，对面站立。先各自抬起右臂，把右手搭在对方左肩之后，随后向右侧拥抱，最后再向对方的左侧拥抱。

二是具体区域。一般来讲，拥抱礼在西方国家广为流行。在中东欧、阿拉伯各国、大洋洲各国、非洲与拉丁美洲的许多国家里，拥抱礼也颇为常见。但是在东亚、东南亚国家里，人们对此却不以为然。

三是具体场合。在庆典、仪式、迎送等较为隆重的场合，拥抱礼最为多见，在政务活动中尤为如此。在私人性质的社交、休闲场合，拥抱礼则可用可不用。在某些特殊的场合，诸如谈判、检阅、授勋等等，人们则大都不使用拥抱礼。

四是具体人员。在欧洲、美洲、澳洲诸国，男女老幼之间均可采用拥抱礼。而在亚洲、非洲的绝大多数国家里，尤其是在阿拉伯国家，拥抱礼仅适用于同性之人，与异性在大庭广众之下进行拥抱，是绝对禁止的。

二、介绍礼仪

在日常生活和工作中，人与人之间需要进行必要的沟通，以寻求理解、帮助和支持。介绍是最常见的与他人认识、沟通、增进了解、建立联系的方式。介绍可以分为自我介绍和他人介绍。

（一）自我介绍

在活动中，想要结识某人或某些人，而又无人引见，此时可以向对方作自我介绍。自我介绍的内容，可根据实际的需要、所处的场合而定，要有鲜明的针对性，但必须包括姓名、职务、单位三要素。在某些公共场所和一般性社交场合，自己并无与对方深入交往的愿望，作自我介绍只是向对方表明自己身份。这样的情况只需介绍自己的姓名，如“您好，我叫×××”，“我是×××”。有时，也可对自己姓名的写法作些解释，如“我叫陈华，耳东陈，中华的华。”如因公务、工作需要与人交往，自我介绍应包括姓名、单位和职务，无职务可介绍从事的具体工作。

在社交活动中，如希望新结识的对象记住自己，作进一步沟通与交往，自我介绍时除姓名、单位、职务外，还可提及与对方某些熟人的关系或与对方相同的兴趣爱好。如“我叫李明，是××大学的教师，我与您夫人是同学”，“我是陈东，是××酒店的经理，我和您一样也是个球迷”等等。若在讲座、报告、庆典等正规隆重的场合向出席人员介绍自己时，还应加一些适当的谦辞和敬语。如“各位来宾，大家好，我叫张华，是××大学的教师，今天向大家谈谈自己在工作研究上的一些心得，有不当的地方恳请指正”。

自我介绍的注意事项：

（1）注意时间：要抓住时机，在适当的场合进行自我介绍。对方有空闲，而且情绪较好，又有兴趣时作自我介绍，这样就不会打扰对方。自我介绍时还要简洁，尽可能地节省时间，以半分钟左右为佳。为了节省时间，作自我介绍时，还可利用名片、介绍信加以辅助。

（2）讲究态度：进行自我介绍，态度一定要自然、友善、亲切、随和，应落落大方，彬彬有礼。既不能唯唯诺诺，又不能虚张声势，轻浮夸张。语气要谦和自然，语速要快慢适中，语音要清晰明亮。

（3）真实诚恳：进行自我介绍要实事求是，真实可信，不可自吹自擂，夸大其词。

（二）他人介绍

在社交场合，我们往往有为不相识者彼此引见一下的义务，他人介绍就是经第三者为彼此不相识的双方引见、介绍的一种介绍方式。为他人作介绍，有三点应做得合乎礼仪：

（1）介绍人，在公务交往中，介绍人应由公关礼仪人员、秘书担任；在社交场合，介绍人则应由女主人或被介绍的双方均有一定交情者充担。

（2）介绍顺序，根据尊者先知原则，男士应被介绍给女士、晚辈应被介绍给长辈、下级应被介绍给上级、客人应被介绍给主人、迟到者应被介绍给先到者、未婚者被介绍给已婚者，家人被介绍给同事、朋友。

（3）介绍内容，为他人介绍的内容，大体与自我介绍的内容相仿，可酌情在三项要素的基础上进行增减。

（4）介绍时注意事项：

① 作为第三者介绍他人相识时，要先向双方打一声招呼，让被介绍的双方都有所准备，切勿上去开口即讲，显得很唐突，让被介绍者感到措手不及。

② 被介绍者在介绍者询问自己是否有意认识某人时，一般不应拒绝，而应欣然应允。实在不愿意时，则应说明理由。

③ 介绍人和被介绍人都应起立，以示尊重和礼貌；待介绍人介绍完毕后，被介绍双方应微笑点头示意或握手致意。

④ 在宴会、会议桌、谈判桌上，介绍人和被介绍人可视情况决定是否起立，双方也可点头微笑致意；如果被介绍双方相隔较远，中间又有障碍物，可举起右手致意，点头微笑致意。

⑤ 介绍完毕后，被介绍双方应依照合乎礼仪的顺序握手，并且彼此问候对方。问

候语有“你好、很高兴认识你、久仰大名、幸会幸会”，必要时还可以进一步作自我介绍。

三、名片礼仪

名片，是当代社会私人交往和公务交往中一种最为经济实用的介绍性工具。由于它印制规范、文字简洁、使用方便、便于携带、易于保存，而且不讲尊卑、不分职业、不论男女老幼均可使用，因此用途广泛，颇受社会各界的欢迎。

名片是一个人身份的象征，在我国，名片出现的历史很悠久，古代文人、达官早就有传递名片的习惯，只不过那时的名片是选优等纸片、手工制作的。当今，名片已成为人们社交活动的重要工具。因此，名片的选择、交换、接受、存放也要讲究社交礼仪。

（一）名片的用途

在社交场合，他人对你的印象往往起源于你递上的那张表明你身份的名片。所以，千万别小看了名片，在现代职场上，一张小小的名片往往能起到你无法估量的作用。作为社交联谊卡，它有以下作用：

（1）建立今后联系所必需的信息。

（2）具有介绍、沟通、留存纪念等多种功能。譬如有人在名片上不印头衔，只印“您的朋友×××”，加上通讯地址和电话号码；也有人在名片正面印上名字和电话、住址，在背面印上几句处世格言或诸如“以心会友，广结善缘”以及个人成就名目之类。而有的名片则印有各种协会会员名称、各种头衔等等。

（3）初次见面的人的一种介绍卡。对于商界人士来说，名片更是十分必要的，除了记录彼此的联络方法，免除对方的动手之劳，也是开始商务活动的敲门砖和伏笔。有了名片的交换，双方的结识就迈出了第一步。

（二）名片的制作与选用

（1）名片的分类及其内容。大体上来说，名片分为交际和商务两种类别，前者为交友和联谊之用，后者在此基础上又增加了业务合作、贸易往来的功用。作为交际所用的名片，往往是用以纪念，因而这种名片在设计上应讲究创意，追求情调化、文化内蕴，只写联系电话和住址，尽可能地轻松悦目，甚或来一点幽默和调侃类字句，或者加印一幅漫画意味的头像。这类名片除了讲究情调，还可以用香味纸或自洒点香水，以给人愉悦感，印制上也应愈精美愈好。商务名片不必过分情调化，需要列明企业名称、公司地址、个人学位或职称、职务，以及电话号码、传真号码等，由于文字较多，版式上就要力求简洁，个人头衔应择要而取。业务类项点到为止，名片的背面切忌来一大堆的业务介绍。如果公司在社会上较有知名度，或公司名称和标志上已经体现业务性质，那就不必在名片上体现。对方如对你的业务类项感兴趣，自会在交谈中进一步了解。

（2）名片的规格。名片一般都有一定的规格，目前国内最通用的名片规格为9cm×

5.5cm。如无特殊需要，不应将名片制作过大或甚至有意搞折叠式，免得给人以标新立异、虚张声势、有意摆谱之感。

（3）名片的颜色及图案。制名片的纸张，宜选庄重朴素的白色、米色、淡蓝色、淡黄色、淡灰色，并且以一张名片一色为好。最好不要印制杂色名片，令人看得眼花缭乱。也不要用黑色、红色、粉色、紫色、绿色印制名片，它们均会给人以失之于庄重的感觉。不提倡在名片上印人像、漫画、花卉、宠物。这些东西并无实用价值，却会给人以华而不实的印象。

（4）名片的文字。在国内使用的名片，宜用汉语简体字，不要故弄玄虚，使用繁体汉字。切勿在一枚名片上采用两种以上的文字，也不要将两种文字交错印在同一面。制作名片，最好不要手书自制，也不要以复印、油印、影印的方法制作名片，它们均不够正规。名片上的文字同其他应用文一样，首先要合乎规范，否则就会引起误解，影响交际效果。在合乎规范的前提下，可以讲究自己的风格，表现自己的个性。名片的风格、个性，主要表现在片面布局与字体的选择设计方面。就字体而言，行、草、篆、隶及各种美术字体均可。随着名片使用的日益广泛，除所用纸张越来越好外，名片的设计也越来越新颖。如可以在片头上印一些装饰图案，还可以将单位徽记印在名片上，以树立企业形象。

（5）名片的印刷。随着科学技术的发展和交际层次、交际要求的提高，人们对名片的要求也是在不断发展变化的。设计得体、新颖别致的名片自会令人欣赏称赞，如果印刷质量不好，设计效果也会大打折扣。名片越来越具有象征意义，是个人身份的标志，一个人的名字再响亮，身份再高贵，假如名片设计、用纸、印刷质量低劣，别人就有可能暗中贬损你的价值，甚至从做事风格、信誉上低看你。企业的名称和标志、产品名称和商标往往关系着一个公司的形象，为此要进行 CIS 策划和 CI 设计；而一个人的名片也好比一个人的脸面，是和个人风度、仪表相辅相成的东西，因此也是需要策划、设计和包装的。假如你的名片设计、印刷不佳，还是不交换为妙，以免把缺憾长时期留在别人的名片簿里，在这种情况下，不如声称自己名片发完了或一时忘了带上，下次再补送为好。

（三）名片的交换

名片是自我介绍的简便方式。名片的使用绝不是个简单的动作，什么时候、什么地点、向什么人、怎样递上名片是一门学问，应遵守一定的礼仪规范。

（1）递送名片的时机。希望认识对方；表示自己重视对方；被介绍给对方；对方想要自己的名片；提议交换名片；初次登门拜访对方；通知对方自己的变更情况；打算获得对方的名片。

（2）递送名片的顺序。在社交场合，交换名片的顺序一般是：先客后主，先低后高。当与多人交换名片时，应依照职位高低的顺序，或是由近及远，依次进行，切勿跳跃式地进行，以免对方误认为有厚此薄彼之感。名片的递送应在介绍之后，在尚未弄清对方身份时不应急于递送名片，更不要把名片视同传单随便散发。

（3）递送名片的方法。向对方递名片时，应面带微笑，注视对方，将名片正面朝向对方，用双手的拇指和食指分别持握名片上端的两角送给对方。如果是坐着的，应当起立或欠身递送，递送时说一些"我叫×××，这是我的名片，请笑纳""我的名片，请您收下"之类的客套话。递送名片时要注意：地位低的人先向地位高的人递名片，男性先向女性递名片，当面对许多人时，应先将名片递给职务较高或年龄较大者，如分不清职务高低和年龄大小时，则可先和自己对面左侧方的人交换名片。

（4）接收名片的注意事项。在社交场合中接收他人递过来的名片时，应尽快起身，面带微笑，用双手拇指和食指接住名片下方的两角，并说"谢谢"、"能得到您的名片，深感荣幸"等等。随后有一个微笑阅读名片的过程，阅读时可将对方的姓名职衔念出声来，并抬头看看对方的脸，使对方产生一种受重视的满足感。名片接到后不能随便乱放，如果是初次见面，最好是将名片上的重要内容读出来，当对方递给你名片之后，如果自己没有名片或没带名片，就当首先向对方表示歉意，再如实说明理由。在对方离去之前，或话题尚未结束，不必急于将对方的名片收藏起来。

（四）名片的收存

在日常交往中得到名片的机会很多，这些名片切不可随手一扔了之。接过别人的名片切不可随意摆弄或扔在桌子上，也不要随便地塞在口袋里或丢在包里。应放在西服左胸的内衣袋或名片夹里，以示尊重。

对于常用的名片，将它们收置在一个小巧的名片盒里，随身携带，方便使用。在收到名片后，除了定期整理、更新外，应试着和其中自己较感兴趣的人主动联系，几通电话就有可能为自己增添几位生意上的伙伴，并有可能成为日后的合作伙伴。

（五）注意事项

（1）随时随地携带数量充足的名片。

（2）在情况适宜时，才递上名片。

（3）出门前备好足够的名片，并放置在固定的地方，以免需要时用完或找不到。

（4）递上名片时，如果对方先出示名片，你就应该随之马上递上你的名片。

（5）将别人的名片和自己的名片分开放，以免误将别人的送了出去。

（6）在收到的每张名片上记上日期以及相关事项，以便于日后查询。

（7）将名片存放在贴身口袋中，不宜存放在裤子后侧口袋里。

第二节　酬世交往礼仪

所谓酬世礼仪，是指人们在平时的交际应酬中的举止行为的具体规范。遵守酬世礼仪，是人们进行各种交际应酬时所需要遵守的行业规范，是人际交往取得成功的基础，同时也是事业发展的基本要求。人际交往中的成功者所具有的种种优良品质，大都与酬世礼仪规范密切相关。酬世礼仪涉及人们日常人际交往的各个方面。

一、访送礼仪

访送，主要是指拜访、迎访、送礼、送客等交往活动。日常交往中，前往亲朋好友居所拜访作客，迎接亲朋来访及送礼、送客是正常的人际交往中不可缺少的应酬。只有在访送交往中重视自己的言行举止，遵守礼仪规范，才能更好地联络感情，达到理想的交往效果。

（一）拜访

前往亲朋好友居所拜访作客，或到他人单位办公室拜访，都应遵守礼仪规范。那么，去拜访时应怎样注意礼仪、讲究礼节呢？

1. 选好时机，注重预约

拜访他人应有约在先，这是作客之道的首要原则。当有必要去拜访他人时，首先要考虑的是主人是否方便，为此一定要提前口头告知对方或者写信、打电话给对方，比如可以说："我想在您方便的时候去看看您，不知道是否合适？"需注意的是，如果是自己主动提出拜访他人的请求时，千万不要措词强硬，逼着对方同意，语气要和缓，并有意识地把决定权让给被拜访者。千万不能只凭自己的一厢情愿冒昧行事，因为现代社会是竞争的社会，每个人都有自己的日程安排，不约而至往往会打乱对方的计划，对其工作生活造成诸多不便，同时对拜访者本人来讲，事先未曾约定的访问也有可能劳而无功，对方不一定会待在家中恭候。

在对外交往中，更要注意去外宾居所时不要充当不速之客，在外国人看来，此举是非常失礼的，而且是绝对不受欢迎的。当然，如果被拜访者真诚表达了欢迎你前去作客的愿望，通常不宜拒绝。万一需要拒绝，也要摆出拒绝邀请的充分理由，使对方能够接受。

2. 衣帽整洁，用语合礼

首先为了向被拜访者表示敬重和对此次拜访的重视，在拜访作客前应"梳妆打扮"一番，服饰应根据被拜访者的身份、双方的关系及拜访的场所等进行选择。需注意的是，既不要穿得太正统，如男士西装革履，女士西式套裙；又不要过于随便，如着休闲装或牛仔装。前者多会给人公务在身、公事公办的感觉，后者又会使人感到漫不经心。所以最好选那些穿起来显得高雅、庄重而又不失亲切、随和的服装。务必注意，如果是夏天，男士忌穿背心、短裤和拖鞋，女士也不要穿过于薄透的服装，要注意服装的整洁。女士可以化妆和佩戴首饰，但不宜化浓妆，首饰也不应佩戴过多，否则会拉大与被拜访者之间的距离。

其次要做到的是为被拜访者及其家人选择一份既有纪念意义又有实用价值的礼品。由于赠送礼品是一种有来有往的双边互惠行为，因此，在挑选礼品时应避开价格过高或过低的东西，以免使被拜访者感到承受不起或产生被轻视的感觉。此外，如果被拜访者是异性朋友，且他（她）和其家人同住，那么选择礼物时最好以其配偶、恋人、子女或父母为受礼对象。这样做，既让被拜访者感到高兴，也容易为其家人所接受。

另外，前去拜访的人数不宜过多。拜访同性的单身朋友时，可以只身前往。拜访已婚的朋友时，应与配偶或恋人一同前去。如带小孩作客，要事先教育小孩子懂礼貌，否则会妨碍宾主双方。如果有要事相商，最好不带小孩去。未经约定，或未征得被拜访者的同意，最好不要带其他人，特别是被拜访者毫不熟悉的人前去作客，否则会被看做是对被拜访者的不礼貌、不尊重。

最后，一旦与被拜访者约好了会面的具体时间，就应如期而至，既不要随便变动双方约定的时间，打乱被拜访者的安排，也不能迟到或早退，当然也不要提前太多，因为早到与迟到一样都是失礼的。由于约定时间未到，被拜访者或在准备，或有其他安排，去得过早与未曾有约的后果是不相上下的。所以，按照双方约定的时间准时到达才最为得体。如做不到准时，“正负”不超过双方约定时间的两三分钟，原则上也是允许的。否则的话，就要向主人道歉。

3. 举止稳重，体谅主人

按事先约定的时间来到被拜访者的居所后，如无人迎候，在进门之前应首先敲门或按门铃，以通报自己的到来。这里要说明一点的是，最好先观察一下，如发现有门铃，就不宜再敲门，否则是不礼貌的。敲门时声音不宜太大，也不要反复不止，轻轻用手指头在门上敲几声就可以了。同样，按响门铃的时间也不要太长，可先按三四秒钟，稍等片刻，若室内仍无反应，可以同样长的时间再按一下，不要用手一直按着门铃直至主人开门才终止，这也是不礼貌的表现。一般情况下，若敲门或按响门铃几分钟后，房门仍未开启，就应该自觉离去，此时继续敲门或到其他住户门前徘徊，或通过窗户向内窥探，都是不礼貌的行为，除非确定室内有人且需要帮助。

如果前来开门的是主人的家人或客人，自己不相识，当对方询问时，一定要如实相告，切不可表现出不耐烦的情绪。如果是主人亲自开门相迎，见面后应立即向其问好，如主人夫妇同时起身相迎，则应首先问候女主人。

进入室内之前，应在门垫上擦干鞋底，或发现主人家中铺满地毯和瓷砖，应在主人同意后，换上指定的拖鞋。进门后，在进入客厅之前，应脱下外套、帽子，并将其与随身携带的皮包等一同交给主人代为存放。如果主人忘记了，就将外套和帽子放在自己的双膝上，皮包放在右手下方的地板上，而不能乱扔、乱放，以免引起主人的不满。

在主人逐一介绍其家人时，应与他们每个人都认真握手问好，无论是主人的长辈还是其子女都要平等对待，切不可厚此薄彼。如果遇到主人的其他客人，应主动上前打招呼，在主人介绍大家相互认识后，要适当寒暄几句，不必故作清高。遇到在坐定之后又来的客人应起身相迎。如果感到后来的客人与主人将有要事相商，且自己不宜在座旁听时，应主动提前告辞，方为有礼。

在主人家中时，要注意自己的仪态，站有站相，坐有坐姿，落落大方，彬彬有礼。当主人递上茶水或水果之类的东西时，应微微起身，双手接过，并致谢意。吃过之后，果皮、果核等要放在茶几上或专用的果皮盒内，不要弃之于地，弄得果皮遍地。

与主人交谈时，讲话的态度要诚恳，有礼貌。要始终注意自己说话的语气和内容，不要盛气凌人，也不要有意卖弄自己的优势，以免给人造成一种压抑感。不要对着主人的家人或其他客人的面去斥责主人，也不要随便谈起其不快、失误或短处。总之要注意自己的身份是客人，因为家庭交际是一种有主客之分的特殊交往活动，不管主人在社会上的地位、境遇如何，他都是主人，所以拜访者要自觉约束自己，增强自己是客人的“角色意识”，充分尊重主人的意见，听从主人的安排，尽力维护主人在其家人或客人面前的形象。

拜访作客的时间，如果无事要相商，不宜停留过长，一般以半小时左右为宜。辞行前，应向主人的家人和其他客人道别，并感谢主人的盛情相待。出门时，应请主人就此留步。如有意请主人回访，可在同主人握别时提出邀请。

（二）接待礼仪

一般在接待客人时，都要主随客便，考虑周全，讲究礼仪，关怀备至，也就是要尽自己最大的努力接待好客人，以使客人有宾至如归的感觉，从而促使宾主双方的关系得到进一步的发展。

1. 待客宜事先做好准备

前面讲到，拜访他人时宜有约在先，换句话说，在待客之前，宾主双方大多要约好会面的时间和地点。但按照社交惯例，这一问题最后要由主人决定，即何时待客，基本上是以主人自己方便为主。但识礼的主人一般不会忘记去征询客人的意见，待对方考虑之后，再共同把来访的时间确定下来。如果是客人首先表达了要来拜访的愿望时，一般不宜拒绝。在时间、地点确定之后，作为主人要适当地做些准备工作。备好待客的简单用品，像香烟、茶叶、糖果、饮料之类，不管客人是否要用；如果预先约好留客人吃饭，也要将饭菜等准备好。

男女主人应仪容整洁、自然、大方，应当换上得体的服装。有些人以为在自己居所接待客人，不像出门作客那样正规，其实不然，要是穿得过分随便，甚至穿着睡衣去会见客人，不仅是对客人的不尊重、不礼貌，还会破坏自己的形象。所以，女主人宜穿上与身份、地位、年龄相符的服装，既要显得端庄文雅，也不要显得“与众不同”。同样，男主人着装也不宜过于随便，要表现出作主人的认真态度。如果事先未曾有约，客人来得突然，自己正穿着睡衣休息，即使来不及更衣，也不能以此形象展示给客人。遇上这种情况，可在睡衣外加披一件睡袍，先将客人迎进来，并就未来得及更衣一事向其道歉。随后请客人稍候，自己去内室更换服装，更衣时要注意回避，不能一边寒暄，一边更衣。

2. 热情待客

一般情况下，开门迎客时，主人要先向客人握手，并致问候，然后将客人介绍给配偶或朋友，尤其是初次来访的客人。双方互相握手寒暄行见面礼的时间通常有一分钟就够了。然后主人在前，客人在后，请客人进屋、落座。如果客人脱下外套、帽子等，或随身携带有包袋，主人一定要帮助其代为存放。如果需要的话，还可请客人换上拖鞋之后再进入客厅，不过对此主人不必过分注重，以免使客人感到拘束。

客人进入客厅后，主人要让客人在适当的位置就座。所谓适当，也就是既要考虑坐着舒适，又要使客人感觉受到尊重。客人进客厅后，如果遇到有家人或朋友也在，应请他们出来与客人见面，并逐一进行认真的介绍。当然有其他客人在场，也应照此办理。

遇客人确有礼品相赠，只要没有贿赂之嫌，稍微谦让后就该收下，并当客人的面打开礼品包装，且表示对礼品的欣赏，但切忌做得过分，让客人感到主人的虚伪。

在接待客人时，最好不要去做与待客毫不相干的事。比如一边与客人交谈，一边看电视等。这种漫不经心的做法只会让客人感到主人无礼。记住，对客人要热情、周到，但要恰到好处，“过分热心”会使客人处于忙乱之中。

客人告辞时，主人应婉言相留。如客人执意要走，也要等客人起身告辞时，主人再站起来相送，不能客人刚说走，主人就先站起来相送，这是不太礼貌的。

3. 礼貌送客

如果是非常熟识的好友，要把客人送到门外、楼下，亲切道别，并邀请客人有时间再来。一般道别时，要待客人伸出手来握别时，方可以手相握，切不可在送客时抢先“出手”，免得有厌客之嫌。

总之，无论是招待客人还是送别好友，都要使对方感到主人热情、诚恳、有礼貌、有修养，使客人感到温暖、融洽，给客人留下良好印象。

二、馈赠礼仪

馈赠作为一种非语言的重要交际方式，是以物的形式出现的，以物表情，礼载于物，起到寄情言意的“无声胜有声”的作用。得体的馈赠，恰似无声的使者，给交际活动锦上添花，给人们之间的感情和友谊注入新的活力。然而送给谁（WHO），为什么送（WHY），如何送（HOW），送什么（WHAT），何时送（WHEN），在什么场合送（WHERE），是一个既老又新的问题，因此，我们只有在遵循馈赠礼仪规范的前提下，才能真正发挥馈赠在交际中的重要作用。

（一）赠送的礼仪

1. 赠送的礼品选择

（1）礼品的价值应合适。通常情况下，礼品的贵贱厚薄，往往是衡量交往人的诚意和情感浓烈程度的重要标志。然而礼品的贵贱厚薄与其物质的价值含量并不总成正比。因为礼品是言情寄意表礼的，它仅仅是人们情感的寄托物，人情无价而物有价，有价的物只能寓情于其身，而无法等同于情。也就是说，就礼品的价值含量而言，礼品既有其物质的价值含量，也有其精神的价值含量。我们提倡“君子之交淡如水”，提倡“礼轻情义重”。但是，当我们因种种原因陷入“人情债务链”时，则不妨既要注意以轻礼寓重情，又要入乡随俗地根据馈赠目的和自己的经济实力，择定不同轻重的礼物。对于那些人情礼轻重的把握尺度，目前国内常以个人收入的1/3为最上限，下限则视情而定。总之，除非是有特殊目的的馈赠，其他馈赠礼物的贵贱厚薄都应以对方能愉快接受为尺度。

（2）效用性原则。同一切物品一样，当以礼物的形式出现时，礼物本身也就具有了价值和实用价值。就礼品本身的实用价值而言，人们经济状况不同，文化程度不同，追求不同，对于礼品的实用性要求也就不同。一般说来，物质生活水平的高低，决定了人们精神追求的不同，在物质生活较为贫寒时，人们多倾向选择实用性的礼品，如食品、水果、衣料、现金等；在生活水平较高时，人们则倾向于选择艺术欣赏价值较高、趣味性较强和具有思想性纪念性的物品为礼品。因此，应视受礼者的物质生活水平，有针对性地选择礼品。美国作家欧·亨利在其著名小说《麦琪的礼物》里讲了这样一个故事：一位妻子十分想在圣诞节来临时送给丈夫一份礼物，她盼望能买得起一条表链，以匹配丈夫祖上留下的一只表。因为没有钱，于是她把自己秀丽的长发剪下来卖了。圣诞之夜，妻子对丈夫献上了自己的礼物——一条精美的表链。丈夫也在惊愕之中拿出了他献给妻子的礼物，竟是一枚精致的发卡。原来，丈夫为给妻子买礼物把自己的表卖了。这时，他们紧紧地拥抱在一起，彼此的爱成为这圣诞之夜唯一的却是最珍贵的礼物。这对夫妻献给对方的礼物，在此时似乎已毫无效用，然而并非如此，它们不仅升华了他们之间的爱，使他们得到了最大的精神满足，而且更激发了他们战胜生活困难、追求幸福生活的决心和意志。

（3）投好避忌的原则。由于民族、生活习惯、生活经历、宗教信仰以及性格、爱好的不同，不同的人对同一礼品的态度是不同的，或喜爱、或忌讳、或厌恶等等，因此我们要把握住投其所好、避其禁忌的原则。赠送前一定要了解受礼者的喜好，尤其是禁忌。例如，中国人普遍有“好事成双”的说法，因而凡是大贺大喜之事，所送之礼，均好双忌单，但广东人则忌讳“4”这个偶数，因为在广东话中，“4”听起来就像是“死”，是不吉利的。再如，白色虽有纯洁无瑕之意，但中国人比较忌讳，因为在中国，白色常是悲哀之色和贫穷之色；同样，黑色也被视为不吉利，是凶灾之色、哀丧之色；而红色，则是喜庆、祥和、欢庆的象征，受到人们的普遍喜爱。另外，我国人民还常常讲究给老人不能送“钟”，给夫妻或情人不能送“梨”，因为“送钟”与“送终”、“梨”与“离”谐音，是不吉利的。这类禁忌还有许多，需要我们去遵循。

2. 赠送时机选择

就赠送的时机而言，及时适宜是最重要的。中国人很讲究“雨中送伞”、“雪中送炭”，即十分注重送礼的时效性，因为只有在最需要时得到的才是最珍贵的，才是最难忘的。因此，要注意把握好赠送的时机，包括时间的选择和机会的择定。传统的节日，如春节、中秋节、圣诞节等；喜庆之日，如结婚、晋升、获奖、开业、厂庆等日子；纪念日，如生日、周年纪念等，可以成为馈赠礼品的黄金时间。酬谢，接受了别人的帮助，事后可送些礼品以回报感恩。此外，相见、道别或相应的仪式上都是较好的赠礼时机。

3. 赠送方式

即便是精心挑选的礼品，如果不讲究赠礼的艺术和礼仪，也很难达到预期效果。因此在送礼时应注重方式。

（1）注意包装。精美包装不仅使礼品的外观更具艺术性和高雅的情调，显示出赠礼人的文化艺术品位，而且还可以避免给人俗气的感觉。

（2）注意场合。当众只给一群人中的某一个人赠礼是不合适的，给关系密切的人送礼也不宜在公开场合进行。只有象征着精神方面的礼品，如锦旗、牌匾、花篮等才可在众人面前赠送。

（3）注意态度和动作。赠送礼品时，只有态度平和友善、动作落落大方并伴有礼节性的语言，才容易让受礼者接收礼品。

4. 送礼注意事项

（1）切勿几年选同样的礼物给同一个人，最好每年送礼时做一下记录为好。

（2）千万不要把以前接收的礼物转送出去，或丢掉它，不要以为人家不知道，送礼物给你的人会留意你有没有用他所送的物品。

（3）勿直接去问对方喜欢什么礼物，一方面可能他要求的会导致你超出预算，另一方面你即使照着他的意思去买，可能会出现这样的情况：“呀，我曾经见过更大一点的，大一点不是更好吗?”

（4）忌送一些将会刺激别人感受的东西。

（5）不要打算以你的礼物来改变别人的品味和习惯。

（6）须考虑接受礼物人的职位、年龄、性别等。

（7）不宜赠送过于精美的礼品，送礼的人最好在自己能力负担范围内较使人乐于接受。

（8）除去价钱牌及商店的袋装，用包装纸包装，细微的地方更能显出送礼人的心意。

（二）受赠的礼仪

（1）一般情况下，不应当拒绝受礼。如果觉得送礼者别有所图，应向他明示自己拒收的理由，态度可坚决而方式要委婉。

（2）接受礼物时，不管礼品是否符合自己的心意，应表示对礼物的重视。对贺礼以及精美礼物，应当面打开欣赏，并赞美一番。

(3) 接受了他人的馈赠，如有可能应予以回礼。有礼有节的馈赠活动，有利于拉近双方的距离，增加合作的机会。作为商务活动的重要内容之一，馈赠活动越来越受重视，并得到广泛的使用。而馈赠的商务礼仪，也就成为职业经理人必备的专业知识之一。

(三) 鲜花礼仪

随着社会文明程度的加深，鲜花在礼仪交往中的作用越来越大，并成为社会交际中的一个重要工具。通过赠花来表达微妙的感情和心愿，别有一番意境，如果懂得一些送花意义及技巧会更加恰到好处。因此，什么节日、什么季节给什么人送什么花，很有讲究。

1. 常见的送礼鲜花的应用形式

(1) 花束：包括普通花束和新娘捧花。可用于迎送客人、访友、庆典仪式上的献花、馈赠礼品、结婚等场合。

(2) 花插：使用针盘、花瓶等容器将花材固定在花泥等固定物上，形成不同的风格。可用于办公室、餐厅、接待处、饭店前台、会议室等场所。

(3) 花篮：使用各式花篮，在篮内放入花泥，将鲜花插于花泥上，创作出不同风格的插花形式。可用于馈赠礼品、舞台摆放、厅堂装饰、庆典开幕以及追悼会等场合。可分为礼品花篮、庆典花篮、装饰花篮、悼念花篮等几个类型。

(4) 装饰花：包括胸花、头花、腕花、肩花等。一般用于出席各类大型集会、重要会议、晚会、开幕式、结婚典礼等场合，佩戴于胸前、头上、腕上。只需较少的花材和配叶，制作出典雅大方的花型，起到装饰的效果。

(5) 礼品盆花：对种植于花盆中的观花、观叶、观果等鲜花，进行礼品的包装，使之成为馈赠品。主要应用于拜访亲戚、朋友时作为礼品。

2. 鲜花的选择

(1) 对青年人、新婚夫妻可送玫瑰、月季；中年人可送兰花或茶花；老年人祝寿可送万年青、榕树，象征长寿。

(2) 乔迁之喜赠花可送大方之仙人掌花，寓意乔迁顺利，万事如意。

(3) 给病人赠送野百合花，是希望早其日康复。

(4) 向工商界朋友赠花，可用杜鹃花、大丽花，象征前程万里、事业发达。

(5) 新春佳节可送金橘、水仙、百合、状元红、万年青表达美好的祝愿。

(6) 情人节送红玫瑰、郁金香。

(7) 父亲节送红莲花、可斛花。

(8) 母亲节送康乃馨。

(9) 教师节送剑兰。

(10) 芍药花代表离别惦念之意。

三、舞会礼仪

舞会礼仪是指在社交舞会上，人们应遵守的礼仪规范。是在休闲、交际场合中个人修养的显现。舞会礼仪涉及多方面的内容，大体可分两个方面：一是舞会的策划和主办者应注意的礼仪问题。二是舞会的参加者应注意遵守的礼仪规范问题。

（一）组织舞会的礼仪

1. 确定适当时间

舞会一般在周末、节假日或开幕式、闭幕式的晚上举行。这些时间气氛活跃，便于大家尽情地娱乐，而不至于影响第二天的工作，这个时间邀请客人也容易成功。

2. 选择好场地

舞会的场地要考虑人数的多少，大小适中，过小拥挤不堪，空气不好，难以使人尽兴；过大显得空空荡荡，气氛不够热烈，情绪会受影响。舞会地面要清洁平整。舞会前可以打一遍蜡，使之光滑。灯光要稍暗，光线柔和，最好有彩灯、彩纸条加以装饰。舞会一般应有乐队伴奏，营造隆重、热烈的气氛。本单位舞会也可播放舞曲伴舞，应指定专人负责。舞池边要准备休息的椅子，必要时，可准备茶水、点心。

3. 发出请柬或海报

单位之间的舞会，应发出请柬和门票。请柬要写明开始时间、地点及结束时间。对身份特殊的贵客应专门发给请柬。

4. 邀请客人应男女人数相当，尽量避免同性共舞

舞会是对外交往中高雅而又重要的交际联谊活动，一般以两小时为宜，通常安排在晚上 8 点至 10 点，舞曲要快慢交错，时间长度与规定要求大体相称，尾曲用《友谊地久天长》，使来宾知道舞会结束。组织舞会要确保男女性别相当，配备一定的礼宾、接待、安保人员、演奏、灯光、音响、服务人员及伴舞者。男士应主动请女士共舞，女士可以婉拒，但男士不得拒绝。同性不宜共舞。一般来说，只能请一位异性跳一支舞曲。一曲终了，全体跳舞者须在原地立定，面向乐队鼓掌致谢后，方可离去。

（二）舞会参加者的礼仪

1. 塑造良好形象

（1）着装干净、整洁、端庄。男士宜穿西服套装或长袖衬衫配长裤，女士则可穿中长袖的连衣裙。

（2）清除身体的异味。出席舞会之前，一定要洗澡、理发、漱口。不要吃葱、蒜、韭菜、海鲜、腐乳之类气味经久不散的食物，不要饮酒。在舞场上下，都不要吸烟，不要为消除异味而大嚼特嚼口香糖。

（3）抵达要早，告退要晚。

（4）舞兴要有所控制。

（5）要尊重主人为舞会所做的一切安排。不管当面还是背后，都不对舞会安排进行批评。不要随便要求改动舞会的既定程序，不要凭个人兴趣和愿望要求临时改换舞曲或要求延长舞会时间。

（6）同性之间要互谅互让。男士不要与别人争舞伴。对于其他男士邀请自己的女伴，要表现得宽容大度。

（7）异性交往要有分寸。在舞场上，不要对异性过分献殷勤。不要跟刚刚相识的异性长时间地厮守在一起。不要过多与对方讲心里话或过多了解对方详情。

2. 邀请舞伴礼仪

邀舞一般都是男子邀请女子共舞，邀人跳舞时应彬彬有礼、姿态端庄。走至女方面前，微笑点头，以右手掌心向上往舞池示意，并说："可以和你跳个舞吗?"或"可以吗?"对方同意后即可共同步入舞池。如果对方婉言谢绝，也不必介意，更不应勉强。

女士也可以主动邀请男士跳舞。具体做法与男士邀请女士相类似。

女士在正式的舞会上，一个人不宜单独跳舞，更不宜同性共舞，尤其是有外宾参加的舞会；这成了最基本的规矩，在西方人来看，同性共舞有同性恋的嫌疑，尤其是男性共舞。

（三）拒绝邀请的礼仪

（1）拒绝邀请应该得体。在舞会上一般不宜对邀请表示拒绝。如果出于某种原因，不想接受他人的邀请，只要做得得体，也不算失礼。最佳的拒绝方法是"我想暂时休息一下"，或者"这首舞曲我不大会跳"，以便给邀请者一个台阶下。而女士也不要马上接受其他人的邀请。

（2）要服从社交任务，顾全大局。邀请舞伴时不能单凭个人好恶，应顾全大局，遵守如下规范：①有意识地多交换舞伴，扩大社交面。②主人要重点照顾好自己的主要客人。自第二支舞曲开始，主人应按尊卑顺序依次邀请主要客人各跳一支曲子。演奏第二支舞曲时，男主人应邀请女主宾跳，男主宾应当回邀女主人；女主人也可以邀请男主宾。演奏第三支舞曲时，男主人应邀请次女主宾跳，次男主宾则应当回邀女主人；女主人也可以请次男主宾……③作为来宾，在邀请舞伴时有较大的选择。但应当主动抽时间邀请一下主人，而不一定等待对方来邀请自己。对于同来之人，以及被介绍给自己的人，如果有可能也应相邀一次。

（四）跳舞过程的礼仪

注意上场、下场的规矩，给舞伴应有的尊重。上场时，男士应主动跟在女士身后，让对方来选择跳舞地点。下场时，不宜在舞曲未完之际先行离去。男士可在原处向女士告别，或是把对方送回原来的地方再离开。

（五）舞姿风度

舞姿应当文明优美。跳舞时，身体要端正。通常为男士领舞，领舞与伴舞者之间不宜相距过近，双方胸部应有 30 厘米左右间隔，以维护双方的人格尊严。跳舞时，男女双方都不要目不转睛地凝望对方，也不要表情不自然。男士不可把女士的手捏得太紧，不可把整个手掌全贴在女士的腰上。不要在旋转时把女士拖来扯去，或是腿部过分伸入女方两腿之间。女士不要把双手套在男士的脖子上，也不要把头部主动俯靠在对方的肩上。

【本章小结】

在现代社会中，人们的社会属性日益增强，与人交往的机会也日益增多，与人交往中，一个人的形象与给人留下的印象，虽然主要取决于个人品质与修养，但就外在表现而言，其言谈举止、待人接物的方式是否符合社会通行及人们认可的交往礼仪规范，也是很重要的。

日常交往礼仪是与我们日常生活紧密相关的礼仪规范，把握日常交往礼仪的基本准则是社交活动成功的前提。日常交往中常见的一些活动如见面、馈赠、接待、交谈和舞会等有其约定俗成的礼仪规则，必须严格遵守。在日常交往中，问候致意、握手、鞠躬、介绍以及名片递送等细节常常被人们忽视，而细节往往更能体现一个人的修养及品位，因此，掌握日常见面礼仪规范，将为人们在社交生活中取得成功提供有效的帮助。

实操训练

1. 分组训练握手礼，并进行情景练习。
2. 分组训练介绍礼，并进行情景练习。
3. 分组训练名片的交换，并进行情景练习。
4. 设计一个小品，练习在不同场合下的致意方式。

复习思考题

1. 什么是日常交往礼仪？日常交往通常包括哪几个方面？
2. 什么是酬世礼仪？酬世礼仪的基本原则是什么？
3. 见面问候礼仪有何基本原则？见面问候有哪几种方式？
4. 名片交换应遵守什么原则？名片应如何保存？
5. 赠送礼品通常有哪些注意事项？
6. 接受礼品时应遵守什么礼仪？
7. 在舞会上应如何邀请舞伴？
8. 在舞会上应怎样拒绝他人的邀请？
9. 与人共舞时应表现怎样的风度？

第四章　语言交际礼仪

【学习目标】

- 了解书信、礼仪公文的基本书写规范和格式
- 了解进行礼仪日常交谈的基本规范要求
- 了解进行礼仪日常交谈的一些常见方式和技巧
- 了解利用电话、手机进行通联的基本规范和要求

引入案例

上坡路与下坡路

一次，被接见的美国记者不怀好意地问周总理："总理阁下，你们中国人为什么把人走的路叫做马路?"他听后没有急于用刺人的话反驳，而是妙趣横生地说："我们走的是马克思主义之路，简称马路。"这个美国记者仍不死心，继续出难题："总理阁下，在我们美国，人们都是仰着头走路，而你们中国人为什么低头走路，这又怎么解释呢?"周总理笑着说："这不奇怪，问题很简单嘛，你们美国人走的是下坡路，当然要仰着头走路了，而我们中国人走的是上坡路，当然是低着头走了。"记者又问："中国现在有四亿人，需要修多少厕所?"这纯属无稽之谈，可是，在这样的外交场合，又不便回绝，周总理轻轻一笑回答道："两个！一个男厕所，一个女厕所。"

分析提示

在社交往来中难免遇到对方语言上的恶意刁难，如果处理不当，会使自己十分尴尬，甚至会累及自己的国家与集体。周总理幽默智慧的语言不仅回答了对方的问题，同时肯定了自己，还起到了轻松气氛的作用。总理之所以能如此机智幽默，是与自己的自信和有礼有节的风度分不开的。

在礼仪交往中，语言是一种符号系统，是礼仪信息传递的重要手段。语言交际礼仪一般包括书面语言礼仪、口头语言礼仪两部分。

第一节　书面语言礼仪

书面语言礼仪是指用书面文字交流时应遵循的规范准则。我国历史文化悠久，是有

名的礼仪之邦，自古我国就有“鸿雁传书”来进行社会交往和感情联系。在现代生活中，由于交往事务和交往对象的扩大，礼仪文书的范围也大大丰富。如今，礼仪文书主要包括书信、名片、柬帖、启事、题词、电报、传真、致词、明信片、电子邮件等。这些礼仪文书大大丰富了现代礼仪的内容，具有浓厚的中华民族文化色彩。

一、书信

书信是一种向特定对象传递信息、交流思想感情的应用文书。书信在我国古代简称“书”和“信”，“书”本义就是用笔说的意思，我国有古诗“家书抵万金”；“信”在古文中有音讯、消息之义，也有托人所传之言可信的意思。在现代礼仪中，我国常用的书信从语言上分为中文信函和英文信函，从结构上分为封文和笺文两部分。

（一）书信封文书写

中文信封的格式分横竖两种款式。横式信笺，又称“西式”信签，是今天常用的款式。横式在信封顶格左上方填写邮编及收信人地址。信封中间居中写收信人姓名及称呼。称呼可以是写信人对收信人的称呼，也可以是邮递员对收信人的称呼。一般来说，前者在日常生活中更为常见，收信人后面没有称呼是不礼貌的，属于格式上的错误。信封右下方为寄信人地址及邮编。贴邮票的位置，一般在右上角。

竖式信笺，又称中式信笺，是我国传统的信笺款式。竖式信笺目前主要在老年人、港澳台、海外华人中使用。竖式在信封右上方是邮编及收信人地址。信封中间居中写收信人姓名及称呼。左下方是寄信人地址及邮编，邮票贴在左上方。

英文信封的格式是：发信人的姓名、地址邮编、国名写在左上方或信封背面，收信人的姓名、地址邮编、国名写在信封中间和右下方，右上角贴邮票。英文地址的写法与中文地址写法不同，按从小到大的顺序书写，首先是人名、公司名称。然后是地址，地址的名称从门牌号码、大厦名称、街名到县、市、省、州和邮编。最后一行书写国名。地址的书写应以左侧对齐。

（二）书信笺文要求

中文书信笺文内容主要有称呼、问候语、正文、祝颂语、具名和日期等几大部分。各部分具体要求如下：

1. 称谓

称谓是寄信人对收信人的称呼，前面加上“亲爱的”等敬语。对称谓有如下要求：①对长辈不称姓名，只写称呼，对非亲属可加上姓氏，如“李妈妈”、“张伯伯”等。②同辈之间关系亲密可以直呼其名，也可只有称呼或者是名字加称呼，如“哥哥”、“红美小妹”等；不太熟悉的可以是姓名加称呼，如“李丰同志”。③对晚辈的称谓可以是姓名或名字，也可在后面加上称呼，如“云新侄儿”等。④对有一定职务、书信内容又与此相关时，以对方姓氏加上职务为宜，如“李老师”、“金市长”等。

2. 问候语

如写“你好”、“您好”等，独立成段。

3. 正文

这是信的主体，可以分为若干段来书写。正文内容要言之有物，语句通顺，条理清晰，措辞得体，书写要整齐美观。

4. 祝颂语

用来表示对对方祝愿、问候、致颂。一般用语为“此致”、“敬礼”。“此致”可以有两种正确的位置来进行书写，一是紧接着主体正文之后，不另起段，不加标点；二是在正文之下另起一行空两格书写。“敬礼”写在“此致”的下一行，顶格书写。后应该加上一个惊叹号，以表示祝颂的诚意和强度。

5. 具名和日期

写信人的姓名或名字，写在祝颂语下方空一至两行的右侧。最好还要在写信人姓名之前写上与收信人的关系，如儿×××、父×××、你的朋友×××等。再下一行写日期。如果忘了写某事，则可以在日期下空一行、再空两格写上“又附”，再另起行书写未尽事宜。

英文书信笺文内容主要有信头、收信人姓名地址、称谓、正文、结束语、签名等六个部分。各部分具体要求如下：

A. 信头（The Heading）：包括发信人地址和写信日期。

B. 受信者（Inside Address）：包括受信人姓名、地址。

C. 称谓（The Salutation or Greeting）：如 Dear Sir，Gentlemen。

D. 正文（The Body）：是信的主要部分，包括写信人所要表达叙述的事情。

E. 结束语（The Complimentary Close）：如 Yours Truly，Yours respectfully 等。

F. 签名（The Signature）：签名必须自己手写。

（三）介绍信与明信片

1. 介绍信

介绍信是由国家机关、企事业单位和团体开具的一种具有介绍、证明作用，用来介绍联系接洽事宜的一种应用文体。介绍信主要有两种形式；普通介绍信和专用介绍信。

普通介绍信一般不带存根，正中写“介绍信”。第二行顶格写收文单位名称，第三行空两格写正文，要写明介绍信的主要内容。介绍前去办事者的姓名、同行者人数及接洽的事宜等，必要时介绍人物身份、职务。一般以“兹介绍”开头，以“请予接洽”结尾。写介绍信要简明扼要，字迹要工整清楚，不得涂改，如有涂改，必须在涂改的地方加盖公章。正文完毕后另起一行顶格写礼貌用语，如“此致敬礼”，格式和普通书信一样，正文结束后另起一行右对齐署名，名称正下方落日期。需要写明单位名称并加盖公章。最后左对齐注明有效期限××（天、月或者年）。

专用介绍信一般都使用印刷好的介绍信，一式两联，一联是存根，另一联是介绍信的本文。两联正中有间缝，同时编有号码，两联中间盖骑缝章，存根单位留底，本文交被介绍人。介绍信的内容除了有编号、注明有效期外，其他与普通介绍信大致相同。

2. 明信片

明信片是现代社会流行的一种简便的书信，其格式有两种：一种是明信片正面是画面，反面一半是信封格式，一半是书信内容；一种是正面是信封格式，反面是书信内容。明信片的作用主要是互致问候、联络感情。其内容一般简单明了、感情真挚、意味隽永。另外，选择明信片时，上面的印刷字句同时包含了寄信人对接信人的祝福与希望。

二、其他礼仪文书

（一）公文

1. 公文的定义与种类

公文，是公务文书的简称，是指国家行政机关在行政管理过程中形成的具有法定效力和规范体式的公务文书，是传达贯彻党和国家的方针、政策，发布行政法规和规章，施行行政措施，答复问题，指导、布置和商洽工作，报告情况，交流经验的重要工具。公文必须表达直接、真实、规范，是一种典型的应用文。公文的体例主要有新闻公告、通报、会议纪要、请示、命令、意见、批复、决议等形式。

2. 公文的格式与要求

公文从版式上划分为眉首、主体、版记三部分。公文首页红色反线以上的各要素统称眉首；红色反线以下至主题词之间的各要素统称主体；主题词以下的各要素统称版记。眉首包括公文份数序号、秘密等级和保密期限、紧急程度、发文机关标识、发文字号、签发人等内容。主体有公文标题、主送机关、公文正文、附件、成文时间、公文生效单位名称和印张、附注等内容。版记有主题词、抄送、印发机关和印发时间等内容，版记在最后一页，与主体之间有红色反线隔开。关于公文的内容可以根据需要而有所删减。对公文的字体、页码标识、纸张、印刷、装订、公文中各要素排列顺序和标识规则可参照国家发布的国家行政机关公文格式要求 GB/T148－1997。

（二）礼仪致词

1. 礼仪致词的种类

礼仪致词指在重大的礼仪场合所使用的礼仪文体，一般包括欢迎词、开幕词、致谢词、祝酒词。欢迎词是主人对来客表示欢迎，在座谈会、宴会、酒会等场合发表的热情友好的讲话。开幕词是致欢迎词之后仪式开始时介绍本次活动意义、主办人意愿的讲话。答谢词是指在特定的公共礼仪场合，主人致欢迎辞或欢送词后，客人对主人盛情款待表示谢意的讲话。祝酒词是在宴会开始、举杯祝贺时为表示对来客欢迎、祝贺的讲话。

2. 礼仪致词的特点

（1）正式隆重。礼仪致词使用的场合都比较隆重，有专门的致词程序、致词讲台，以突出对参与者和活动的重视。

（2）感情真挚。在致词时，发言既要富有感情色彩，又要生动活泼；语气要友好、真诚、热情。

（3）简洁通俗。致词要求篇幅简短，内容切忌重复、啰嗦，语言要求口语化。

3. 礼仪致词的写法与注意事项

礼仪致词一般有标题、称谓、正文、落款四个部分。

（1）标题。标题可以是只有文体名称，如“欢迎词”、“致谢词”，或者是包含文体内容的名称，如“在……上的开幕词”。本部分在发言时可以省略。

（2）称谓。一般以“先生们、女士们”或“同志们”开头，对重要的嘉宾要在前面单独列出以示尊敬。

（3）正文。要根据发言的目的决定，要表达对参与方的感谢、祝贺之意。

（4）落款。即发言人的姓名、职务或单位名称，本部分在发言时也可省略。

（三）礼仪函电

1. 礼仪函电的种类

礼仪函电主要有贺信、贺电、慰问信、慰问电、感谢信、感谢电。其中贺信与贺电、慰问信与慰问电、感谢信与感谢电的内容格式基本一致，只是传达的载体有异。顾名思义，贺信贺电主要用于祝贺，慰问信慰问电用于慰问单位和个人，感谢信感谢电用于感谢他人之用。礼仪函电通过书面的文字表达自己对对方的良好愿望、感谢。

2. 礼仪函电的特点

（1）礼仪函电的社会效应。礼仪函电一般都向社会公开，具有彰显对方、礼赞对方的功能。

（2）激励性。礼仪函电一般是因为对方有某些突出的功劳、业绩而致电或写信祝贺，有激励对方再接再厉、更上一层楼的作用。

（3）简短性。礼仪函电一般比较简短，直接表达对对方的祝贺、慰问和感谢。

（4）情感性。礼仪函电在语言表达上真挚可信、热情大方。

3. 礼仪函电的写法和注意事项

礼仪函电的各种文体总结起来，其内容一般都包括标题、称呼、正文、落款和日期几个部分。其标题可以是只有文体名称或者在文体名称前加上函电的对象。称呼可以是单位也可以是个人，在个人后面可以加上“同志”、“先生”等尊称，在单位和个人前一般不用敬语。正文由函电目的、对方事迹、再次强调与激励三部分构成，内容要切合实际、真诚热情、条理清晰。落款如果是个人则写上姓名，单位则写明单位全称，最后写上年月日。格式上礼仪函电标题要居中，称呼要另起一行顶格，正文首行空两格，落款日期写在右下方。

（四）个人事务礼仪文书

1. 请柬聘书

请柬是邀请他人参加某种会议、宴席、聚会活动的书面邀请书。采用请柬方式邀请显示举办者或主人的郑重态度。聘书是聘请有关人员担任本单位某一职务或任务所制发的一种应用文书。

请柬聘书内容不同，形式各有区别，但都基本上包括标题、称呼、正文、落款、时间几个部分。各部分格式可参照公文和函电格式。

2. 讣告悼词

讣告是报丧的传统文书，一般由死者家属或单位的治丧委员会通过张贴或传媒等方式将人死的消息和追悼的仪式告诉亲朋好友。悼词是在死者追悼会上表示对死者哀悼、敬意的讲话。讣告一般只说明死者的姓名、身份、逝世时间、地点、原因、终年寿命、葬礼举办时间、地点、联系方式、讣告发出者，内容比较简短。悼词要表示对死者的沉痛心情，并评价、介绍死者的生平事迹，对死者的逝去表示惋惜并勉励后人。悼词一般在追悼会上宣读。

3. 辞职信

辞职信是辞去原职位和工作的应用文体。辞职信内容包括标题、辞职单位名称、辞职理由和请求、致谢、署名、署时。

4. 请假条

请假条是请求准假不参加某项工作、学习、活动的文书。请假条内容包括标题、称谓、请假原因、请假起止时间、祝颂语、请假人签名、请假时间。

第二节　语言交谈礼仪

语言交谈礼仪是指人们交往时用口头语言交流思想、交流感情时的规范，主要表现在交谈的语音语调、词句使用、表达方式方法等方面。它是人们维护自身形象、沟通情感的重要保障。

交谈是一门艺术，它是一个人学识、品德、能力的综合体现。丰富的知识能愉悦人们的身心，我国古语有“腹有诗书气自华”的说法，可见学识可使交谈更富睿智。“大人者，大言也”，我们知道语言美是心灵美的语言表现，有善心才有善言，一个品德高尚的人说出来的话语也往往是高尚的。当然，只有学识、品德还不够，我们还应优化自己交谈时的个性心理特征，关注交谈对方的心理与感受，了解交谈的一些特点，增强自己的语言交谈交流能力。

交谈与其他人际交往方式相比，具有如下特点：一是直接同时。交谈时不管是当面还是电话沟通，二者都能直接及时表达自己的观点。这就决定了交谈过程具有不确定性。二是双向互动。交谈需要信息双方的传达与反馈，思想才能顺利地交流。三是声情并茂。交谈时，交谈者的声音态度直接决定了交谈的结果，优美的声音、良好的态度可以促进双方交谈的意愿，提高交谈的效率。

一、语言交谈的基本要求

语言交谈作为一门艺术，有许多规范和原则，需要人们用心研究。从总体上来说，语言交谈的基本要求有以下几条：

1. 态度诚恳亲切

说话时的态度是决定谈话成功与否的重要因素，因为谈话双方在谈话时都能知觉到对方的表情、神态，积极、真诚、亲切的态度在谈话时代表对对方的肯定，所以谈话时一定要给对方一个认真、和蔼、诚恳的感觉。在交谈中，要眼神交汇，面带真诚的微笑，微笑将增加感染力。

2. 措辞谦逊文雅

措辞的谦逊文雅体现在称呼和交谈用词两方面：在称呼上，对他人应多用敬语、敬辞，对自已则应多用谦语、谦辞。谦语和敬语是一个问题的两个方面，前者对内，后者对外，内谦外敬，礼仪自行。在交谈用词上，要多用雅词雅语，少用脏词脏话，多用褒义词，少用贬义词，多用肯定句，少用否定句。这些都是一个人平时素养的表现。

3. 语音优美柔和

在交谈时，语音不仅仅是词语信息的传递，同时还包含着交谈者的情感态度。语音的优美柔和包括语音语调语速几个方面。一般而言，在礼仪场合，口头交谈以柔言谈吐为宜。要做到谈吐优美柔和，首先应加强个人的思想修养和性格锻炼，同时还要注意在遣词用句、语气语调上的一些特殊要求。在语气语调上，要亲切柔和，诚恳友善，不要以教训人的口吻谈话或摆出盛气凌人的架势。

4. 姿态端正大方

交谈时除注意语言美、声音美之外，姿态美也很重要。首先要做到的是双方应互相正视、互相倾听，不要东张西望、左顾右盼。其次交谈过程中眼睛不应长时间地盯住对方的某一位置，让人感到不自在。另外交谈姿态不要懒散或面带倦容，哈欠连天，也不要做一些不必要的小动作，如玩指甲、弄衣角、搔脑勺、抠鼻孔等等。这些小动作显得委琐，不礼貌，也会使人感到你心不在焉，傲慢无礼。有人说，维纳斯千百年来一直葆有完美的形象，很大程度上是因为她从不开口说话，这同时说明了一个人交谈时外在形象是十分重要的。

二、语言交谈的影响因素

（一）交谈性质与环境

1. 社交

社交性质的交谈主要以交流、联络感情为主。在这种场合，交谈双方要积极地把握各种交谈交流的机会，寻找话题，谈话时要真诚热情。这种性质的谈话随意性比较大，天南海北只要能够和谐氛围，且为对方所接受，都可以谈。

2. 事务

事务性质的交谈以完成任务为核心。在进行这类交谈时，要做到用词专业、表意准确。当然，事情的完成也需要感情的铺垫，因此，在交谈之时适当的寒暄、问候是必不可少的。

3. 服务

服务性质的交谈以顾客满意、完成任务为主。服务用语的专业性主要表现在用词专业、态度热情、服务耐心、充满爱心、谦虚包容。

（二）交谈态度

交谈态度是指交谈时的举止表情，主要表现在积极与消极两个方面。积极的态度热情主动、欣赏他人，富有同情心、宽容心、包容心。消极的态度自我封闭、冷漠，缺少主动，对他人要求苛刻。在交谈时，态度是交谈者思想情感的表露，因此在交谈时表情丰富是很重要的。交谈双方积极的态度在交谈时往往能影响对方，激发对方的交往意愿。

（三）语音质量

1. 发音标准

语言是思想情感的载体，谈话者的发音直接决定了交谈的顺畅性。在交谈时，场合比较正式、有不熟悉的人参与时，要尽量使用普通话。发音标准主要表现在口齿清楚，嗓音字正腔圆、平实明朗，无太多的尾音，每个音节之间要有恰当的停顿。发音不标准会增加交流的难度。

2. 发音清晰

优美的发音会使人产生快感，声音质地的好坏直接决定了交谈的效果。口吃、大舌头是不会使人有好印象的，更无法产生美感。清晰优美的语音听来会如潺潺流水，迂回向前，生动活泼，给予人们清爽干脆的形象美。一般来说，优美的发音比较清纯干净，符合人的生理特征。如小孩和女性的声音由于发声部位在口腔前部所以一般细腻柔和，而成年男性的声音因多是嗓音而比较浑厚稳重。

3. 音量适中

音量是指声音的大小强度，声音高强度大会产生刺耳嘈杂的感觉，声音小强度低又不利于交往。交谈时音量的大小有两点基本要求：一要恰当、适度。二要顺畅、自然。在交谈时，说话要用多大音量，要看周围的环境和场合，一般要根据听者的远近，适当控制自己的音量，最好控制在对方听得见的限度内。在礼仪场合，要保持音量适中。

另外，优美的声音还表现在音量与音高、语调的和谐上。音高，就是声音的响度，即高和低，包括语调，即声音的升和降。音高可分为高音、中音、低音三种。高音比较高亢、明亮，中音比较丰满、结实，低音则比较低沉、宽厚。一般内容适于用中音，重要内容和强烈的情感适于用高音，而悲伤、惋惜、深思一类的内容更适于用低音。语调上情感强烈时用升调；内容由重到轻，情感沉重或舒缓时用降调。总之，在一般礼仪场合，音高、音量要适中，语调要求平稳自然。

4. 语速适中

语速是指说话速度，适中的语速有利于交谈双方的情感表达与信息传递。语速过快不利于自我控制，也不利于对方理解沟通，过慢又容易使人烦躁不安或萎靡消沉。

5. 口气谦和

语音的质量是与人的情感情绪联系在一起的。俗话说“言为心声”，在礼仪场合口气谦和表达了交谈者尊重对方、和谐相处的愿望。

总之，要使自己的声音具有吸引力、让人爱听，就要“包装”声音，塑造出声音的美。声音的优美既有先天的生理基础，也有后天的训练塑造。通过科学的训练可以达到理想的效果。

（四）交谈主题

主题是指在交谈时的主要话题、中心话题。在交谈时，正确的话题选择是十分重要的。经常说错话，讲错事，不但无法给予受众美的享受，还破坏了说话者在人们心目中应有的美好形象。

1. 适宜的主题

（1）双方既定的主题。谈话之前双方已事先约定认可的话题，所以一般目的明确、主题突出。如双方在工作上的合作、求人帮助、咨询意见以及某些沙龙聚会上的已经通知参与者的主题。

（2）健康时尚的主题。健康的主题是指有利于人们身体健康和心理健康的主题。如饮食、体育赛事、保健、文艺、学习等主题。时尚的主题是指紧跟社会生活与时代节奏的主题。如旅游、影视、形象保养以及目前社会上正热议的话题。

（3）共同关注的主题。这类话题是指由于交谈双方性格爱好及周边环境等方面的原因，二者共同关注的话题，当然也包括社会普遍关注的话题。如体育、休闲、娱乐、旅游等以及世界和我国关注的大事，如十七大、经济、伊朗核问题、国际油价等。

2. 忌谈的主题

（1）对方禁忌的主题。这些主题主要包括个人的隐私、对方的缺陷、容易刺激对方的话题。个人的隐私主要有个人尤其是女士的年龄、婚姻、收入、住址、经历、工作、信仰，这些话题有干涉他人生活之嫌。对方缺陷指对方生理及工作、学习等方面不及常人的地方。容易刺激对方的话题是指我们已经了解的、由于对方某些不幸的经历而不愿提及和回避的话题。

（2）非议捉弄的主题。谈论这类主题的人喜欢品评、打击、贬低别人，以别人的痛苦为自己最大的快乐。这些人对别人要求苛刻、尖酸刻薄、传播闲言碎语、制造是非、非议不在场的人士，有些人以调侃对方、挖苦别人、让对方出丑为乐。“来说是非事，必是是非人”，谈论这种话题，其实也是对自己人格的一种贬低。

（3）消极庸俗的主题。消极庸俗的主题主要是指一些令人恐怖、不符合国家法律规范、违背社会伦理道德、生活堕落的话题。这些话题直接影响到人的身心健康。如凶杀、疾病、黄赌毒、庸俗价值观、诋毁国家和人民的话题。

（五）交谈的方式与技巧

1. 寒暄

寒暄是指嘘寒问暖的意思。在宾主见面时多利用谈天气冷暖之类的应酬话引入正题，交流感情、和谐氛围。寒暄的方式主要有如下几种：

（1）问候式。如：“近来可好啊？”“吃饭了没？”等等。

（2）赞扬式。如：“你和小吕真善良！”“你学习真努力！”等等。

（3）言他式。如：“听说学校要建体育馆了。”

（4）触景生情式。如：“你今天真漂亮啊。”

在日常生活中，寒暄可以是以上几种方式的综合运用。

在寒暄时，要有积极的思想准备，精力集中，表情丰富，要坦率、真诚、热情。在方式方法上，要善于选择话题，要注意场合、讲究方式。一般情况下，晚辈先向长辈问候，同辈之间先说话、问候的一方表示对对方的尊重和热情，与同辈交往，以亲和随便为宜，不可故弄玄虚、拿腔作势。

2. 赞美

赞美是人们最渴望的高级需要之一，在我们的生活中，人人需要赞美，人人喜欢赞美。在交谈时，赞美是对交谈者的一种欣赏、一种肯定。赞美是理智与情感融合而达到峰巅的一种表达形式，恰如其分的赞美能够促使对方更加完美、加深双方友谊。心理学家曾做过实验：首先让两组小孩长跑消耗体能，然后，一组小孩被批评，另一组受表扬，结果检验体能时，发现受批评的那组小孩像泄了气的皮球，更没力了，而受表扬的那组小孩全都兴奋得小脸红通通的，体能迅速恢复。

赞美他人要遵循以下原则：

（1）真诚。赞美他人要发自内心，表达自己的良好愿望，感情真挚。一般来说，直接赞美要比间接赞美效果要好。

（2）实际。赞美要切合个人实际情况，实事求是，具有针对性，明确具体，不可无限拔高。

（3）自然。赞美是感情的一种自然流露，情到真处自感人。赞美要选准时机，赞美要注意场合。

另外有些时候，我们自认为是在赞美欣赏对方，但发现对方似乎不太领情，甚至还遭到质询。出现这种情况的原因主要有以下几点：一是不了解对方喜好，错把对方忌讳当优点。二是在赞美别人时不忘批评打击。三是功利性太明显，表达不自然。四是赞美吝啬，不够大方。五是吹嘘太严重，脱离实际。

总之，赞美之于人心，犹如阳光之于万物。要想使别人欣然接受我们的赞美，我们还得学会赞美，要有一双美的眼睛，善于发现别人的优点。要乐于赞美、勤于赞美、善于赞美。

3. 倾听

一位心理学家曾说："以同情和理解的心情倾听别人的谈话，是维系人际关系、保持友谊的最有效的方法。"可见，说是一门艺术，而倾听更是艺术中的艺术。倾听是一个对对方发出的信息接受、理解的主动过程。在交谈过程中认真倾听，是对他人的一种恭敬、一种尊重、一份理解、一份虔诚，是对友人最宝贵的馈赠。

要真正做到的是"倾听"而不是仅仅在"听"，就要求人们作出一定的努力。有心理学家指出："积极倾听的人把自己的全部精力——包括具体的知觉、态度、信仰、感情以及直觉——都或多或少地加入到倾听的活动中去，消极地听，则仅仅把自己当作一个接受声音的机器，既不加入任何个人的感觉或印象，也不产生什么好奇心。"善于倾听主要表现在以下几个方面：

（1）注意力集中。交谈时能够耐心专心听讲，并有目光交流，不要做与交谈无关的动作。

（2）理解力强。能体会对方的话语含义，听出对方言语中的话中之话，把握说话者的真实意图。

（3）态度积极。交谈时能积极地看待理解对方的话语。

（4）善于沟通。交谈时能换位思考，善于共情；能对对方的表达适时回应、及时反馈。

在倾听时要避免出现以下问题：

（1）不耐烦的举动：如看表、修指甲、打哈欠。

（2）中途打断对方，随便岔开对方话题，要让对方把话说完。

（3）以自我为中心，先入为主，对谈话对方抱个人偏见。

4. 谦虚

谦虚是我国优良的传统美德，毛泽东同志说："虚心使人进步，骄傲使人落后。"谦虚可以使我们学到更多的知识，使交往双方和睦相处。牛顿是个十分谦虚的人，从不自高自大。曾经有人问他："你获得成功的秘诀是什么？"牛顿回答说："假如我有一点微小成就的话，没有其他秘诀，唯有勤奋而已。"他又说："假如我看得远些，那是因为我站在巨人们的肩上。"我国古代赵国蔺相如主动给廉颇让道，引出了负荆请罪、将相和的故事，使赵国强盛了几十年。在交谈中，保持谦虚的方法主要有：

（1）转移对象。当对方赞美我们时，我们可以把荣誉与集体和同事共享。如球队获胜了，得到赞美时，我们说是整个球队努力的结果。

（2）相对肯定。这类谦虚往往包含深刻的哲理，告诉人们成功的艰辛，对人有启示作用。如在一次谈话中，有人盛赞鲁迅先生的才华，鲁迅说："哪里有什么天才，我只是把别人喝咖啡的时间都用在工作上了。"

（3）相对自轻。在谈话中这类谦虚可以通过对比，看出自己的不足，在谦虚的同时，也表明了自己积极向上的乐观精神。如当郭沫若看到鲁迅自比为"孺子牛"，感叹说："鲁迅先生愿意做一匹牛，我愿意做这匹牛的牛尾巴。"茅盾听说郭沫若谦虚地自比为牛尾，就说："那我就做牛尾上的毛吧。"

（4）征求批评。交谈中这类谦虚绝不是虚伪做作，表明了交谈者追求完美的精神。如在出色完成工作后，对自己在工作中的某些瑕疵和缺陷征求意见和批评。

（5）巧改词语。在对方赞美自己时，这类谦虚可以通过一些语言词句的改变来表达自己的虚心谦让。如有人在别人赞赏自己"治学"严谨时，将"治学"改为"自学"来以示谦虚。

在生活中我们经常可以遇到这样一些人，他们好为人师，摆出一副"万事通"的面孔，总喜欢指出别人这儿那儿做得不好。其实他们之所以这样，就是唯恐被人轻视，他们炫耀的目的就是要提高自己的地位。可是这样做的结果只能使他们捉襟见肘，遭人厌恶。道理很简单，你总认为别人没有办好事情的能力，别人也不会把你的能力放在眼里。没有人喜欢被贬低。

谦虚是谦让、平等的表现，是礼貌的重要内涵。孔子云："三人行，必有我师焉。"在交谈交往中，谦虚的态度可以使我们更加自信。

5. 幽默

幽默是人际交往的润滑剂，能使我们的生活充满阳光。幽默能使人豁达乐观，使人成功幸福。爱迪生说："如果你想征服这个世界，就必须使这个世界更有趣！"幽默是指诙谐有趣而意味深长。幽默体现了一个人的智慧与乐观。在交谈中，幽默可以活跃交谈的氛围，可以使自己脱离尴尬的处境。幽默的交谈方式主要有以下几点：

（1）自嘲。这是一种使用最多、最保险的幽默方式，它可以使自己适时地脱离窘境。钱钟书先生说："真正的幽默是反躬自笑的，它不但对于人生是幽默的看法，对幽默本身也是幽默的看法。"

（2）夸大。这种幽默是指通过无限地扩大和缩小事物的状态，使人们发现其中的荒谬性，得到娱乐的目的。如世界幽默大师萧伯纳。

（3）误会。这种幽默是指通过语言的对比、双关、歧义和文化上的不同，达到心理顿悟、哑然失笑的效果。如"方便"。

（4）转折。这种幽默主要通过逻辑上的先顺后逆、先逆后顺引出一些意想不到的结果来达到娱乐的目的。如对“儿子”的理解。

在日常交往交谈中使用幽默我们要注意以下几点：

（1）交谈中的幽默是建立在互动的基础上的，必须以对方的语言为基础。

（2）内容必须乐观健康。

（3）少开他人玩笑，多自嘲。

6. 其他

（1）拒绝。拒绝是我们每个人都不愿遇到的，但生活中许多时候由于种种原因我们不得不拒绝他人。拒绝他人我们一般要做到以下几点：一是对不合理、无法完成的要勇于拒绝。二是充分理解对方，先表同情，后拒绝。三是对无法直接拒绝的，可以采取诱导对方自我否定、拖延、推托的方法。

（2）说服。在交谈中要说服对方，我们首先必须了解事情原委和对方立场，知己知彼。其次为对方着想，承认对方“情有可原”，让对方接受自己。三是分析事物的两个方面，强调有利于对方的建议。

（六）语言交谈中的常见问题

在日常的语言交谈中，造成语言交流不顺畅、效率低下的原因主要有以下四个方面：

1. 内容不当

主要有话题低级不健康，主题不明确、不简洁、啰嗦，喜欢东拉西扯。

2. 用词不当

脏词脏话多，贬义词多，爱起绰号，喜用不文明口头禅。

3. 方式不当

喜欢随意插话、狂妄自大、自吹自擂；喜争辩，不懂笑话分寸；说话时要么一言不发，要么喋喋不休；无事不晓、逢人诉苦。

4. 动机不当

主要表现在说话尖酸刻薄、揭人隐私、飞短流长、传谣，爱使别人为难。

三、电话通联礼仪

当今社会，随着科学技术的发展和人们生活水平的提高，电话的普及率越来越高，电话交流已成为日常生活的重要组成部分。来自信息产业部的统计显示，截至今年6月，全国电话用户数超过8.6亿户，其中固定电话用户达37 220.6万户，手机用户达49 459.6万户。在人际交往和商务工作中电话扮演着越来越重要的角色，电话礼仪不仅仅反映我们的情绪、修养、礼貌礼节，同时也代表了所在单位的形象。平常打电话看起来很容易、很简单，其实不然，打电话大有讲究，可以说打电话是一门学问、一门艺术。电话语言礼仪是指在使用电话和手机方面的礼仪，包括打接电话的礼仪和手机使用礼仪。

（一）打电话

使用电话时，拨通对方电话的一方叫发话人，也叫发话方；接听电话的一方叫接话人，也叫接话方。在电话交流过程中，发话方通常处于主动、支配的地位，控制通话的主题、时间。在使用电话交流时，发话方要注意通话时机、通话长度、通话言谈举止三个方面的问题。

1. 通话时机

通话时机的选择有三条原则：一是在双方约定的时间通话；二是根据通话的性质确定通话的时间；三是在对方方便的时间通话。

一般而言，公务性质的通话在对方上班时间打过去比较适宜，具体时机上选择避开对方业务繁忙、通话高峰、生理心理疲倦时间效果会更好。私人电话一般要了解对方的活动规律，在对方方便的时候打过去。

2. 通话长度

通话时间的长度上主要考虑通话内容的多少和通话的性质两个因素。公务性质的谈话要宁短勿长，开始时可以有个简短的寒暄，谈完正题后就应及时停止。因为通话太长会影响对方的工作，让人抓不住主题，不知所云。私人性质的以联系感情为主的通话，可以根据话题的多少时间适当有所延长。一般而言，通话时间控制在三分钟内是比较合适的。至于通话的终止一般取决于发话的一方或者是地位较高的一方。如果电话突然中断，要由发话人重拨。

3. 通话言谈举止

发话人通话时虽然不直接面对接听电话者，但其言谈举止、一颦一笑对方都能真实地感受到。发话人的言谈举止礼仪主要表现在通话的内涵实质和外在形象两个方面。

（1）语言内容简练文明。要通话之前对通话内容要事先准备、拟好提纲，最好事前列一个清单，写明对方的姓名、电话、事情要点。通话时内容上要做到简明扼要，不要啰啰嗦嗦，一开始要表明身份，不要让对方猜谜语作弄人。语言要文明，要注意语音语调，要使用敬语、谦语，要记得问候别人。打错电话要及时向对方道歉。

（2）态度举止大方自然。在通话时，通话者要注意态度上积极热情、面带微笑；遇到困难或不顺心的事要懂得控制自己的情绪，不能粗暴无礼、怒言相向；遇到要道歉时要真诚主动。在举止上要求通话时要手持电话、轻拿轻放、身体少移动，要避免以笔代手拨号、头夹电话、边走边谈、头脚倒悬等举止。在打电话时不要同时和周边同事谈笑。

（二）接电话

电话交谈是一个互动的过程，和谐顺畅的沟通需要受话方文明谦雅的应对。

1. 接听及时

受话人要及时接通电话，电话铃响时受话方应停止手中的事情，如有客人在场，应向客人致歉并马上拿起电话回应。在电话礼仪中有“铃响不过三”的原则，即接听方必须在铃响三声之内拿起话筒回应对方，否则应在通话时表示歉意。接听及时表示对对方的尊重与重视，试想如果自己给对方电话而半天不见对方接听心情定然好不到哪里去。一般情况下，铃响第二声接听比较合适，刚响就接听往往会让发话人感觉突兀，一时反应不上来，过长则有摆架子的嫌疑。

2. 应对谦和

拿起电话时，一般情况下我们要向对方问好并自报家门，如果我们知道对方的姓名，应该亲切地称呼对方，以示友善。在交谈时我们要注意身体姿势以保证声音清晰，最好左手持听筒，右手准备好记事本进行记录，不可有其他多余的动作或与同事谈笑。谈话时要对对方的话语给予及时的回应，对一时无法满足的要求要真诚地解释并提出解决的时间或者方法，对现在不方便详谈的可以与对方另约时间。谈话时如果有其他人在场，谈话声音应尽量控制不要影响到他人。

另外，如果是寻找同事的电话，我们应该及时地接转或告知同事。如果对方找的人未在办公室或不在座位，可用以下方式处理：

（1）告知对方要找的人不在，可以稍后打过来。

（2）询问对方是否有急事，是否需要转告或留言。

（3）如果是打给领导的电话，要问清对方身份及事由再作决定。

另外，人们为了事务的需要，有时会使用录音电话，在使用录音电话时，有两条规则需要注意：一是要有恰当的留言。单位电话留言要有问候、机主单位、姓名、致歉语、请求语、道别语。私人电话一般不报姓名。二是要及时回话，不能一拖再拖、置之不理。

（三）移动通讯礼仪

移动通讯礼仪是指在使用手机、小灵通、寻呼机等通讯工具时的礼仪，是一种时尚的礼仪，与一般的电话礼仪规范大同小异。在使用移动通讯工具时，我们应注意以下几点：

1. 佩带规范

手机的佩放位置主要有三个方式：一是放在公文包内。二是放在上衣里面的口袋内。三是别于腰间。三种方式，以前两种方式为雅，因为我国有“女人看头，男人看腰”的说法，对于有一定身份的人士，腰间一般不宜有他物。

2. 使用规范

手机的使用规范主要表现在方便他人联系和遵守公共秩序两个方面。在方便他人联系方面主要表现在：一是手机要常带身上，不要手机当固定电话，经常找不到人。二是未接听到的电话和短信要及时回复。三是自己手机号码更改后要及时通知对方。四是在通常情况下，要确保手机通话的正常状态。

手机在公共场合使用是不可避免的，但要遵守公共秩序。手机在公共场合使用时，要做到以下几点：一是在公共场合接听时要尽量避免影响他人，要小声或到无人处接听。二是在会议、上课、音乐厅等需要安静的场合里，要关掉手机或使手机处于静音状态。三是不允许在上班时间因私使用手机，给人不好印象。四是在驾驶汽车、乘坐飞机时不要使用手机，以免造成安全隐患。

3. 短信礼仪

短信礼仪是指使用手机、寻呼机发送短信的礼仪。发送短信时应注意以下几点：

（1）发短信一定要署名。有些人发短信不署名，让收到短信的一方颇费思量，伤透脑筋。短信署名可以使对方了解是谁对其发出的良好祝愿与问候。

（2）要掌握好发短信的时机。一般来说，节日祝福要提前发送；要提醒对方、事情比较简单、纯粹问候性质的可以用短信联系；对有些不便电话直谈或怕影响他人工作休息的可先短信预约。

（3）祝福类的短信不必来回过多。现在每逢节日，人们都会发短信祝福。我们接到对方短信回复后，一般就不用再发致谢之类的短信，因为对方一看，又得回过来。就祝福短信来说，一来一往足矣，二来二往就多了，三来三往就成了繁文缛节。

（4）上班工作学习时间不可发送短信。这些不仅影响自己的工作学习，而且干扰了对方，于己于人都有害无益。

【本章小结】

语言是人们沟通最直接的方式。在社交生活中，人们大多通过书面语言、口头语言及电话等形式进行交流，因此，书面语言礼仪、口头语言礼仪及电话礼仪构成了语言交际礼仪的主要内容。书面语言礼仪强调书信的书写规范、公文书写规范。口头语言礼仪主要从交谈的基本要求、口头交谈的主要影响因素、交谈的方式与技巧及交谈的常见问题等几个方面进行概括。电话礼仪对电话、手机通话及短信等现代语言交际应遵循的礼仪进行介绍，可以使人们在语言沟通中少走弯路，避免尴尬。

实操训练

1. 两人就下周的聚会模拟电话交流，同时用录音机录下自己的声音，事后放来听一听，谈谈你对你的语速、语音、语调及交谈内容是否满意。

2. 奇异的"早上好"

试做如下动作：

（1）绷紧脸紧皱眉头，眉毛拧在一起紧眯双眼，只露一条缝。现在说"早上好"，保持这个姿势，再说一遍“早上好”。

（2）不活动面部肌肉。除了嘴唇之外，任何部位都不要动，再说一遍“早上好”。

（3）放松的表情。眉毛上扬，双眼圆睁、发亮，然后说“早上好”。让同学们谈谈对上面三种方式的感受。

复习思考题

1. 我国书信的注意内容有哪几个部分？分别有什么要求？
2. 什么是公文？公文主要有哪些种类？
3. 语言交谈礼仪的基本要求是什么？
4. 赞美要遵循什么原则？常见的问题有哪些？
5. 什么是幽默？常见的幽默方式有哪些？
6. 打电话时的通话时机与长度应如何控制？
7. 发送短信应注意哪些问题？

第五章　餐饮礼仪

【学习目标】

- 了解宴请的基本礼仪，明确对宴请者、赴宴者的基本要求
- 对酒水的礼仪标准有一定的认识
- 掌握中餐与西餐的用餐特点，包括座次、上菜程序以及各类餐具的基本使用方法

引入案例

可怕的自助餐

小王是一家国际知名的大公司的职员，可近来一直为一件事而惭愧不已。原来起因是前不久公司的一次自助餐会，公司领导为了欢迎小王等新加入的员工，决定星期六晚上在当地一家酒店举行一个自助餐会。

餐会当日，小王认真修饰打扮了一番，准时赴宴。首先，大家在餐厅里拿着饮料边饮边聊，氛围欢畅。七点一到，公司领导首先致欢迎词，并宣布餐会开始。小王也学同事拿了一个餐盘就去取菜。取菜时，小王心想自己饭量大，于是就拿了一个最大的盘子，盛了满满的一盘。可是在回到座位的路上，小王发现服务员、同事还有公司的领导都用一种奇怪的表情看着自己，弄得自己一头雾水。事后，小王向同事打听，才知道原来是自己盘中盛得太多的缘故。吃自助餐时切忌一次盛得太多，饭量大时可以每次取少量，分多次盛取。

分析提示

这个案例告知我们，对于不同的餐会有不同的用餐形式。遵守餐厅用餐礼仪能够维护自己的良好形象。在应邀参加一些重要的宴会时，应首先了解一些基本的用餐礼仪。在具体用餐时，如果对某些用餐礼仪不了解时，可以模仿同事，也可以直接向服务人员或关系亲密的人请教。

第一节　宴请礼仪

一、宴请者的礼仪

（一）宴请的形式

宴请是迎送往来的一项重要礼仪，大至国宴，小至私人宴请，生活中每个人都有当主人和做客的经历。在现代社会，随着商业和市场经济的繁荣，私人交往和公务交往都很普遍和频繁，而宴请又是其中一个极重要的形式。可以说，每个成功的人士都是这方面的佼佼者。因此，在社会交往和现实生活中，通晓宴请礼仪，能够在交往应酬中维护自己的良好形象，提高社会交往的能力。按接待规格及服务形式，宴请一般可以分成以下几类：

1. 宴会

宴会，指以设宴招待为形式的一种应酬礼仪，其对宾主的座位和就座次序都有一定的安排和规范，是一种最高的用餐和服务形式。宴会是正餐，出席者按主人安排的席位入座进餐，由服务员按专门设计的菜单依次上菜。按其规格又有国宴、正式宴会、便宴、家宴之分。

（1）国宴。国宴是国家元首或政府首脑欢迎外国元首、政府首脑来访或庆祝重要节日而举办的宴会。按规定，举行国宴的宴会厅内应悬挂两国国旗，安排乐队演奏两国国歌及席间乐，席间主、宾双方有致词、祝酒，菜单和席卡上印有国徽。国宴的规格最高，盛大隆重，礼仪严格。

（2）正式宴会。这种形式的宴会一般要求主办方事先筹划，发放请柬，规格不如国宴隆重正式。正式宴会在安排时要求预先确定参与人员，严格座次，对场地也有严格的限制，在餐桌上应有菜单备客人查阅，对餐具、酒水、菜肴的道数及上菜程序都有严格规定。

（3）便宴。这是一种非正式宴会，一般随意性较大，常见的有午宴、晚宴，有时也有早宴。其最大特点是简便、灵活，可不排席位、不作正式讲话，菜肴也可丰可俭。便宴较随便、亲切，宜用于日常友好交往。有时还可以自助餐形式，自由取餐，可以自由行动。

（4）家宴。即在家中设便宴招待客人。便宴和家宴在我国也称为筵席，其形式简单，重在氛围亲切友好，规范较少。家宴往往由主妇亲自下厨烹调，家人共同招待。

2. 招待会

招待会是指一些不备正餐的宴请形式，其形式可大可小，内容与形式都比较丰富。招待会较常见的形式有：

（1）冷餐会。亦称自助餐。此种宴请形式的特点是不排席位，菜肴主要是冷菜、酒水、点心、水果，也可冷、热兼备，连同餐具一起陈设在餐桌上，供客人自取。客人可多次进食，可坐可立，自由活动，边谈边用。冷餐会的地点可在室内，也可在室外花园里。这种形式适宜于招待人数众多的宾客。我国举行大型冷餐招待会，往往用大圆桌，设坐椅，主桌安排座位，其余各席并不固定座位。食品和饮料均事先放置于桌上，招待会开始后，自行进餐。近年来国际上举办大型活动广泛采用酒会形式招待。自1980年起我国国庆招待会也改用酒会这种形式。

（2）酒会。形式活泼，便于广泛交谈接触，按用餐前后可分为餐前酒会和餐后酒会，餐前酒会即鸡尾酒会。招待品以酒水为主，略备小吃，不备正餐，不设坐椅，仅置小桌或茶椅，以便客人随意走动。酒会举行的时间亦较灵活，中午、下午、晚上均可，西方一般伴有舞会。请柬上一般注明酒会起止时间，客人可在此间任何时候入席、退席，来去自由，不受约束。鸡尾酒是用多种酒配成的混合饮料，酒会上不一定都用鸡尾酒。通常鸡尾酒会备置多种酒品、果料，但不用或少用烈性酒。饮料和食品由服务员托盘端送，亦有部分放置桌上。

3. 茶会

茶会是一种具有联络老朋友、结交新朋友的具有联络感情和进行招待性质的社交性集会，亦称茶话会，多为人民团体举行纪念和庆祝活动所采用。茶话会席间一般只摆放茶点、水果和一些风味小吃。它一般在早、午茶时间（上午十时、下午四时左右）举行，地点常设在客厅，宾主共聚一堂，饮茶尝点，漫话细叙，形式比较随便自由。有时席间还安排一些短小的文艺节目助兴，使气氛更加喜庆、热烈。

茶话会顾名思义就是边饮茶边谈话，其重点往往不在“茶”，而在于“话”。茶话会按其主题大致可分为如下三类：一是以联谊为主题；二是以娱乐为主题；三是以专题为主题。

4. 工作进餐

这是又一种非正式宴请形式，亦称工作餐。按用餐时间分为工作早餐、工作午餐、工作晚餐，主客双方可利用进餐时间，边吃边谈问题。我国现在也开始广泛使用这种形式于外事工作中。它的用餐多以快餐分食的形式，既简便、快速，又符合卫生。此类活动一般不请配偶，因它多与工作有关。双边工作进餐往往以长桌安排席位，其座位与会谈桌座位排列相仿，便于主宾双方交谈、磋商。

（二）宴请的目的、对象与范围

1. 宴请的目的

宴请的目的多种多样，可以是为某一个人，也可以为某一事件。一般而言，宴请的目的主要有欢迎、欢送、答谢贵宾，以及纪念、庆贺成功、节庆聚会、工作交流、会议举办等等。

2. 宴请的对象与范围

宴请的对象首先要确定参与的主人与主宾身份，其次要确定其他参会陪同的人员。对双方主要参与人员要求身份对等，身份低使人感到冷淡，规格过高亦无必要。其他参会人员要遵循“适、少、和、偶”的原则。即邀请适当的与宴请主题相关的人员，邀请要节约，不可铺张浪费；邀请参会的人员要和谐融洽，以偶数人次为佳。如外国使馆宴请驻在国部长级以上官员，一般由大使（临时代办）出面邀请，低级官员请对方高级人士，就不礼貌。通常如请主宾偕夫人出席，主人若已婚，一般以夫妇名义发出邀请。我国大型正式活动以一人名义发出邀请。日常交往小型宴请则根据具体情况以个人名义或以夫妇名义出面邀请。

（三）宴请的时间与地点安排

1. 宴请的时间

宴请的时间确定应对主、客双方都合适，同时要与所确定的宴请形式协调。主人确定宴会时间，一般不选择在重大节日、假日，也不安排在双方禁忌日。选择宴会日期，要与主宾进行商定，然后再发邀请。例如，对信奉基督教的人士不要选十三号，更不要选十三号星期五。伊斯兰教在斋月内白天禁食，宴请宜在日落后举行。

2. 宴请地点的选择

官方正式隆重的活动，一般安排在政府、议会大厦或宾馆内举行，其余则按活动性质、规模大小、形式、主人意愿及实际可能而定。举行小型正式宴会，在可能条件下，宴会厅外另设休息厅（又称等候厅），供宴会前简短交谈用，待主宾到达后一起进宴会厅入席。

（四）宴请邀请及菜单安排

1. 邀请

正式宴请活动要向客人发放请柬，这既是礼貌重视之举，也可对客人起提醒、确认、备忘之用。便宴经约妥后，可发亦可不发请柬。工作进餐一般不发请柬。有些国家，邀请最高领导人作为主宾参加活动，需单独发邀请信，其他宾客发请柬。

请柬内容应包括：活动的主题、宴请形式、时间、地点、主人落款。请柬要书写清晰美观，打印要精美。请柬行文被邀请人姓名应手写，主人姓名放在落款处，行文不用标点符号，所提到的人名、单位名、节日名称都应用全称。请柬一般应提前两周发出（有的地方须提前一个月），以便被邀请人及早安排。

请柬信封上被邀请人姓名、职务书写要准确。国际上习惯对夫妇两人发一张请柬，我国遇需凭请柬入场的场合每人一张。正式宴会，最好能在发请柬之前排好席次，并在信封下角注上席次号（Table No.）。请柬发出后，应及时落实出席情况，准确记载，以安排并调整席位。如需被邀者答复能否出席，西方请柬上一般用法文缩写注上 R. S. V. P.（请答复）字样，如只需不出席者答复，则可注上 Regrets only（因故不能出席请答复），并注明电话号码。也可以在请柬发出后，用电话询问能否出席。

2. 菜单安排

宴请的酒菜要根据活动形式和规格，在规定的预算标准内提前以菜单的形式确定。菜单菜品的确定主要考虑以下四个因素：一是要符合规格身份、宴会范围。二是菜品要精致可口、赏心悦目、特色突出。三是菜品要注意冷热、甜咸、色香味搭配。四是要尊重客人饮食习惯、禁忌。例如，伊斯兰教徒不吃猪肉，印度教徒不能用牛肉，佛教僧侣和一些教徒吃素，也有因身体原因不能吃某种食品的。大型宴请，则应照顾到各个方面。菜肴道数和分量都要适宜，不要简单地认为海味是名贵菜而泛用，其实不少外国人并不喜欢，特别是海参。在地方上，宜用有地方特色的食品招待，用本地产的名酒。无论哪一种宴请，事先均应开列菜单，并征求主管负责人的同意。正式宴会每桌至少印制一份菜单，讲究的也可每人一份。

（五）宴请过程安排

1. 准备工作

工作人员应提前到现场检查准备工作。如是宴会，事先将座位卡及菜单摆上。座位卡置于酒杯或平摆于餐具上方，勿置于餐盘内。菜单一般放在餐具右侧。

如为大型宴会，席位的通知，除请柬上注明外，现场还可作以下安排：

（1）在宴会厅前陈列宴会简图，图上注明每人的位置；

（2）用卡片写上出席者姓名和席次，发给本人；

（3）印出全场席位示意图，标出出席者姓名和席次，发给本人；

（4）印出全场席位图，包括全体出席者位置，每人发给一张。

这些做法各有特点，人多的宴会宜采用后者，便于通知。各种通知卡片，可利用客人在休息厅时分发。

2. 迎宾

主人一般在门口迎接客人。官方活动，除男女主人外，还有少数其他主要官员陪同主人排列成行迎宾，通常称为迎宾线。其位置宜在客人进门存衣以后进入休息厅之前。客人握手后，由工作人员引进休息厅。如无休息厅则直接进入宴会厅，但不入座。

休息厅内有相应身份的人员照料客人。由招待员送饮料。

主宾到达后，由主人陪同进入休息厅与其他客人见面。如其他客人尚未到齐，由迎宾线上其他人员代表主人在门口迎接。

3. 入座

主人陪同主宾进入宴会厅，全体客人就座，宴会即开始。如休息厅较小，或宴会规模大，也可以请主桌以外的客人先入座，贵宾席最后入座。

4. 发言

一般正式宴会可在热菜之后甜食之前由主人讲话，接着由客人讲。也有一入席双方即讲话的。冷餐会和酒会讲话时间则更灵活。

5. 结束送客

吃完水果，主人与主宾起立，宴会即告结束。

主宾告辞，主人送至门口，主宾离去后，原迎宾人员顺序排列，与其他客人握别。

家庭便宴则较随便，没有迎宾线。客人到达，主人主动趋前握手。如主人正与其他客人周旋，未发觉客人到来，则客人应前去握手问好。饭后如无余兴，即可陆续告辞。通常男宾先与男主人告别，女宾与女主人告别，然后交叉，再与家庭其他成员握别。

西餐的日常宴请女主人为第一主人，往往以她的行动为准。入席时女主人先坐下，并由女主人招呼客人开始就餐。餐毕，女主人起立，邀请全体女宾与之共同退出宴会厅，然后男宾起立，尾随进入休息厅或留下抽烟（吃饭过程中一般是不能抽烟的）。男女宾客在休息厅会齐，即上茶（咖啡）。

二、赴宴者礼仪

1. 应邀

接到宴会邀请（无论是请柬或邀请信），能否出席要尽早答复对方，以便主人安排。一般来说，西方请柬对注有 R. S. V. P.（请答复）字样的，无论出席与否，均应迅速答复。注有“Regrets only”（不能出席请复）字样的，则不能出席时才回复，但也应及时回复。经口头约妥再发来的请柬，上面一般注有“To remind”（备忘）字样，只起提醒作用，可不必答复。答复对方，可打电话或复以便函。

在接受邀请之后，不要随意更改。万一遇到不得已的特殊情况不能出席，尤其是主宾，应尽早向主人解释、道歉，甚至亲自登门表示歉意。

应邀出席一项活动之前，要核实宴请的主人，活动举办的时间地点，是否邀请了配偶，以及主人对服装的要求。活动多时尤应注意，以免走错地方，或主人未请配偶却双双出席。

2. 准时

掌握出席时间出席宴请活动，抵达时间迟早，逗留时间长短，在一定程度上反映对主人的尊重。应根据活动的性质和当地的习惯掌握。迟到、早退、逗留时间过短被视为失礼或有意冷落。身份高者可略晚到达，一般客人宜略早到达，出席宴会，根据各地习惯，正点或晚一两分钟抵达；在我国则正点或提前两、三分钟或按主人的要求到达。出席酒会，可在请柬上注明的时间内到达。

3. 形象

出席宴会前，要做简单的梳洗打扮，女士要淡淡地修饰一下，显出秀丽高雅的气质。男士也要把头发和胡须整理和刮洗干净，穿上一套整洁大方、适合身份的衣服，容光焕发地赴宴。在社交场合，无论天气如何炎热，不能当众解开纽扣脱下衣服。小型便宴，如主人请客人宽衣，男宾可脱下外衣搭在椅背上。

4. 就餐

入座后，主人招呼，即开始进餐。取菜时，不要盛得过多。盘中食物吃完后，如不够，可以再取。如由招待员分菜，需增添时，待招待员送上时再取。如果本人不能吃或不爱吃的菜肴，当招待员上菜或主人夹菜时，不要拒绝，可取少量放在盘内，并表示“谢谢，够了”。对不合口味的菜，勿显露出难堪的表情。

5. 祝酒

作为客人参加宴请，应了解对方祝酒习惯，即为何人祝酒、何时祝酒等等，以便做必要的准备。碰杯时，主人和主宾起立先碰，人多可同时举杯示意，不一定碰杯。祝酒时注意不要交叉碰杯。在主人和主宾致辞、祝酒时，应暂停进餐，停止交谈，注意倾听，也不要借此机会抽烟。奏国歌时应肃立。主人和主宾讲完话与贵宾席人员碰杯后，往往到其他各桌敬酒，遇此情况应起立举杯。碰杯时，要目视对方致意。

宴会上相互敬酒表示友好，活跃气氛，但切记喝酒过量。喝酒过量容易失言，甚至失态，因此必须控制在本人酒量的三分之一以内。

6. 辞行

主宾退席后再陆续告辞。确实有事需提前退席，应向主人说明后悄悄离去。也可事前打招呼，届时离席。

7. 致谢

有时在出席私人宴请活动之后，往往致以便函或名片表示感谢。

三、酒水礼仪

酒水是各种宴请活动中的重要内容。中国古语有“无酒不成席”的说法，在各种聚会中，酒水的使用与安排均有其相应的礼仪要求，因此，人们在宴请活动中只有充分了解酒水的常识及饮用礼仪，才能更好地发挥酒水的作用。

（一）酒的分类与饮用

1. 酒水的分类

（1）以酒的生产方法分类。酒的生产方法通常有三种：发酵、蒸馏、配制。生产出来的酒也称为发酵酒、蒸馏酒和配制酒。

发酵酒是指用制造原料（通常是谷物与水果汁）直接放入容器中加入酵母发酵而酿制成的酒液，饭店里常用的发酵酒有葡萄酒、啤酒、水果酒、黄酒、米酒等。

蒸馏酒是将经过发酵的原料（发酵酒）加以蒸馏提纯，获得的含有较高度数酒精的液体。通常可经过一次二次甚至多次蒸馏，便能取得高质量的酒液。饭店里常用的蒸馏酒有金酒、威士忌、白兰地、朗姆酒、伏特加、德基拉和中国的白酒，如茅台酒、五粮液等。

配制酒是以发酵酒、蒸馏酒或食用酒精为酒基，加入可食用的花、果、动植物或中草药，或以食品添加剂为呈色、呈香及呈味物质，采用浸泡、煮沸、复蒸等不同工艺加工而成的改变了其原酒基风格的酒。

（2）以配餐方式和饮用方式分类。按西餐配餐的方式分类，酒水可分为餐前酒、佐餐酒、甜食酒、餐后甜酒、烈酒、啤酒、软饮料和混合饮料（包括鸡尾酒）八类。

餐前酒也称开胃酒，是指在餐前饮用的、喝了以后能刺激人的胃口使人增加食欲的饮料。开胃酒通常用药材浸制而成。著名酒品有味美思。

佐餐酒也称葡萄酒，是西餐配餐的主要酒类。外国人就餐时一般只有此酒可佐餐用，不像中国人那么无拘束，任何酒都可以配餐喝。佐餐酒包括红葡萄酒、白葡萄酒、玫瑰红葡萄酒和汽酒，是用新鲜的葡萄汁发酵制成。其中含有酒精、天然色素、脂肪、维生素、碳水化合物、矿物质、酸和丹宁酸等营养成分，对人体非常有益。

甜食酒，一般是在佐助甜食时饮用的酒品。其口味较甜，常以葡萄酒为基酒加葡萄蒸馏酒勾兑而成，也可作开胃酒使用。著名酒品有波特酒、雪利酒。

餐后甜酒，是餐后饮用的，是糖分很多的酒类，人喝了后有帮助消化的作用。这类酒有多种口味，原材料有两种类型：果料类和植物类。果料类包括：水果、果仁、果籽等；植物类包括：药草、茎叶类植物、香料植物等。制作时用烈酒加入各种配料（果料或植物）和糖配制而成。著名酒品有白兰地、利口酒。

烈酒，是指酒精度40度以上的酒，这类酒包括金酒、威士忌、白兰地、朗姆酒、伏特加和德基拉和中国的白酒。对烈酒的年份没有很高的要求。烈酒除了威士忌和白兰地是陈年时间较长的佳酿外，其他多数用于酒吧中净饮和混合其他饮料饮用或调制鸡尾酒用。

(3）以酒精含量分类。以酒精含量分类可分为低度酒、中度酒和高度酒。

低度酒：酒精度在20度以下，常用的有葡萄酒、桂花陈酒、香槟酒和低度药酒。

中度酒：有餐前开胃酒、餐后甜酒等，酒精度为20～40度；国产的竹叶青、米酒、黄酒等属此类。

高度酒指酒精含量40度以上的烈性酒，国外的烈酒全属此类。国产的有茅台、五粮液、汾酒、白兰地、泸州大曲、二锅头等。

2. 酒水的饮用

要真正做到善用酒水，合乎礼仪，一般需要特别注意搭配菜肴、敬酒干杯和酒量适度等三大问题。

(1）搭配菜肴。酒水的主要功能，是在用餐时开胃助兴。然而欲使酒水正确地发挥这一作用，就必须懂得酒菜搭配之道。唯有如此，两者才会相得益彰。不然，就很有可能会是事倍功半，甚至坏人食欲。

① 中餐酒菜的搭配。若无特殊规定，正式的中餐宴会通常要上白酒与葡萄酒这两种酒。因为饮食习惯方面的原因，中餐宴请中上桌的葡萄酒多半是红葡萄酒，因为红色可以充满喜气。酒杯通常摆在用餐者面前餐桌桌面的正前方，自左而右，依次是白酒杯、葡萄酒杯、水杯。

具体来讲，在搭配菜肴方面，中餐所选的酒水讲究不多。爱喝什么酒就可以喝什么酒，想什么时候喝酒亦可自便。

正规的中餐宴会一般不上啤酒。在便餐、大排档中，它的身影方才更为多见。客观地讲，以之搭配凉菜，效果要更好一些。

② 西餐酒菜的搭配。吃西餐时，酒水与菜肴的搭配十分严格，每道不同的菜肴要配不同的酒水。西餐宴会中所上的酒水，一共可以分为餐前酒、佐餐酒、餐后酒等三种，具体饮用场合在酒品分类中有所陈述。

在正餐或宴会上选择佐餐酒，有一条重要的讲究不可不知，即“白酒配白肉，红酒配红肉”。这里所说的白肉，即鱼肉、海鲜、鸡肉，吃它们时，须以白葡萄酒搭配；

红肉，即牛肉、羊肉、猪肉。吃这类肉时，则应配以红葡萄酒。在西餐中酒水的饮用次序一般是先喝白葡萄酒后喝红葡萄酒，先喝浅色酒后喝深色酒，先喝新酒后喝陈酒，先喝味淡的酒后喝味浓的酒，先味酸的酒后味甜的酒。

至于酒杯的使用规则，在一般情况下，饮不同的酒水，要用不同的专用酒杯。在每一位用餐者面前桌面上右边餐刀的上方，大都会横排放置着三四只酒水杯。取用它时，可依次由外侧向内侧进行，亦可“紧跟”女主人的选择。在它们之中，香槟杯、红葡萄酒杯、白葡萄酒杯以及水杯，往往必不可少。

（2）敬酒干杯。在较为正式的场合，饮用酒水颇为讲究具体的程式。在常见的饮酒过程中，主要要注意斟酒、祝酒、干杯以及酒具的使用与饮用等几个方面。下面，分别对其作一些说明。

① 斟酒：通常，酒水应当在饮用前斟入酒杯，有时男主人为了表示对来宾的敬重、友好，还会亲自为其斟酒。在侍者斟酒时，勿忘道谢，但不必拿起酒杯。可是在男主人亲自来斟酒时，则必须端起酒杯致谢，必要时，还需起身站立，或欠身点头为礼。有时亦可向其回敬以“叩指礼”。即以右手拇指、食指、中指捏在一起，指尖向下，轻叩几下桌面。这种方法适用于中餐宴会上，它表示的是在向对方致敬。

主人为来宾所斟的酒，应是本次宴会上最好的酒，并应当场启封。斟酒时要注意三点：其一是要面面俱到，一视同仁，而切勿有挑有拣，只为个别人斟酒。其二是要注意顺序。可以依顺时针方向，从自己所坐之处开始，也可以先为尊长、嘉宾斟酒。其三是斟酒需要适量。白酒与啤酒均可以斟满，而其他洋酒则无此讲究，要是斟得过满溢出，显然未必合适，而且也是浪费。

除主人与侍者外，其他宾客一般不宜自行为他人斟酒。

② 敬酒：敬酒，亦称祝酒。它具体所指的是，在正式宴会上，首先由男主人向来宾提议，为了某种事由而饮酒。在敬酒时，通常要讲一些祝愿、祝福之言。在正式的宴会上，主人与主宾还会郑重其事地发表一篇专门的祝酒词。致正式的祝酒词的话，应在特定的时间进行，并以不影响来宾用餐为首要考虑。通常，致祝酒词最适合在宾主入席后、用餐开始前，也可以在吃过主菜之后、甜品上桌之前进行。

祝酒词内容应愈短愈好，不要连篇累牍，长篇大论，喋喋不休，让他人等候良久。在他人敬酒或致词时，其他在场者应一律停止用餐或饮酒，坐在自己座位上，面向对方认真地洗耳恭听。

③ 干杯：干杯，指的是在饮酒时，特别是在祝酒、敬酒时，以某种方式，劝说他人饮酒，或是建议对方与自己同时饮酒。在干杯时，往往要喝干杯中之酒，故称干杯。有的时候，干杯者相互之间还要碰一下酒杯，所以它又被叫做碰杯。

在主人或他人提议干杯后，应当手持酒杯起身站立。在干杯时，应手举酒杯，至双眼高度，口道“干杯”之后，将酒一饮而尽，或饮适当的量。然后，还需手持酒杯与提议干杯者对视一下，这一过程方告结束。

3. 饮酒注意事项

（1）饮酒限量。在任何时候，都不要争强好胜，故作潇洒，非要“一醉方休”不可。饮酒过多，不仅易伤身体，而且容易出丑丢人，惹是生非。在正式的酒宴上，特别要主动将饮酒限制在自己平日酒量的一半以下，免得醉酒误事。

（2）依礼拒酒。假如因为生活习惯或健康等原因而不能饮酒，可以下列合乎礼仪的方法之一，拒绝他人的劝酒。方法之一，是申明不能饮酒的客观原因。方法之二，是主动以其他软饮料代酒。方法之三，是委托亲友、部下或晚辈代为饮酒。方法之四，是执意不饮杯中之酒。不要在他人为自己斟酒时又躲又藏，乱推酒瓶，敲击杯口，倒扣酒杯，偷偷倒掉。至于服务人员前来斟酒时，你只要伸出单只手轻轻地遮在玻璃杯上，服务人员即能理解。

（3）不要酒疯。极个别的人，在饮酒时经常“酒不醉人人自醉”，借机生事，装疯卖傻，胡言乱语。

（4）不要酗酒。有的人嗜酒如命，饮酒成瘾。这不仅有碍身体，而且也有损个人形象。

（5）不要灌酒。祝酒干杯，需要两厢情愿，千万不要强行劝酒。

（6）不要划拳。有人饮酒时喜欢猜拳行令，大吵大闹，哗众取宠。在正式场合其做法也是非常失礼的。

（二）茶的分类与饮用

我国是茶的故乡，茶是我国人民待客的主要饮品之一。在饮茶与品茶方面，我国都形成了独特的茶文化。

1. 茶的分类与选择

按照茶叶的熏制方法，在我国饮用最广泛的主要有以下三类：

绿茶——是一种不发酵茶，以适宜茶树新梢为原料，经杀青、揉捻、干燥等典型工艺制成。按其干燥和杀青方法不同，一般分为炒青、烘青、晒青和蒸青绿茶，绿茶形成了“清汤绿叶，滋味收敛性强”等特点。绿茶是历史上最早的茶类，距今三千多年，也是我国产量最大的茶类，产区主要分布于浙江、安徽、江西等省。代表茶有西湖龙井、信阳毛尖、碧螺春。

红茶——是全发酵茶。以适宜制作本品的茶树新芽叶为原料，经萎凋、揉捻、发酵、干燥等典型工艺过程精制而成。其汤色以红色为主调，故得名，为我国第二大茶类。代表茶有云南滇红、安徽祁红。

乌龙茶——是一种半发酵茶。是我国特有的茶叶品类。乌龙茶综合了绿茶和红茶的制法，其品质介于绿茶和红茶之间，既有红茶的浓鲜味，又有绿茶的清芬香，并有绿叶红镶边的美誉。乌龙茶的功效突出表现在分解脂肪、减肥健美等方面。乌龙茶在日本被称为美容茶、健美茶。代表茶有福建武夷岩茶、安溪铁观音、广东的凤凰单枞。

另外，我国著名的茶类还有花茶、砖茶、奶茶、普洱茶等。向客人敬茶时，茶品选择要考虑客人的爱好，最好征询一下客人的意见。如南方人一般喜欢绿茶，台湾、福建、广东饮乌龙茶的人比较多，云南人喜欢喝普洱茶，北方人喜欢喝花茶，牧区的人喜欢喝奶茶。

2. 茶具的使用

在我国的茶文化中，茶具主要分为存茶用具、沏茶用具、饮茶用具三大类。在礼仪场合作为客人主要是要懂得饮茶杯具的使用。

在我国，不同的茶叶饮用形成了不同的茶文化，在茶杯的使用上也各具特色。具体而言，主要表现在：绿茶常使用无盖的玻璃杯、瓷杯，杯子宜小不宜大，这样可以防止沏泡时间过长，茶叶变老，同时可以欣赏茶叶冲泡时的独特景象。红茶、花茶适合使用有盖的瓷杯，这样可以泡出茶的真味，清洗也方便，同时可以保存茶香。乌龙茶使用紫砂茶具，紫砂茶具由一种双重气孔结构的多孔性材料制成，其气孔细微、密度高，有较强的吸附力，用它沏茶，不仅不失茶的色、香、味，更不易霉馊变质。乌龙茶又名功夫茶，注重品茶意境，要闻、要捧、要嗅、要敬、要续，对茶具的要求是非常讲究的。

3. 敬茶

我国是一个文明古国、礼仪之邦，无论贫富，大凡家有客至，以茶待客的礼仪是必不可少的。待客用茶应做到：茶叶质量好，沏茶水质好，茶具质地好，泡茶调制好，待客礼貌好。

敬茶首先要洗净茶具，切忌用手抓茶，斟茶时要求小心谨慎，不可弄得茶汤到处都是，斟茶一般从客人右后方捧斟或在其他地方斟好后捧上。茶杯无论有无手柄，端茶一定要在下面用手托住，笑容可掬，至客人面前，躬腰轻声说“请用茶”，客人即应起立说声“谢谢”，并用双手接过，客人不方便起立的，可以以“扣指礼”或点头致意。斟茶的顺序应遵循先宾后主、先女后男、先尊后卑的原则。

我国有“浅茶满酒”的讲究，倒茶一般七八分满即可，如冲满茶杯，则有为难客人逐客之意。泡茶水温也要因茶而异，乌龙茶需用沸水冲泡，并用沸水预先烫杯；其他茶叶冲泡水温为80～90℃，细嫩的茶末冲泡水温还可再低点。

4. 品茶

品茶，是喝茶的升华，贵在“品”字。

我国古代品茶注重“清、敬、怡、真”的精神追求，品茶时，正确的态度则是品出茶味的根基，品茶时讲究神态谦恭，姿态优雅。做客饮茶，要慢啜细饮，边谈边饮，并适时赞誉茶叶鲜美和主人手艺，不能手舞足蹈，狂喝暴饮。

（三）咖啡

1. 咖啡的分类与选择

目前由于世界各地进口上市咖啡豆种类繁多，咖啡的分类也不尽统一。按咖啡产地及咖啡豆的特征进行分类，著名的咖啡品种主要有蓝山咖啡、爪哇咖啡、巴西咖啡、哥伦比亚咖啡，其中尤以产在牙买加的蓝山咖啡最为名贵。按所加伴侣不同咖啡可分为黑咖啡、白咖啡、白兰地咖啡等，在高雅场合一般饮用黑咖啡。按烹制方法不同咖啡可分为现磨现煮和速溶两类，以前者尊贵。

2. 咖啡的饮用

（1）咖啡杯碟的使用。咖啡杯应当放在饮用者的正面或者右侧，杯耳应指向右方。饮咖啡时，可以用右手拿着咖啡的杯耳，左手轻轻托着咖啡碟，慢慢地移向嘴边轻啜，喝的时候，碟子放在齐胸高度。不宜满把握杯、大口吞咽，也不宜俯首去就咖啡杯。添加咖啡时，不要把咖啡杯从咖啡碟中拿起来。

（2）饮用的时间场合。咖啡饮用是社交场合的一个点缀，是以提神为主，不以解渴为主，故不宜连续多杯饮用。日常生活中咖啡一般饮后约一个小时就会起作用，而它作用于人体的时间一般可维持 4 ～ 5 个小时，如果您想在一天内精力充沛的话，饮用咖啡的时间应在上午 9 ～ 10 点，或者是下午两三点钟。这样您既可以享受到咖啡带给您的好处，又不会因此而影响睡眠。

（3）饮用方法。

① 正式开始喝咖啡之前，先喝一口冰水，冰水能帮助咖啡味道鲜明地浮现出来，让舌头上的每一颗味蕾，都充分做好感受咖啡美味的准备。喝咖啡时，不要发出声响。

② 喝咖啡请趁热，因为咖啡中的单宁酸很容易在冷却的过程中起变化，而使口味变酸，自然影响咖啡的风味。

③ 先趁热喝一口不加糖与奶精的黑咖啡，感受一下咖啡在未施脂粉前的风味。然后加入适量的糖，再喝一口，最后再加入奶精。

④ 适量的饮用。

（4）饮用礼仪。

① 给咖啡加糖时，砂糖可用咖啡匙舀取，直接加入杯内；也可先用糖夹子把方糖夹在咖啡碟的近身一侧，再用咖啡匙把方糖加在杯子里。如果直接用糖夹子或手把方糖放入杯内，有时可能会使咖啡溅出，从而弄脏衣服或台布。

② 咖啡匙是专门用来搅咖啡的，饮用咖啡时应当把它取出来。不要用咖啡匙舀着咖啡一匙一匙地慢慢喝，也不要用咖啡匙来捣碎杯中的方糖。

③ 刚刚煮好的咖啡太热，可以用咖啡匙在杯中轻轻搅拌使之冷却，或者等待其自然冷却，然后再饮用。用嘴试图去把咖啡吹凉，是很不文雅的动作。

④ 饮咖啡可以吃一些点心，但不要一手端着咖啡杯，一手拿着点心，吃一口喝一口地交替进行。饮咖啡时应当放下点心，吃点心时则放下咖啡杯。

第二节　中餐礼仪

一、中餐用餐特点

我国餐饮文化源远流长、博大精深，是世界三大烹饪王国之一。九州大地丰富的风土人情、富饶物产以及各地不同的气候特点，使我国呈现烹饪流派纷呈、口味丰富的众多菜系并存的态势。但由于同归属于一个文化区，其用餐礼仪和规范还是有许多共同特点的，总结起来，主要有如下几点：

首先，中餐采用聚餐制。中餐一般是一群人聚在一起，共同从菜盘中取食，故中餐重视用餐氛围，追求喜庆热烈。

其次，中餐以筷子为主要取食工具。中国人使用筷子吃饭是从远古流传下来的习俗，以筷进餐保守估计已有3 000年历史，古时称筷子为"箸"。筷子看起来是非常简单的两根小细棒，但它有挑、拨、夹、拌、扒等功能，使用方便，价廉物美。它充分体现了中国人民的节俭和智慧。

第三，中餐烹饪注重技法，流派众多。我国由于地域广阔、气候差异等因素，故饮食风味众多，中餐烹饪总体上来说具有选料精细、刀工讲究、注重火候、烹饪方法丰富的特点。

第四，中餐用餐采用圆桌或方桌。中餐餐桌以圆桌和方桌为主，圆桌寓意团团圆圆、和谐美满，方桌又名八仙桌，寓意主人盛情待客、氛围热烈，一圆一方，彰显文化。中餐圆桌是便于沟通的最佳就餐方式。

二、中餐座次排列

（一）中餐宴席桌次排列规则

中式宴会的桌次安排要根据赴宴的具体人数而定。中式宴会通常8～12人一桌，人数较多时也可以平均分成几桌。在宴会不止一桌时，要安排桌次。其具体原则是：

① 以右为上。当餐桌分为左右时，以面门为据，居右之桌为上（如图5-1）。

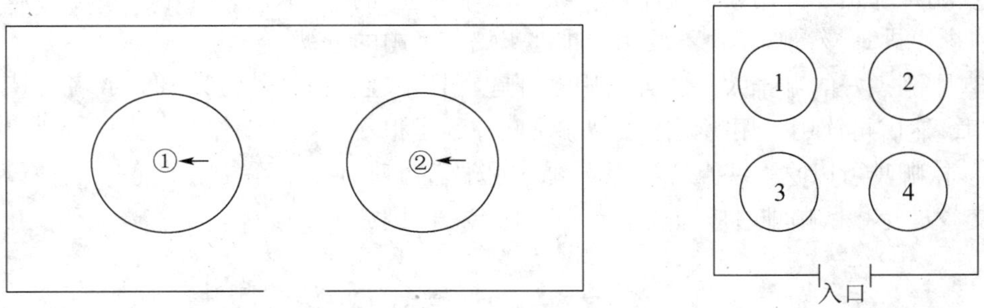

图5-1　餐桌左右排列桌次安排

② 以远为上。当餐桌距离餐厅正门有远近之分时，以距门远者为上（如图5-2）。

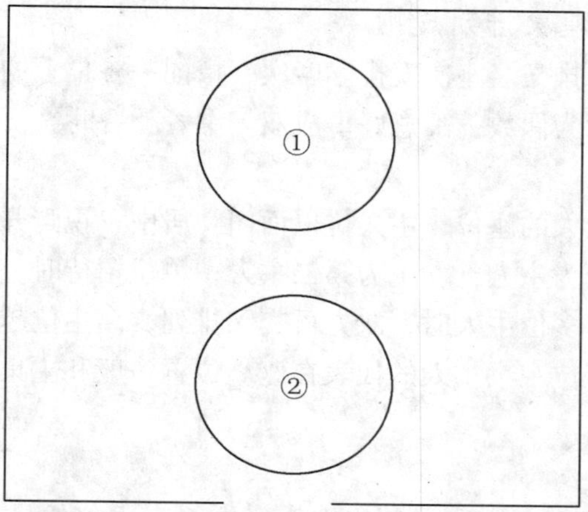

图 5－2　餐桌远近排列桌次安排

③ 居中为上。多张餐桌并列时，以居于中央者为上（如图 5－3）。

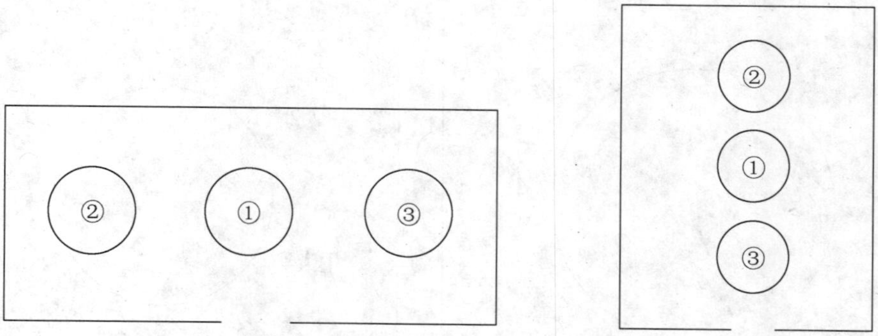

图 5－3　多桌并列时桌次安排

④ 在桌次较多的情况下，上述排列常规往往交叉使用（如图 5－4）。

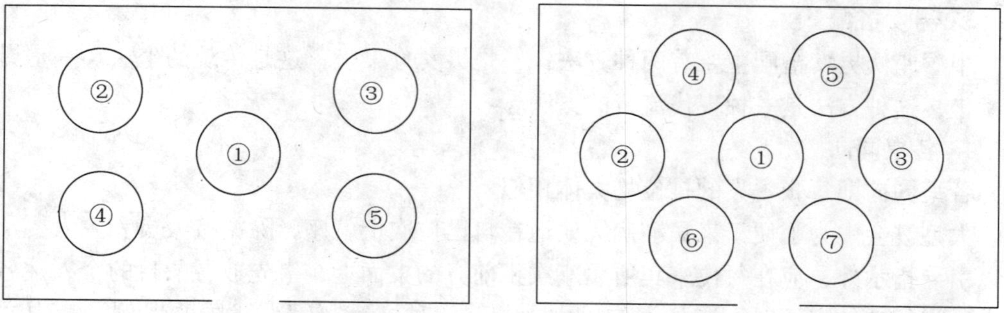

图 5－4　桌次较多时的排列方法

（二）中餐宴席座次排列规则

中式宴会的席次安排又名座次安排。席次，指同一餐桌上的席位高低，中餐就餐时每桌座位总数一般要求为偶数，寓意好事成双。中餐就餐时席次安排的原则是：

1. 主位尊贵

主位是指餐桌上主人的座位，主人位以面门、居中、视野开阔为上。在我国，夫妇招待客人时一般以男士为主人，女士为第二主人；单位招待时，领导为第一主人，副职或秘书为第二主人。有多位主人时，双方可交叉排列，离主位越近地位越尊。在举行多桌宴请时，每桌可有一位主桌主人的代表在座。位置一般和主桌主人同向，有时也可以面向主桌主人。

2. 以右为上

主宾位以主位（第一主位）右侧为上。每桌一个主位的排列方法。特点是每桌只有一名主人，主宾在右首就座，每桌只有一个谈话中心。如果主宾身份高于主人，为表示尊重，也可以安排在主人位子上坐，而请主人坐在主宾的位子上（如图5－5）。

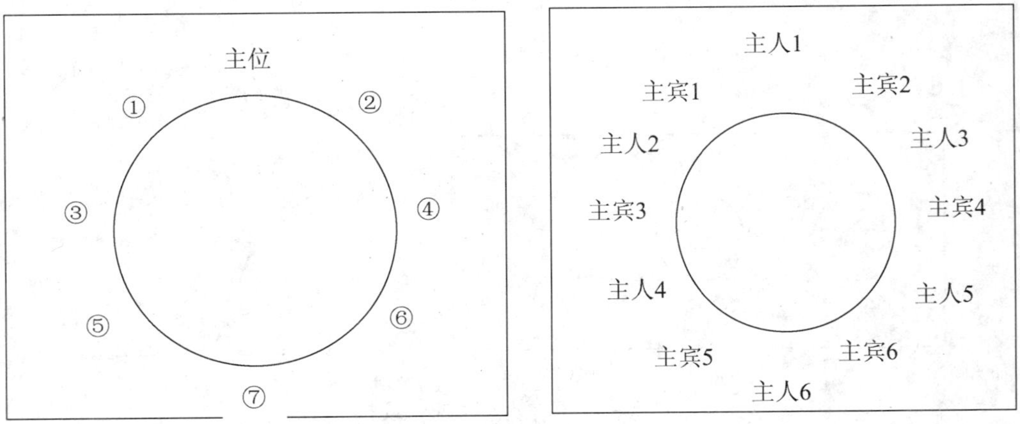

图5－5　席座位次安排

3. 男女搭配

中餐座次男女搭配主要有两种方法：一是男女分桌坐，这是传统的坐法。一是男女交叉坐，这种方法是一种现代流行的方法。

4. 各桌同向

各桌同向即每张餐桌的排位均大体相似。

大型宴会中为了便于来宾准确无误地在自己位次上就座，除招待人员和主人要及时加以引导指示外，应在每位来宾所属座次正前方的桌面上，事先放置醒目的个人姓名座位卡。举行涉外宴请时，座位卡应以中、英文两种文字书写。我国的惯例是，中文在上，英文在下。必要时，座位卡的两面都书写用餐者的姓名。

三、中餐上菜程序

（一）中餐菜系与菜单

1. 中餐菜系

在礼仪场合，主要要注意了解各大菜系的风味特色及客人口味爱好进行取舍。中国菜肴的烹饪流派众多，其中最有影响和代表性的也为社会所公认的有：鲁、川、粤、闽、苏、浙、湘、徽等菜系，即人们常说的中国“八大菜系”。中国“八大菜系”的烹调技艺各具风韵，其菜肴之特色也各有千秋。

2. 菜单

菜单一般分为零点菜单和宴会菜单，礼仪场合一般使用宴会菜单。宴会菜单主要介绍宴会上客人要享用的菜品及上菜的先后顺序，所以对菜单的安排要严格、简单大方而条理清晰。在宴请前，主人需要事先对菜单进行再三斟酌。在准备菜单的时候，主人要着重考虑哪些菜可以选用、哪些菜不能选用。在安排菜单时，还必须考虑来宾的饮食禁忌，特别是要对主宾的饮食禁忌高度重视。

在隆重而正式的宴会上，主人选定的菜单也可以在精心书写后，每人一份，用餐者不但餐前心中有数，而且餐后也可以留作纪念。

（二）中餐上菜

中餐上菜的程序自古就很讲究。清朝乾隆年间的才子袁枚，在其著名的《随园食单》上，就曾对上菜程序做过如下论述：“上菜之法，咸者宜先，淡者宜后，浓者宜先，薄者宜后，无汤者宜先，有汤者宜后。度客食饱则脾困矣，需用辛辣以振动之；虑客酒多则胃疲矣，需用酸甘以提醒之。”袁枚的这段话，总结了传统中餐宴会上菜的一般程序。

目前中餐宴会上菜的顺序一般为：先上冷菜，后上热菜、炒菜、主菜和汤，然后上主食，最后上甜点和水果。宴会上桌数很多时，各桌的每一道菜应同时上。整个上菜的基本原则是：先冷后热，先菜后点，先咸后甜，先炒后烧，先清淡后肥厚，先优质后一般。中餐上菜的方式大体上有以下几种：一是把大盘菜端上，由各人自取；二是由侍者托着菜盘逐一给每位分让；三是用小碟盛放，每人一份。菜肴上桌一般从客人的左侧上桌。

四、中餐用餐礼仪

（一）餐具的使用

中餐的餐具主要是碗、筷、杯、碟等。宴会进行中，餐具的使用应轻拿轻放，不能发出碰撞击打声，如果不慎发出声响，或餐具摔落地上，应沉着不必着急。餐具碰出声音，可轻轻向邻座（或向主人）说一声"对不起"。餐具掉落可由招待员送一付。不能用筷子指人、剔牙，不能用筷子敲击碗碟。针对各种餐具具体而言，其使用方法有如下要点：

1. 筷子的使用

使用筷子，在我国有"忌八筷"之说。用筷子取菜、用餐的时候，要注意下面几个"小"问题：一是筷子上不能残留着食物。二是和人交谈时，要暂时放下筷子，不能一边说话，一边像指挥棒似地舞着筷子。三是不要把筷子竖插放在食物上面，因为这种插法，只在祭奠死者的时候才用。四是严格把握筷子的职能，筷子只是用来夹取食物的。用来剔牙、挠痒或是用来夹取食物之外的东西都是失礼的。

2. 碗碟的使用

中餐中碗碟的多少一般视宴会档次的高低而不同。宴会中碗一般分为汤碗和菜碗，汤碗一般在盛汤时使用，用完后会有服务人员撤走，也有不撤用作菜碗的，菜碗主要用来盛放食物。碟可用来盛放食物，也可用来存放骨头等。

3. 勺子的使用

勺子的主要作用是舀取菜肴、食物。勺子使用时首先要注意勺子的性质与用途是公勺还是私人所用，不可公私不分。用勺子取食物时，不要过满，免得溢出来弄脏餐桌或自己的衣服。在舀取食物后，可以在原处"暂停"片刻，汤汁不会再往下流时，再移回来享用。暂时不用勺子时，应放在自己的碟子上。用勺子取食物后，要立即食用或放在自己碟子里，不要再把它倒回原处。而如果取用的食物太烫，不可用勺子舀来舀去，也不要用嘴对着吹，可以先放到自己的碗里等凉了再吃。不要把勺子塞到嘴里，或者反复吮吸、舔食。

4. 杯具的使用

中餐酒杯的使用可参见前面章节。水杯主要用来盛放清水、汽水、果汁、可乐等软饮料时使用。不要用它来盛酒，也不要倒扣水杯。另外，喝进嘴里的东西不能再吐回水杯。

（二）餐巾礼仪

餐巾在用餐时主要具有维护客人个人卫生和宣示用餐状态的作用，一般而言，在用餐使用餐巾时要注意以下一些方面：

1. 餐巾的叠放

餐巾的叠放要注意两个方面：一是叠放的时机。中餐就餐时一定要等主人展开餐巾后其他宾客方可展开就座。二是叠放的方法。首先从餐桌上拿起餐巾，先对折，再将褶线朝向自己，摊在腿上。绝不能把餐巾抖开，如围兜般围在脖子上，或塞在领口。而把餐巾的一角塞进扣眼或腰带里，也是错误的方法。假如衣服的质地较滑，餐巾容易滑落，可以将餐巾的一角压在骨碟下然后顺势展开。

2. 餐巾的使用

餐巾主要是用来预防调味汁滴落，弄脏衣物，还可用来擦拭嘴巴，但擦拭的一面以隐蔽为宜。吃了油腻的食物后满嘴油渍，若以这副尊容与人说话，委实不雅。况且喝酒时还会把油渍留在玻璃杯上，更是难看。

3. 餐巾的位置

餐巾摆放的位置主要有两重含义：餐巾放在椅子时意味着客人中途暂时离席，还会回来。餐巾放在桌子上则意味着客人用餐完毕，正式宴会一般要等主人先放表示结束。

（三）用餐具体要求

（1）入座。入席时应先等长者女士入座，坐姿要端正，与餐桌的距离保持得宜。中餐宴席进餐伊始，服务员送上的第一道湿毛巾是擦手的，不要用它去擦脸。上龙虾、鸡、水果时，会送上一只小小水盂，其中飘着柠檬片或玫瑰花瓣，它不是饮料，而是洗手用的。洗手时，可两手轮流沾湿指头，轻轻涮洗，然后用小毛巾擦干。

（2）用餐时要注意文明礼貌，口内有食物，应避免说话。席中对外宾可向对方介绍 菜的特点，但不要反复劝菜，更不要为对方夹菜。

（3）客人入席后，不要立即动手取食。应待主人打招呼，由主人举杯示意开始时，客人才能开始；客人不能抢在主人前面。夹菜要文明，应等菜肴转到自己面前时，再动筷子，不要抢在邻座前面，一次夹菜也不宜过多。要细嚼慢咽，决不能大块往嘴里塞，狼吞虎咽，这样会给人留下贪婪的印象。不要挑食，不要只盯住自己喜欢的菜吃，或者急忙把喜欢的菜堆在自己的盘子里。

（4）用餐的动作要文雅。进餐过程中不要玩弄碗筷，或用筷子指向别人。不要让餐具发出任何声响。夹菜时不要碰到邻座，不要把盘里的菜拨到桌上，不要把汤泼翻。不要发出不必要的声音，如喝汤时“咕噜咕噜”，吃菜时嘴里“叭叭”作响，这都是粗俗的表现。用牙签剔牙时，应用手或餐巾掩住嘴。

（5）嘴里的骨头和鱼刺不要吐在桌子上，可用餐巾掩口，用筷子取出来放在碟子里。掉在桌子上的菜，不要再吃。

（6）用餐结束后，可以用餐巾、餐巾纸或服务员送来的小毛巾擦擦嘴，但不宜擦头颈或胸脯。

（7）餐后不要不加控制地打饱嗝或嗳气；在主人还没示意结束时，客人不能先离席。

第三节　西餐礼仪

一、西餐用餐特点

“西餐”，是我国对欧美地区菜肴的统称，是一个泛指。如粗略地划分，西餐大致可以分为两类：一是以英、法、德、意等国为代表的“西欧式”，又称“欧式”，其特点是选料精纯、口味清淡，以款式多、制作精细而享有盛誉；二是以前苏联为代表的“东欧式”，也称“俄式”，其特点是味道浓，油重，以咸、酸、甜、辣皆具而著称。此外，还有在英国菜基础上发展起来的“美式”。如进一步细分，则还可分为英国菜、法国菜、俄国菜、美国菜、意大利菜以及德国菜等。各国菜系自成风味，各有各的风格，其中尤以法国菜最为突出。

（一）西餐菜品特点

从总体上看，与中餐相比，西餐菜品至少具有以下几个显著的特点：

1. 营养搭配

西餐极重视各类营养成分的搭配组合，充分考虑人体对各种营养（糖类、脂肪、蛋白质、维生素）和热量的需求来安排菜或加工烹调。

2. 选料精细，用料广泛

西餐烹饪在选料时十分精细、考究，而且选料十分广泛。如美国菜常用水果制作菜肴或饭点，咸里带甜；意大利菜则会将各类面食制作成菜肴：各种面片、面条、面花都能制成美味的席上佳肴；而法国菜，选料更为广泛，诸如蜗牛、洋百合、椰菜心等均可入菜。

3. 讲究调味，注重色泽

西餐烹调的调味品大多不同于中餐，如酸奶油、桂叶、柠檬等都是常用的调味品。法国菜还注重用酒调味，在烹调时普遍用酒，不同菜肴用不同的酒做调料；德国菜则多以啤酒调味，在色泽的搭配上则讲究对比、明快，因而色泽鲜艳，能刺激食欲。

4. 工艺严谨，器皿讲究

西餐的烹调方法很多，常用的有煎、烩、烤、焖等十几种，而且十分注重工艺流程，讲究科学化、程序化，工序严谨。烹调的炊具与餐具均有不同于中餐的特点。特别是餐具，除瓷制品外，水晶、玻璃及各类金属制餐具占很大比重。

（二）西餐用餐特点

1. 西餐采用分餐制

西餐用餐前要将食物分到客人食盘中，然后各自享用，相互影响少，也比较卫生。由于上述的特点，西餐用餐一般讲求条理，追求轻松舒缓的氛围，注重就餐环境的选择。

2. 西餐礼仪讲究女士优先

在西餐正式场合，主人一般是指接待的女主人，这与中餐很不一样。

3. 西餐采用刀叉进食

西餐不同食物所用刀叉也不同，一般而言，左叉右刀，由外至内使用都不会错。

4. 西餐就座时主人对坐

西餐用桌一般采用条形桌，主人是夫妇时一般对坐，而我国一般采用圆形桌，夫妇相邻而坐。

5. 西餐酒类繁多，饮法多样

这一点酒水礼仪部分有所叙述，这里不再介绍。

二、西餐上菜程序

西餐看似复杂、繁锁，其实日常生活中，往往会省去许多环节。在比较隆重正式的西餐宴会中，一般有六到七道程序，每道程序上菜一种，其具体程序如下：

（一）头盘（开胃品）

西餐的头盘有冷头盘和热头盘之分，常见有鱼子酱、鹅肝酱、熏鲑鱼、奶油鸡酥盒、焗蜗牛等。头盘即开胃品，味道常以咸、酸为主且量少而精。

（二）汤

西餐的汤有清汤、奶油汤、蔬菜汤和冷汤等四类，常见有牛尾清汤、各式奶油汤、海鲜汤、蛤蜊汤、蔬菜汤、罗宋汤、葱头汤。冷汤有俄式、德式冷汤。

（三）副菜

西餐中，各种水产类菜肴和蛋类、面包类、酥盒菜肴通常称为副菜。吃鱼类菜肴时西餐讲究调味汁，如鞑靼汁、荷兰汁、酒店汁、白奶油汁、大主教汁、美国汁和水手鱼汁等。

（四）主菜

西餐的主菜，即各种肉、禽类菜肴。通常取牛、羊、猪各个部位的肉，用烤、煎、铁扒等方法烹制成各式肉、排菜肴。配用的调味汁主要有黑胡椒汁、浓烧洋葱汁、蘑菇汁、西班牙汁等。通常将鸡、鸭、鹅、兔肉和鹿肉等野味归入禽类菜肴，用煮、炸、烤、焖等烹调方法制成，主要的调味汁有咖喱汁、奶油汁等。

（五）配菜（蔬菜类菜肴）

西餐的配菜即蔬菜类菜肴，也称为沙拉。与主菜同时摆上的生蔬菜沙拉，一般用生菜、番茄、黄瓜、芦笋等制作。沙拉调味汁主要有千岛汁、醋油汁、乳酪沙拉汁等。另有炸土豆条、煮菠菜、花椰菜等熟蔬菜沙拉。除此之外，还有也可作为头盘食用的鱼、肉、蛋类制作的沙拉，通常不加味汁。

（六）甜品

西餐的甜品包括所有主菜后的食物，如布丁、煎饼、冰淇淋、乳酪、水果等等。

最后如需聊天休息，一般会提供饮料咖啡、茶以供品尝。

三、西餐桌次与位次

西餐桌一般是用长桌，其形状大小视用餐人数多少、场地大小而定（如图 5 - 6）。

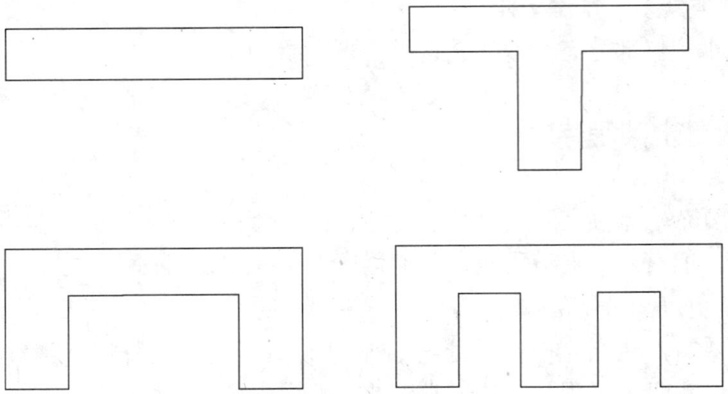

图 5-6

同中式宴会一样，举办西式宴会也要排定桌次和席次，其桌次与席次规则主要有以下几点：

1. 重视女士优先。在西餐家宴或一些重大场合，第一主人往往是女主人。

2. 男女就座安排不同。西餐在席次安排上男女主人可对坐可并肩坐，一般对坐，重视女士优先，女主人是第一主人，且在座位安排上喜欢男女交叉而坐。中餐夫妇则一般并肩坐，中餐传统的是分桌坐，现代也有男女交叉坐。

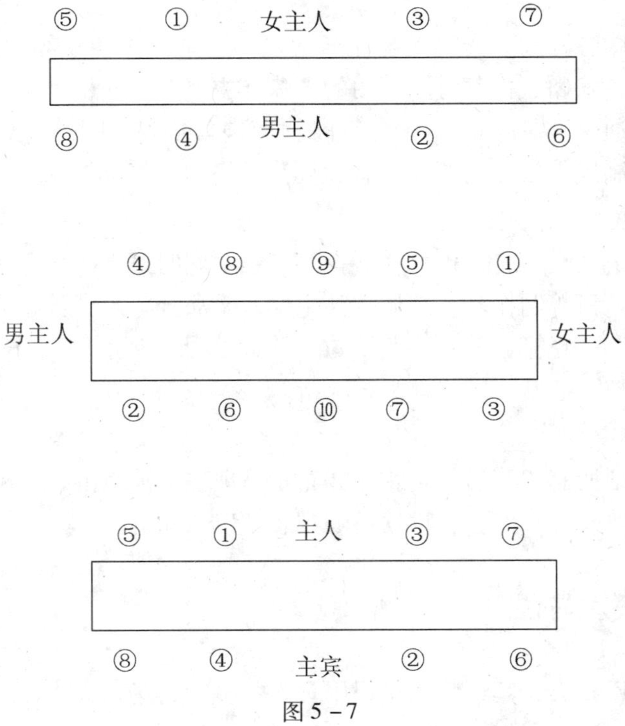

图 5-7

（3）讲究右高左低。客人地位高低以距离主人座位远近而定。如果男、女主人并肩坐于一桌，则男左女右，尊女性坐于右席；如果男、女主人各居一桌，则尊女主人坐于右桌；如果男主人或女主人居于中央之席，面门而坐，则其右方之桌为尊，右手旁的客人为尊；如果男、女主人一桌对坐，则女主人之右为首席，男主人之右为次席，女主人之左为第三席，男主人之左为第四席，其余位次依序而分。

（4）西餐宴会的客人席次安排。西式宴会的席次一般根据宾客地位安排，女宾席次依据丈夫地位而定。也可以按类别分坐，如男女分坐、夫妇分坐、中西分坐等。在我国用西餐宴请客人，通常采用按职务高低男女分坐的方式（如图5－7）。

四、西餐餐具的使用

1. 刀叉的用法

刀叉的用法分美国式和欧洲式两种。美式用法是切完肉把刀放在盘子上，叉子从左手换到右手，然后用叉子叉起切好的肉；欧式用法则始终为左手拿叉，右手拿刀。可以用刀子往叉子上放食品。餐桌上摆放的刀叉有一定顺序，一般以三套刀叉居多，用餐时由外向内依次取用。冷盘用叉，吃鱼用银刀叉，吃肉用钢刀叉，吃生菜用叉，布丁或点心用叉或匙，水果用刀叉。另外，刀叉在用餐过程中的不同摆放也有不同含义：刀叉并列整齐放置在食盘上预示客人用餐完毕，刀叉成八字形预示客人继续用餐中。刀放下时刀口应向内。

2. 酒杯的使用

西餐不同的菜肴采用不同的酒水，使用不同的杯具盛用，其使用方法也不相同。简单而言，有杯脚的酒杯一般要求用手指轻握杯脚。这是为避免手的温度使酒温增高，应用大拇指、中指和食指握住杯脚，小指放在杯子的底部固定。白兰地杯要求用手托住杯身饮用。其他酒杯用手拿住杯身即可。

3. 餐巾与“洗指碗”

西方人用餐，第一件事就是打开餐巾平铺在自己的膝盖上。小餐巾应完全打开，大餐巾只需打开一半，折成对折，折口对着自己。餐巾是用来擦嘴和手的，切勿用其擦脸或鼻子。进餐中，餐巾应始终放在腿上，如果暂时离开，应将餐巾折起，放在位子上或盘子旁，表示还要回来；如放在桌子左方，则表示“一去不复返”了。餐毕离开前，要很自然地将餐巾叠好放在桌子左方，但不必折叠得太整齐，那样反而不礼貌。“洗指碗”通常在上必须用手的菜或甜点之前送上，碗内盛有温水，还有一些小花般的饰物，用时可将双手的手指在水中洗一下，然后用餐巾擦干。

4. 勺子的使用

在正式场合下，勺有多种，小的是用于咖啡和甜点的；扁平的用于涂黄油和分食蛋糕；比较大的用来喝汤或盛碎小食物；最大的是公用于分食汤的，常见于自助餐。切莫搞错。汤匙和点心匙除了喝汤、吃甜品外，绝不能直接舀取其他主食和菜品；不可以将餐匙插入菜肴当中，更不能让其直立于甜品、汤或咖啡等饮料中。进餐时不可将整个餐匙全部放入口中。

五、西餐用餐礼仪

在西餐用餐时，对用餐男女客人的言谈举止都有较高要求，具体体现如下：

1. 就座

就餐时，应礼让女士，女士优先。应把最佳位置让给女士，替女士拉开椅子，为女士入座服务。女士应先入座，男士后入座，入座时应从左侧入座。用餐时将手肘放在桌面上，坐姿应保持稳定，不能前后摇摆。

2. 品酒

西餐品酒注意开瓶和饮酒两个方面。西餐酒类开瓶斟酒服务通常是由服务员负责将少量酒倒入酒杯中，让客人鉴别一下品质是否有误。只需把它当成一种形式，喝一小口并回答“good”。接着，侍者会来倒酒。这时，自己不要动手拿酒杯，而是把酒杯放在桌上由侍者去倒。西餐饮酒重视欣赏回味，喝前可以轻轻摇动酒杯让酒与空气接触以增加酒味的醇香，但不要猛烈摇晃杯子。喝酒时绝对不能吸着喝，而是倾斜杯，像是将酒倒在舌头上似的喝。此外，一饮而尽、边喝边透过酒杯看人、拿着酒杯边说话边喝酒、吃东西时喝酒、口红印在酒杯沿上等，都是失礼的行为。不要用手指擦杯沿上的口红印，用面巾纸擦较好。

3. 进餐

（1）食物吃法。用餐时，一般右手拿刀或勺，左手拿叉，杯子也用右手来握。身体不要过于接近餐盘，用餐具把食物送到嘴里，而不要把盘、碗端起。

（2）喝汤。喝汤时不能吸着喝，不能有声响。要先用汤匙由后往前将汤舀起，汤匙的底部入在下唇的位置将汤送入口中。汤匙与嘴部呈45度角较好。身体的上半部略微前倾。碗中的汤剩下不多时，可用手指将汤碗略微抬高。如果装汤是用有握环的碗，可直接拿住握环端起来喝。

（3）面包的吃法。原则上，先用两手撕成小块，再用左手拿来吃。吃硬面包时可用刀切开后再取用。面包不可用来蘸盘子里的汤（特别是有身份或讲究的女士更要避免此种举动），面包要放在专用的小盘里或者桌布上。

（4）吃鱼。吃鱼有专门的鱼叉，也可用汤匙取用，吃鱼时要先把鱼骨头剔掉。谈话时，应将刀叉放在盘子上，手里握着刀叉时切勿指手画脚地谈话。

（5）西餐用餐忌讳过多声响。西餐用餐时切勿放肆大笑或大声喧嚷。忌讳口中或体内发出声响，用餐时应闭嘴咀嚼食物，不可嘴里边吃东西边说话，饭后不可打嗝、吧唧嘴巴。

（6）西餐用餐忌讳影响他人。西餐时不可在桌上当众化妆、补妆或整理衣饰，不可毫无掩盖地当众剔牙，不宜在用餐时接听或拨打电话。

【本章小结】

餐饮礼仪是现代社交礼仪中不可或缺的一部分，餐饮的形式不同，礼仪的标准各异。人们在餐桌上的举止直接体现一个人的修养与品位。如何入座、如何点菜、如何交谈、如何尊重他人，在餐桌上一览无余，因此，掌握餐饮礼仪对社交人士是十分必要的。

宴请是迎送往来的一项重要礼仪，大至国宴，小至私人宴请，生活中每个人都有当主人和做客的经历。按接待规格及服务形式宴请一般可以分成宴会、招待会、茶会、工作进餐等形式。每一种形式的宴请均有其严格的礼仪规范，因此在社会交往和现实生活中，通晓宴请礼仪，能够在交往应酬中维护自己的良好形象，提高社会交往的能力。

中国餐饮文化源远流长、博大精深，是世界三大烹饪王国之一。丰富的风土人情、富饶物产以及各地不同的气候特点，使我国呈现饪流派纷呈、口味丰富的众多菜系并存的态势。但由于同归属于一个文化区，其用餐礼仪和规范有许多共同特点，主要体现在：首先，中餐采用聚餐制。其次，中餐以筷子为主要取食工具。第三，中餐烹饪注重技法，流派众多。第四，中餐用餐多采用圆桌。

“西餐”，是我国对欧美地区菜肴的统称，是一个泛指。如粗略地划分，西餐大致可以分为以英、法、德、意等国为代表的“西欧式”，又称“欧式”，以前苏联为代表的“东欧式”，也称“俄式”，此外，还有在英国菜基础上发展起来的“美式”。但是从总体上看，西餐在用餐形式上与中餐相比，主要有如下特点：首先，西餐采用分餐制。其次，西餐礼仪讲究女士优先。第三，西餐采用刀叉进食。第四，西餐就座时主人对坐。西餐用桌一般采用条形桌，主人是夫妇时一般对坐，而我国一般采用圆形桌，夫妇相邻而坐。西餐在用餐礼仪上有着相当严格的要求。

实操训练

一次中餐宴会上，你和妻子需要宴请六位客人：一位是自己的老师和他夫人，一位是自己的部门经理兼同学与他夫人，还有一对自己的同事夫妇。他们关系都不错，宴会是圆桌。请用图示方法画出。

复习思考题

1. 举办宴请在礼仪上应注意哪些要素？

2. 参加宴会须知的礼仪有哪些?
3. 中餐与西餐上菜的程序上有什么不同?
4. 中餐的座次排列有什么礼仪原则?
5. 西餐的用餐特点是什么?
6. 如何正确使用西餐的餐具?

第六章　事务礼仪

【学习目标】

- 了解办公室人员和谐相处的基本礼仪；掌握求职过程中应遵循的礼仪
- 了解会议的种类，掌握会议组织安排的基本流程；掌握会务礼仪及与会者礼仪
- 了解典礼、签字、剪彩等仪式礼仪的准备工作、程序与礼仪要求
- 了解外事访问与接待原则；掌握外事活动中的基本礼仪规范

引入案例

1995 年 3 月在丹麦哥本哈根召开联合国社会发展世界首脑会议，出席会议的有近百位国家元首和政府首脑。3 月 11 日，与会的各国元首与政府首脑合影。照常规，应该按礼宾次序名单安排好每位元首、政府首脑所站的位置。首先，这个名单怎么排，究竟根据什么原则排列？哪位元首、政府首脑排在最前？哪位元首、政府首脑排在最后？这项工作实际上很难做。丹麦和联合国的礼宾官员只好把丹麦首脑（东道国主人）、联合国秘书长、法国总统以及中国、德国总理等安排在第一排，而对其他国家领导人，就任其自便了。好事者事后向联合国礼宾官员"请教"，回答道："这是丹麦礼宾官员安排的。"向丹麦礼宾官员核对，回答说："根据丹麦、联合国双方协议，该项活动由联合国礼宾官员负责。"

分析提示

国际交际中的礼宾次序非常重要，在国际礼仪活动中，如安排不当、或不符合国际惯例，就会招致非议，甚至会引起争议和交涉，影响国与国之间的关系。在礼宾次序安排时，既要做到大体上平等，又要考虑到国家关系，同时也要考虑到活动的性质、内容、参加活动成员的威望、资历、年龄，甚至其宗教信仰、所从事的专业以及当地风俗等。礼宾次序不是教条，不能生搬硬套，要灵活运用、见机行事。有时由于时间紧迫，无法从容安排，只能照顾到主要人员。上例就是灵活应用礼宾次序的典型案例。

第一节　办公室礼仪

一、办公室工作总体要求

办公室作为工作人员日常办公活动的主要场所，不同于社交场所，在这里，工作人员应遵守特定的规则，按特定的程序办事，这就是办公行为总体要求。这些要求适用于一切办公地点和一切上班时间。具体有：

（1）准时上下班。办公室工作人员应准时上班，按时下班，不要随意迟到或早退，不得旷工、怠工，如果因特殊原因不能按时上下班，应办理请假手续或事先告知领导或同事。

（2）保持办公室环境整洁。办公室是一个单位活动的重要场所，其工作环境是否整洁、有序，直接反映了一个组织的整体形象，因此，办公室工作人员平时应经常打扫办公室，办公桌椅、橱柜要保持清洁，文具、文件等物品要摆放整齐，下班前要及时将使用过的文件、物品放回原处。

（3）衣着整洁大方，修饰得体。服装与修饰是一种无声的语言，着装与修饰不当会影响整个公务的效果。办公室工作人员的着装、修饰要拒绝个性化，应给人以既严肃认真又平易随和的印象。因此，工作时间，办公室工作人员应穿着正式，整洁大方，修饰得体。

在办公室工作，服饰要与之协调，以体现正式、权威、声望和精明强干为宜。男士最适宜穿黑、灰、蓝三色的西服套装领带。女士则最好穿西装套裙、连衣裙或长裙。男士注意不要穿印花或大方格的衬衫；女士则不宜把露、透、短的衣服穿到办公室去，否则使内衣若隐若现很不雅观。在办公室工作不能穿背心、短裤、凉鞋或拖鞋，也不适合赤脚穿鞋。戴的首饰也不宜过多，走起路来摇来摇去的耳环会分散他人注意力，叮当作响的手镯也不宜戴。女性职员不能在办公室内化妆，不要在办公桌上摆放化妆品。

（4）举止优雅，以礼待人。日常办公时，办公室工作人员的行为举止要得体，走姿、坐姿、手势要优雅大方，与同事、上级及来访者相处时要彬彬有礼。在办公室对上司和同事要讲礼貌，不能由于大家天天见面就将问候省略掉了。“您好”、“早安”、“再会”之类的问候语要经常使用，不厌其烦。同事之间不能称兄道弟或乱叫外号，而应以姓名相称。对上司和前辈则可以用“先生”或其职务来称呼，最好不同他们在大庭广众之下开玩笑。

为此，办公室工作人员要时时注意控制自己的情绪和举止，不要在办公区大声喧哗或来回走动，以免影响他人工作；也不要与人耳语，这会显得鬼鬼祟祟，与办公的气氛不协调。若办公室禁烟，则应自觉遵守。

（5）忠于职守，爱岗敬业。办公室工作人员在实际工作中应当以忠于职守、爱岗敬业为天职，始终做到坚守岗位、努力工作；在工作时间内把注意力全部用于完成本职工作，专心致志地完成该岗位所赋予的职责与任务。工作人员上班时不可恣意取闹，影响同事工作。

二、上级对下级的礼仪

上级在与下级交往时，不可居高临下，虚张声势。正确处理好与下级之间的关系需要注意以下几个方面。

（1）尊重下属的人格。下属具有独立的人格，领导不能因为在工作中与其具有领导与服从的关系而损害下属的人格，这是领导最基本的修养和对下属的最基本的礼仪。

（2）善于听取下属的意见和建议。领导者应当采取公开的、私下的、集体的、个别的等多种方式听取下属的意见，了解下属的愿望，这样既可提高领导的威信，又可防止干群关系的紧张。

（3）宽待下属。领导应心胸开阔，对下属的失礼、失误应用宽容的胸怀对待，尽力帮助下属改正错误，而不是一味打击、处罚，更不能记恨在心，挟私报复。

（4）培养领导的人格魅力。作为领导，除权力外，还应有自己的人格魅力。如良好的形象、丰富的知识、优秀的口才、平易近人的作风等，这些都是与领导的权力没有必然联系的自然影响力。培根在其散文录说过：领导对下属的尊重就是随和，平易近人。

（5）尊崇有才干的下属。领导不可能在各方面都表现得出类拔萃，而下属在某些方面也必然会有某些过人之处。作为领导，对下属的长处应及时地给予肯定和赞扬。如接待客人时，将本单位的业务骨干介绍给客人；在一些集体活动中，有意地突出一下某位有才能的下属的地位；节日期间到为单位作出重大贡献的下属家里走访慰问等，都是尊重下属的表现。这样做，可以进一步激发下属的工作积极性，更好地发挥他们的才干。相反，如果领导嫉贤妒能，压制人才，就会造成领导和下属的关系紧张，不利于工作的顺利开展。

三、下级对上级的礼仪

在实际工作中，只有得到上级的认可、信赖，才可能更好地开展工作，因此，各级人员要善于与上级沟通及交往，认真掌握与上级相处的礼仪，并且灵活运用于实际工作中。

（1）尊重领导。单位的领导，一般具有较高的威望、资历和能力，有很强的自尊心。作为下属，应当维护领导的威望和自尊。在领导面前，应有谦虚的态度，不能顶撞领导，特别是在公开场合，尤其应注意，即使与领导的意见相左，也应在私下与领导说明。

（2）听从领导指挥。领导对下属有工作方面的指挥权，对领导在工作方面的安排、指挥必须服从，即便有意见或不同想法，也应执行，对领导指挥中的错误可事后提出意见，或者执行中提出建议。

（3）对领导的工作不能求全责备。应多出主意，帮助领导干好工作，不要在同事之间随便议论领导、指责领导。当然，对个别品德很差、违法乱纪的领导，另当别论。

（4）提建议要讲究方式方法。在工作中给领导提建议时，一定要考虑场合，注意维护领导的威信。提建议一般应注意两个问题：一是不要急于否定原来的想法，而应先肯定领导的大部分想法，然后有理有据地阐述自己的见解；二是要根据领导的个性特点确定具体的方法。如对严肃的领导可用正面建议法，对开朗的领导可用幽默建议法，对年轻的领导可用直言建议法，对老领导可用委婉建议法。

四、同事之间的礼仪

同事是与自己一起工作的人，与同事相处得如何，直接关系到自己的工作、事业的进步与发展。如果同事之间关系融洽、和谐，人们就会感到心情愉快，有利于工作的顺利进行，从而促进事业的发展，反之，同事关系紧张，相互拆台，经常发生摩擦，就会影响正常的工作和生活，阻碍事业的正常发展。处理好同事关系，在礼仪方面应注意以下几点：

（1）相互尊重。相互尊重是处理好任何一种人际关系的基础，同事关系也不例外，同事关系不同于亲友关系，它不是以亲情为纽带的社会关系，亲友之间一时的失礼，可以用亲情来弥补，而同事之间的关系是以工作为纽带的，一旦失礼，创伤难以愈合。所以，处理好同事之间的关系，最重要的是尊重对方。同事间的相互尊重，就是尊重他人的立场、观点，尊重他人的人格，尊重他人的隐私。

（2）经济往来清楚明白。同事之间可能有相互借钱、借物或馈赠礼品等物质上的往来，但切忌马虎，每一项都应记得清楚明白，即使是小的款项，也应记在备忘录上，以提醒自己及时归还，以免遗忘，引起误会。向同事借钱、借物，应主动给对方打张借条，以增进同事对自己的信任。有时，出借者也可主动要求借入者打借条，这也并不过分，借入者应予以理解，如果所借钱物不能及时归还，应每隔一段时间向对方说明一下情况。在物质利益方面无论是有意或者无意地占对方的便宜，都会在对方的心理上引起不快，从而降低自己在对方心目中的人格印象。

（3）同事有困难乐于帮助。同事有困难，通常首先会选择亲朋帮助，但作为同事，应主动问讯。对力所能及的事应尽力帮忙，这样，会增进双方之间的感情，使关系更加融洽。

（4）不背后议论同事的隐私。每个人都有“隐私”，隐私与个人的名誉密切相关，背后议论他人的隐私，会损害他人的名誉，引起双方关系的紧张甚至恶化，因而是一种不光彩的、有害的行为。

（5）对自己的失误或同事间的误会，应主动道歉说明。同事之间经常相处，一时的失误在所难免。如果出现失误，应主动向对方道歉，征得对方的谅解；对双方的误会应主动向对方说明，不可小肚鸡肠，耿耿于怀。

五、求职礼仪

（一）求职准备

1. 自我定位

面对严峻的就业形势和为自己职业发展着想，求职者们必须加强对自身的认识与了解，找出自己感兴趣的领域，确定自己能干的工作也即优势所在，明确自己的人生目标，给自我定位。职业中的诱惑越来越多，竞争越来越激烈，如果不能给自己定位，就有可能在出现了机遇时看不到，找到了工作后自己又不喜欢；或者开始找错了大方向，后面改变起来很难；或者得到的又很快失去，走了好多弯路；或者工作精力分散，失去自己的优势地位。一个人只有在了解自己和了解职业的基础上才能够给自己准确定位。

首先，要了解自己，主要是个人核心价值观念、动力系统、个性特点、天赋能力、缺陷等。方法：可以自我探索，可以请他人做评价，可以借助心理测验充分地了解自己。其次，要了解职业，包括职业的工作内容、知识要求、技能要求、经验要求、性格要求、工作环境、工作角色等。第三，要了解自己和职业要求的差距，需要仔细地比较各个方面要求的差距。你可能会有多种职业目标，但是每个目标带给你的好处和弊端不同，你需要根据自己的特点仔细地权衡选择不同目标的利弊得失，还要根据自己的现实条件确定达到目标的方案。第四，要确定如何把自己的理想与角色定位展示给面试官和上司。确定了自己的职业取向和发展方向之后，你需要采用适合的方式传达给面试官或者上司，以此获得入门和发展的机会。

2. 信息收集

知己知彼，百战不殆。面试之前，你一定要广泛收集各方面的资料与信息。有了充分的资料准备，即便“临场发挥”也会是相当精彩和出色的。

一是尽可能从多渠道获取就业信息。一般可通过毕业生就业指导中心、新闻媒介、网络、劳务市场、人才交流会、亲友等来获取就业信息。二是重点收集招聘单位的资料。尽可能了解清楚招聘单位的性质和背景，搞准确它是哪一种行业、生产何种产品；是独资企业还是合资企业，它的文化性（包括口号和形象）是什么。同时还要尽可能了解清楚招聘单位的业务情况，比如：过去的业绩好不好？业务往来的对象有哪些？现在该单位在做什么工作？该单位的发展前景如何？另外，对招聘单位的内部组织、员工福利、一般起薪、工作地点等也应该尽可能了解清楚。

3. 材料准备

在双向选择过程中，大多数用人单位安排面试的依据是有关反映求职者情况的书面材料，通过这些书面材料来判断和评价求职者的学习成绩、工作潜力。求职者要成功地向用人单位推销自己，拟定具有说服力和吸引力的求职面试材料是成功的关键一步。

面试材料包括求职者就业推荐表、简历、自荐信、成绩单及各种证书（获奖证书，英语、计算机等各类技能等级证书）、已取得的成果等。求职择业材料准备的一般原则包括：内容详实、格式规范；富有个性、针对性强；设计美观、杜绝错误。

4. 写求职信

求职信是针对特定的用人单位写的。求职信要集中突出个人的特征与求职意向，书写要清晰、简明，态度要诚恳，用语要得当并能打动招聘人的心。写好求职信是敲开职业大门的重要步骤。

求职信和一般书信大致相同，由开头、正文、结尾、落款四个部分组成。信的开头，要写明收信人的称呼。对于不甚明确的单位，可写成“人事处负责同志”、“尊敬的领导同志”、“尊敬的某某公司领导”等等；对于明确了用人单位负责人的，可以写出负责人的职务、职称，如“尊敬的林教授”、“尊敬的蒋处长”、“尊敬的刘经理”等等。称呼写在第一行，顶格书写，以示尊重和有礼貌。称呼之后用冒号，然后另起一行，写上问候语“您好”，接着写正文。正文是求职信的主体部分。应写清楚以下几方面内容：个人基本情况，如姓名、就读学校、专业名称、何时毕业等；个人所具备的条件，这是求职信的核心。要从专业知识、社会实践能力、专业技能、性格特长等方面使用人单位确信，他们所需要的正是你所能胜任的。求职信的结尾可提醒用人单位希望得到他们的回复或回电，或希望能有面试的机会。如可写“希望得到您的回音”、“盼复”等，附联系地址、邮编、电话。通常结束语后面应写表示祝愿或敬意的话，如“此致”、“敬礼”、“祝您身体健康！工作顺利！事业发展！”等等。落款包括署名和日期。署名应写在结尾祝词的下一行的右后方。日期（×年×月×日）应写在名字下面。若有附件，可在信的左下角注明。例如“附1：个人简历”、“附2：成绩表”等等。

对学生而言，求职信的信封、信纸最好选用署有自己学校地址的信封、信纸，忌讳选用带有外单位名字的信封、信纸，字迹清晰工整。如果写一手漂亮的书法，最好手写，因为更多的人相信“字如其人”。如果字写得不好看，就不如用电脑打出来，篇幅要适中，不宜过长，1 000字左右较为合适。求职信是个人与单位的第一次接触。所以，文笔要流畅，内容要简练，可以有鲜明的个人风格，不可过高地评价自己，也不可过于谦虚，要给用人单位留下较为深刻的印象。最后，要留下自己的联系方法。

（二）面试技巧

1. 心理

面试是用人单位深入了解应聘者的主要手段，在录用的环节中是最关键的一步。心理紧张是面试的最大障碍，面试要想取得成功，必须首先临场调整好情绪，过好心理素质这一关。

（1）要有一颗平常心。所谓平常心，就是看淡面试，把参加面试当成一次检阅、展示、锻炼自己的机会。看淡，并非放弃、不积极进取，而是要对面试有一个正确的认识，重在参与，不过分计较成败。将面试看得太重，心理压力太大，势必造成情绪紧张。竞争总会有胜者和败者，胜败乃兵家常事，只有以这种心态投入面试，才能思想放松，轻装上阵。心理负担过重，会导致面试时过度紧张，影响自己水平的发挥。

（2）事前要精心准备。这种准备除了知识、面试技巧和形象设计方面的准备外，还应有心理上的准备：一是自信心的准备。自信是建立在足够的实力基础上的一种心理反应。相信自己的实力，敢于挑战，充满信心，拥有强烈的进取心，这是成功的基础。二是精神状态的准备。沉着、冷静、放松，休息好，心情舒畅，保持最佳的竞技状态，这是成功的保证。

（3）要学会自我调节。面试紧张一般有三种情况：一是刚上场时因对环境不适应而产生心理紧张。二是抽到偏题、冷题时因不知如何应答而引发心理紧张。三是演讲过程中因跑题、逻辑混乱而引起心理紧张。对不同原因引发的心理紧张要采取相应的对策。对第一种紧张，要学会“目中无人”，两眼平视，用眼神面对评委，这样可以减轻自己的紧张程度。对第二种紧张，要沉着冷静，认真审题，在短暂的准备时间内，迅速揣摩出出题者的意图，列出简要的答题提纲，千万不能冷场，一冷场，评委和观众盯着你，会使你越发紧张。不管是否准确，只要是自己了解的，认为与该题有关的，一定要讲出来。不少评委打分时并非死扣标准答案，只要应试者说话顺畅，即使有时答跑了题，也会手下留情。根治第三种紧张的妙方是，答题时要适当放慢节奏，稳定情绪，在思考中使思维重新回到题目上来，不能急躁，更不能流露出不知所措的思想情绪。

2. 形象

一个人的形象不仅仅是外表的好坏，它还体现这个人的精神风貌与工作态度，完美的形象既是对自我的肯定，也是对他人的尊重。面试时，主考官通过对应聘者外表形态的看法与评价所产生的效应，将在面试中产生巨大的影响。

参加面试不是一般的社交场合，更不是休闲之时，而是一个严肃的公务场合，所以应聘者的自我形象设计必须重视仪表修饰，必须使自己的仪容、化妆、服饰、配饰等符合礼仪规范，做到整洁、庄重、正规，给主考官留下良好的第一印象。

整洁：应聘者的仪表必须修饰得干净、齐整，而绝不允许不修边幅。男士应理发、剃须，女士则要注意整理好发型。面试时所穿的衣物，务必要无污迹、无破损、无褶皱。衬衫的领口与袖口，尤其要确保洁白无瑕。

庄重：设计形象必须围绕面试这一中心进行，求职者的身份，要求其仪表修饰必须以庄重为宜。化妆时，不应当过分浓烈，要做到“妆成却无”。切忌过分时尚，或是刻意地追求怪异、新奇、性感。女士尤须忌穿露肩、露胸、露腰的“三露”服装。

正规：应聘较高职位或是去公司、外企面试时，修饰仪表还必须重视其正规与否的问题。按常规，男士应该本着"三色原则"穿着深色西服，穿白色衬衫，系单色领带，穿深色线袜、黑色皮鞋；女士应着素雅套裙，肉色连裤长袜及黑色或与套裙配色的高跟、半高跟皮鞋，化妆宜淡，发型宜雅（短发或长发盘束），首饰佩戴以少为佳，少至不戴任何首饰。如果反其道而行之，就可能因不符合礼仪规范而贻笑大方。

3. 举止

举止又被称作体态语言，它表露着人的思想、情感及对外界的反应。传播学认为：在人们所接受的来自他人的信息之中，只有45%来自有声语言，而55%以上来自无声语言。体态语千变万化，在面试中应聘者必须使自己的体态语符合礼仪要求，做到文明、优雅、敬人，体现出对主考人员的尊重、友好，展示出自己良好的文化教养。在面试中，各种体态语的具体应用有以下情况：

面试时的面部表情总体上应为轻松、自然、自信、友好。它集中表现于眼睛和嘴部。有人曾提出这样一个问题：面对主考官一排摆着5个凳子，那么，应聘人员应选择坐在哪个凳子上？这其实是个礼仪技巧题，它的中心问题在于应聘人员应该用什么样的眼神来看主考官。黑格尔说："灵魂集中在眼睛里。"为了表示对主考人员的尊重，应聘者应主动居于低处，抬眼向上注视考官的面部，但要避免长时间的盯视，眉毛要平直，不论应对什么情况都不要皱起眉头或是将眉毛上升、下降，这样给人以自信、坚定、襟怀坦荡的感觉。嘴部要自然闭合，说话时不能频繁变换嘴型，更不要打哈欠或是张开嘴露出牙齿，否则，给人以不拘小节、不求上进的印象。要善于以微笑表达出良好的心境、充满自信的能力、真诚的友善。

站姿给人的印象非常重要。人们往往认为其简单而忽略它的重要性。站立时应当身体挺直、舒展、收腹，眼睛平视前方，手臂自然下垂。这样的站姿给人一种端正、庄重、稳定、朝气蓬勃的感觉。如果站立时歪头、扭腰、斜伸着腿，会给人留下轻浮、没有教养的印象。

面试时的坐，不要贪图舒服。许多人养成了瘫坐的习惯，在面试一下子就表现出来了。正确的坐姿从入座开始，入座的动作要轻而缓，不要随意拖拉椅子，身体不要前后左右晃动，背部要与椅背平行，沉着安静地坐下。落座后，上身要保持直立状态，既不前倾，也不后仰。双手自然下垂，肩部放松，五指并拢。男女的坐姿还有一定的区别：男士可以微分双脚，这样给人以自信、豁达的感觉，双手可以随意放置；女士一般要并拢双膝，或者小腿交叉端坐，这样给人端庄、矜持的感觉，双手一般要放在膝盖上。

4. 语言

交谈是求职面试的核心。面试是与面试官交谈和回答问题的过程，在这个过程中，要根据自我介绍和交谈内容控制音量的大小、语速的快慢、语调的委婉或坚定、声音的和缓或急促，在抑扬顿挫中表现出你的坚定和自信。如果装腔作势，会给人一种华而不实感觉。

交谈时要口齿清晰、发音正确，尽量使用普通话。说话要言简意赅，通俗易懂。不要为了显示自己而只顾使用华丽、奇特的辞藻，这样会很难顾及语言的逻辑和通顺，反而使人感到你用词不当、逻辑思维能力差。此外，急于显示自己的妙语惊人，往往会忽略了自己的语言过于锋利、锋芒太露而显得有些张狂。

交谈过程中要注意掌握和控制语速、语调。一般情况下，语速掌握在每分钟 120 个字左右为宜，要注意语句间的停顿，不要滔滔不绝而让人应接不暇。语调是表达人的真情实感的重要元素，要通过语调表现出你的坚定、自信和放松。

交谈中还要注意谈话礼貌，不要打断对方的讲话，要集中注意力认真“倾听”对方的讲话。听清和正确理解对方的一字一句，不但要听出其“话中话”，而且要听出其“弦外之音”，这样才能作出敏捷的反应。

5. 模拟

在前往面试之前，你最好根据自己收集的资料，先设想一下可能遇到的问题，自问自答，来一番模拟练习，或是把准备要回答的内容记在笔记上，这对于面试是否能成功，有很大的关系，以避免临场手忙脚乱、表现欠佳。透过练习，你会更加熟稔这些数据，对面试可能会提出的问题，先模拟对策，预先想好应对方式，以简洁明确为原则，对所有的问题了然于心，表达上就会比较流利自然。

（1）找一台录音机。可能的提问有这些项目：自我介绍、学习经历、专长、兴趣、对学科的了解程度等，你可以利用录音机，把这些问题的回答录下来，你再自己听听看，要达到清楚明白、简洁准确的程度，有不好的地方，就再修改，一再反复练习，直到满意为止。你要注意说话的节奏快慢、声调的抑扬顿挫，如果能加上适当的表情配合，和说话的内容映衬，比较容易令人折服。如果表现无甚过人之处，或欠缺说服力，就难有出色的成绩。

（2）找人当观众。建议你去请几位亲朋好友或师长同学当观众，可以用客观的角度批判你，对你全部的表现做严格的审视，或提出良好的建议，以作为你改进的目标。或许他会指出你说话的枝节太多，没有说出重点。

（3）模拟主考官提问。你对预先想好的答案，要在口头上反复练习，最好能做到倒背如流的地步。当然也不是死背答案，重要的是你的临场反应，一旦要真正面试时，才能有最佳的表现。你可以请人扮演主试者来提问，在真实情况里，很难说你会遇到哪一种主试者，或许是一个慈祥长者型，也有可能运气欠佳，遇到一个精明厉害、严肃、不苟言笑的夫子，你自己要有心理准备，不要到时被吓到。

（4）善用镜子。由你上场演出重头戏，为了届时能有出色的表现，你可以借助镜子，观察你模拟面试的过程，从中修正言行，改善你紧张的表现和不当举止，让你的言语和动作更加合宜，成为最佳男（女）主角。当然你不可能一下子达到专业演说的水平，但至少也有几分的架势出来。

第二节　会务礼仪

会议是为了实现一定的目的，由主办或主持单位召集组织的、由不同层次和不同数量的人参加的一种事务性活动。无论什么会议，要想取得良好的效果，会议的组织、参加、进行就必须遵循一定的礼仪规范，以便与与会者的思想感情能很好地进行沟通。因此，会议礼仪是会议取得成功的重要保证。

一、会议种类与安排

（一）会议种类

会议的目的多种多样：表扬批评、布置任务、解决问题、交流经验、调查情况、沟通信息、纠正错误等。

根据会议的不同目的，可以将会议作如下分类：

1. 洽谈会

洽谈会又叫磋商会、谈判会，是指有关各方代表充分阐述己方的各种设想，听取他方的不同意见，并通过详细陈述己方的理由，反复同对方交换看法或做出某种让步，消除相互间的距离，最后各方取得一致，达成协议。

2. 新闻发布会

新闻发布会又称记者招待会。政府、企业、社会团体或个人都可以公开举行，邀请各新闻媒体的记者参加。举行发布会主要是为了把组织较为重要的成就以及信息报告给所有新闻机构。

3. 展览会

展览会是一种在预期地点、日期和时限内，通过物品的展示，达到产品、服务、信息交流的社会活动形式。组织通过举办展览会，运用真实可见的产品和热情周到的服务，全面的资料、图片介绍和技术人员的现场操作，吸引大量的参观者，使其留下深刻的印象。它是组织的重要公关活动之一。

4. 赞助会

赞助是指组织对某一社会事业、事件无偿地给予捐赠和资助，从而扩大组织的知名度与美誉度，树立美好形象的活动。赞助会是某项赞助举行时采用的具体形式。

5. 联欢会

联欢会是一个宽泛的概念，它包括各种组织举办的节日联欢会（如新年联欢会、春节联欢会）、文艺晚会（如歌舞晚会、戏曲晚会、相声小品晚会）、游艺晚会等。联欢会对于提高组织凝聚力、向心力，活跃员工的文化生活，加强与外部公众的文化沟通，提高组织形象都起着积极作用。

6. 座谈会

座谈会是邀请有关人员就某一个或某些问题召开会议，收集对某一个问题的反映，就某些方面的问题发表看法。

（二）会议组织安排

无论何种类型会议的召开都有一定的规律可以遵循。总的来说，会议要按会前准备、会议期间组织管理、会后总结与收尾三个环节来组织与安排。只有严谨而细致的会议组织与安排才能收到最佳的会议效果。

1. 会前准备

在会议组织工作中，会前准备至关重要。会议准备工作的充分与否，直接影响到会议的效果与质量。会议准备工作环节众多，在准备过程中工作要找准重点，并确保重点环节的落实。

（1）会议的筹备。举行任何会议，皆须先行确定主题（包括会议名称）。负责筹备会议的工作人员，则应围绕会议主题，将领导议定的会议的规模、时间、议程等组织落实。会务组通常要组成专门班子，明确分工，责任到人。

（2）制发会议通知。会议通知是向与会者传递召开会议信息的载体，是会议组织者同与会者之间会前沟通的重要渠道。会议通知的内容要尽可能详尽、明确。书面通知一般应当写明以下几方面的内容：会议名称、主办者、会议的内容、参加对象、会议的时间、会议的地点、其他事项以及联络信息。

（3）制作会议证件。会议证件是会议举行期间供与会人员和工作人员以及其他相关人员佩戴使用的证件。使用会议证件的目的在于对会议进行管理，便于与会人员之间的相互辨认和联系、交流，方便识别身份，统计到会人数，维持会场秩序，保证会议的安全，避免无关人员进人会场和会议驻地，维护会议的严肃性，证件还可给与会者留作纪念。

（4）准备会议文件与材料。会议文件是提请会议讨论和有助审议事项的文书材料。按照文件的性质和功能，会议文件的类型可分为：主旨文书（如大会报告、领导讲话、开幕词、闭幕词、主持词、决议草案等）、议案文书（如我国人大、政协会议提交审议的议案、议案说明等）、事务文书（如会议细则、代表须知、日程安排、代表名单、选举办法等）、议决文书（会议纲要、决议、公报等）和信息文书。

2. 会议期间的组织管理

（1）报到与签到。报到与签到都是指与会者到达会议时所办理的手续。与会人员须凭会议通知书、本单位介绍信、本人证件报到，在会议报到登记表上填写个人的有关信息（如姓名、性别、年龄、单位、职务、职称、联系地址、电话等），并领取有关物品与材料（证件、会议须知、文字材料等）。

在签到处，工作人员要穿戴整齐，并佩戴工作人员标志。签到的笔应拧去笔帽，签到簿应打开，签到处应有人负责引导接待。

（2）安排住宿。房间的分配有时是一个比较敏感的问题，比如召开一次代表大会，如果各代表团所住的宾馆条件相差太大，会产生一些误会。有些学术会议，出席者的身份高低不等，安排住房时，有必要作适当的区别。

安排住宿时，住房要相对集中，这有助于会议期间的信息沟通和会务联系；会议住地要尽量靠近会场，最好是会场和住宿的房间在同一宾馆，这样可以节省时间和交通费用。

（3）安排大会发言。大会发言要事先排定人选和次序，确定发言人应注意三个平衡：

其一，领导人之间的平衡。高一级的领导人或主要领导人的发言，如果是开幕词或动员性、启发性的，应安排在第一个；如果是总结性、综合性的，则安排在最后；如果是讨论发言、座谈发言，应交叉发言，以使会场更生动活跃。

其二，单位平衡。发言单位的选择，应首先考虑典型性，其次再照顾单位之间的平衡。

其三，内容平衡。发言内容应围绕一个主题，不同内容安排在一起不利于集中思考和会后讨论，因而效果不好。如果内容属同类，只安排一人发言即可。

（4）会议记录。会议记录是会议客观进程原始真实的反映，它全面提供会议活动的原始信息，为日后查考、分析研究会议提供可靠依据。会议记录包括书面记录、图像记录和声音记录。

书面会议记录的内容包括：

① 会议概况：会议的名称、时间、地点、主持人、出席人、列席人、旁听人、缺席人（注明原因）、会议届数或次数等。

② 会议进程：会议的议题、议程、发言人、发言内容、表决情况（表决事项名称、表决方式、表决结果）、会议结果等。

③ 会场情况：指会议期间会场内所发生的与会议进程有关并且具有记录价值的情况。

（5）编写简报。一些重要会议，往往在会议期间要编写会议简报，以及时反映会议情况。简报一般分为标题、导语、主体、结尾四部分。编写简报的要求是快、准、简。快即讲求时效，准即准确无误，简即文字精练。

3. 会后总结

会议结束后，要及时对会议进行总结。总结工作的意义在于为判断已做过的所有工作的效率和效果提供标准和结论，并为提高以后工作的效率和效果提供依据和经验。总结范围涉及会议内容（会议主题、内容、演讲人等），会议场馆、设备和当地相关服务，与会者和受邀嘉宾的反应，与会者出席资料，会议经费的预决算等。

对会议活动全过程的有关文字材料、照片、音像资料及其他物品，进行整理、立卷、装封和入库。也可以适当选择内容进行编辑，汇成全套历史资料出版，既方便保存，又方便宣传。

二、会议场所礼仪

（一）会场布置

会场布置是一项有明确意图的会务工作，其根本目的在于创设与会议主题、性质相适应的会场气氛，确保会议的需要，体现会议的有序性，从而有利于实现会议的目标。

1. 会场物品和设备安排

会场物品和设备的准备、安装、调试和使用是一项责任性和技术性都很强的工作，准备是否充分，安装调试是否到位，对会议能否顺利进行影响甚大，不能有半点差错。

概括起来，会场用品和设施主要包括以下几类：

（1）会场基本设施：如桌椅、照明电器、卫生用具、消防设施等。

（2）会场装饰用品：如会标、会徽、旗帜、花卉、标语口号等。

（3）会场视听器材：如扩音机、幻灯机、投影仪、录音机、电子书写板、同声翻译系统等。

（4）会议通信设施：如电话机、传真机、电视机、计算机以及相应的通信网络设施。

（5）常用文具和印刷设备：如笔、纸、簿册等常用文具，打字机、打印机、扫描仪、复印机等设备。

（6）交通工具：如轿车、大巴士等接送与会者的车辆。

（7）会议专门用品：如颁奖会的奖品与证书，开幕式剪彩时用的彩带和剪刀，选举会用的选票、投票箱等。

（8）生活卫生用品：如茶水、茶杯、毛巾等。

现代会议活动所使用的物品与设施众多，每一种物品与设施都具有独特功能。要根据会议的目的、方式和手段不同，合理选取所需的会议用品和设施，并于会前安装、调试，以确保会议的顺利举行。

2. 会场座位布置

设计和安排会场座位格局是会场布置的重要任务。会场大小和与会人数多少是制约会场座位格局设计和安排的两个重要因素。在设计和安排座位格局之前，应事先进行会场实地考察，根据主席台就座人数和代表人数以及会场内必需的活动空间和安全性因素，确定座位的疏密程度和结构形状。不同的座位格局所形成的会议氛围和产生的心理效果是不同的。

（1）大型会议可采用上下相对式，设置主席台，主席台和代表席采取上下面对面的形式，突出会场严肃、庄重的气氛（如图6-1）。

对于就座于主席台的全体人员，国内排座（按身份）的基本规则有三：一是前排高于后排；二是中央高于两侧；三是左侧高于右侧。具体进主席台排座又有单数（如图6-2）与双数（如图6-3）之分。

（2）中型会议可采用半圆形，形成一个中心点。

（3）大型宴会、团拜会、茶话会的座位格局可采用众星拱月式、星点式，以形成轻松和谐的氛围（如图6-4）。

（4）会见、会谈的座位格局主要有：马蹄形、圆形、正方形、长方形、回字形（如图6-5、图6-6）。

图6-1

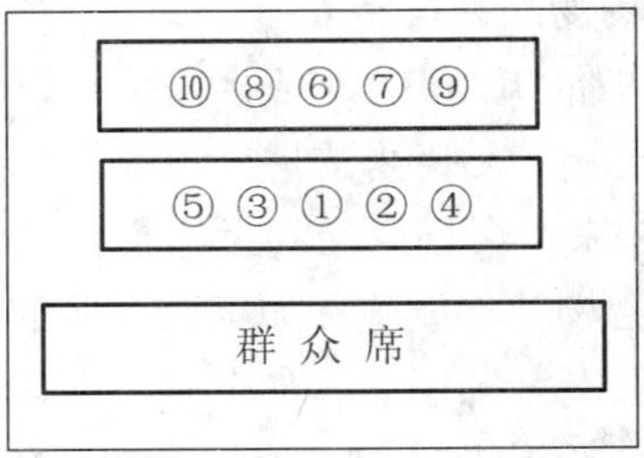

图6-2

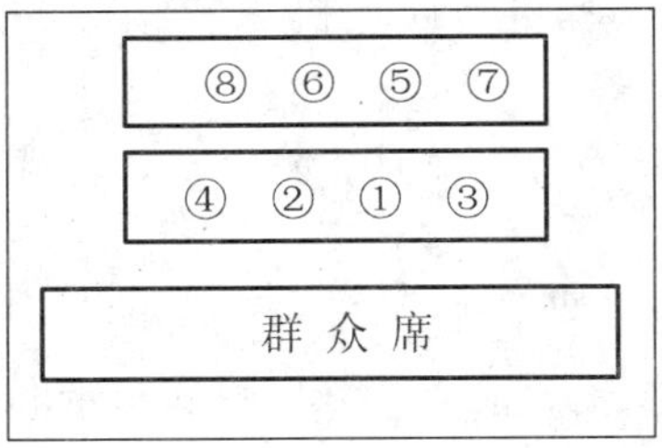

图6-3

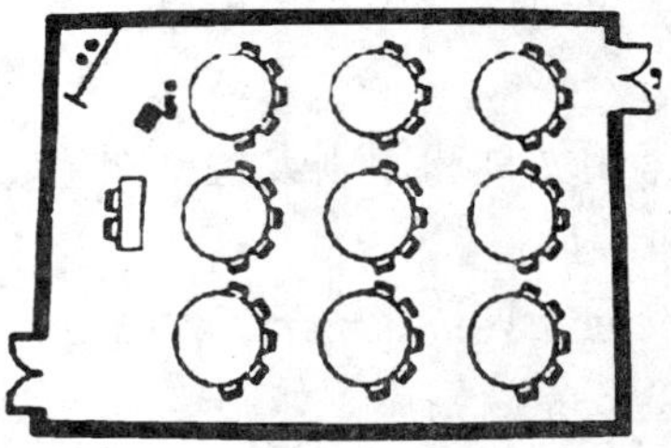

图6-4

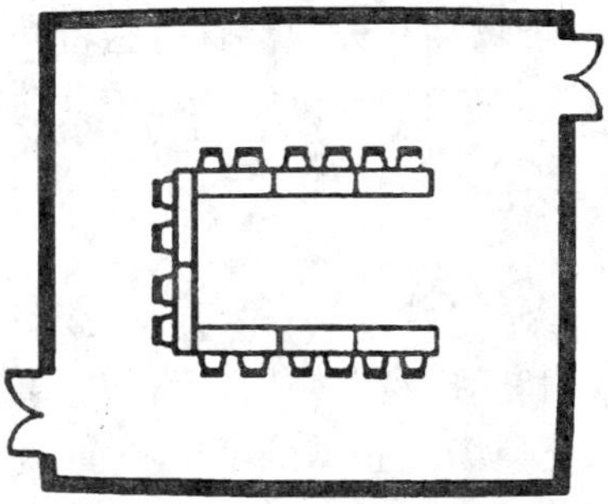

图6-5

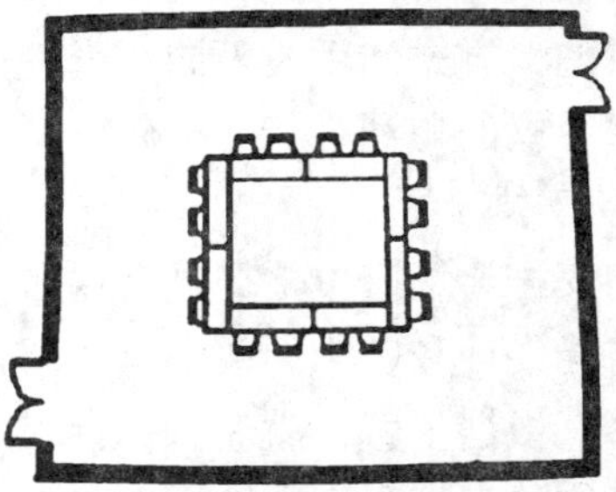

图6-6

（二）会议主持礼仪

会议的主持人一般由一定职务的领导担任。主持人的礼仪表现对会议成功与否有着较大的影响，因此，主持人应遵循以下礼仪规范：

准备充分，作为会议的主持者，事先要有充分的准备，要了解会议的主题、议程、与会者的情况等，甚至还要进行必要的调查，掌握情况，收集资料。若是大型会议，还要专为主持人准备一份“主持词”。

主持人应着装整洁，大方庄重，切忌不修边幅、蓬头垢面。精神饱满，走上主席台时，步伐稳健有力。如果是站立主持，应双腿并拢，腰背挺直。持稿时，右手持稿纸的底部，左手五指并拢自然下垂；双手持稿时，两手与胸齐高。坐着主持时，应上身挺直，双臂前伸。主持过程中，切忌出现搔头、揉眼、抖腿等不雅动作。

主持人要善于辞令，口齿清楚，思维敏捷，随机应变，表述简明扼要。会议进行中，主持人可根据会议性质调节会议气氛，或庄重，或幽默，或沉稳，或活泼。会场上，主持人不应频繁与熟人打招呼或寒暄攀谈。

（三）会议参与礼仪

对于参加会议的一般人员，应做到有备而来，衣着得体，仪表大方，准时到会，进出有序，按规定落座，遵守会议纪律。

参加会议前，参会者应做好适当的准备，要事先了解会议的议题、议程以及其他参会者的情况，按会议的要求准备有关材料或做好发言准备。

出席公务会议时的着装不能过于华丽，也不能太随便，应与会议的气氛、其他人的衣着和季节相协调。落座后，坐姿要优雅，避免做不雅的小动作。会议进行中不要随意走动，若要离开会场，则应轻手轻脚，不要影响他人。

听取别人发言或报告时，应认真倾听，不要私下小声说话或交头接耳，必要时要做好记录。发言人讲话告一段落或结束，应鼓掌致意。

参会期间，所有与会者应关闭手机或使其处于震动、静音状态，一般情况下不要接听手机；若非接不可，则应离席，以免影响会场秩序。

（四）演讲礼仪

演讲礼仪指演讲者在演讲前后和演讲时对听众的礼节。举止与礼仪是演讲者思想、品格修养的外在表现，是演讲者风度和形象构成的重要因素。这是演讲前听众就能见到和感到的，它给听众留有的是“第一印象”，所以历来为演讲者所重视。演讲者在演讲过程中（包括演讲前后）应做到潇洒自如、落落大方、彬彬有礼、温文尔雅。因此要注意以下几个方面：

（1）进入会场。有人陪同时，听众可能已经坐好，几位演讲者同时进入会场，不可在门口推托谦让，而应以原有的顺序进入会场。听众如果起立、鼓掌欢迎，应边走边举手表示谢意，不可东张西望，更不要止步与熟人打招呼、握手；没人陪同时，听众可能没有完全入场，要寻找靠近讲台的边座坐好，不要在门口观望或等听众坐好进场。

（2）就座前后。有人陪同，要等陪同人指示座位，并应等待与其他演讲者同时落座，先人而坐有失礼节。如果先进入会场，被主持人发现时给调换座位，应马上服从，按指定座位座好，并表示谢意。坐好后不要左顾右盼找熟人，更不要主动与别人打招呼，那样显得轻浮。

(3) 介绍的时候。演讲前主持人常常要向听众介绍演讲者。主持人提到名字，演讲者应主动站起来，立直身体，面向听众，并微笑致意，估计听众可以认清再转身坐下。如果主持人介绍词中介绍了演讲者的成绩和事迹，听众反响强烈，演讲者应再次起身，向听众致谢，并向主持人表示“不敢当”、“谢谢”之意。如果反响一般就不必再次致意。多此一举，反而不美。要不要再次表示谢意，应审时度势，当机立断，过频或过分都有失礼节。

(4) 走上讲台。当主持人提到名字，演讲者应站起身来，首先向主持人点头致意，然后走向讲台。走路时上身要直立，不躬腰，不腆肚，步伐不争不徐。目视前方，虚光看路。头要正，不偏不摇，双手自然摆动。走上讲台后要慢步自然转弯，面向听众站好，正面扫视全场，仿佛与听众进行目光交流，然后以诚恳、恭敬的态度向听众敬礼，稍稍稳定一下之后，再开始演讲。

(5) 站位和目光。站位不但考虑演讲时活动的方便，更要考虑听众观察演讲者的方便。听众不论在什么地方都能看清演讲者的演示，方便情感的双向交流。要讲究站立的姿势，站姿得当，会显得英俊干练，生气勃勃，给人美感。目光要散到全场，落到每位听众的脸上，听众仿佛觉得光顾到他，仿佛与每位听众都进行过目光的交流。

(6) 走下讲台。演讲完毕，要向听众敬礼，向主持人致意。如果听到掌声，应再次向公众表示谢意，然后走回原座位。

(7) 走出会场。演讲全部结束，演讲者可能由主持人陪同先行退场。听众出于礼貌，或站起身来，或热情鼓掌，这时演讲者同样也要热情回报，或鼓掌或招手致意，直至走出会场。如果听众先退出会场，演讲者应起立，面向听众，目送听众。

第三节　仪式礼仪

一、庆典礼仪

企事业单位遇到重大的事项一般都会安排隆重的庆典以示庆贺。得体的庆典能够向社会展示单位的成功与成就，美化自身形象。

（一）庆典的安排

1. 确定参加庆典的人员

庆典活动要邀请有关人士参加，这些人士包括上级领导、社会名流、媒体记者、合作伙伴、行业及社区代表、单位员工等。庆典的组织者应当根据庆典的主题，精心确定庆典的出席人员名单。值得注意的是，庆典的出席者不应当滥竽充数，也不能人丁疏落。一旦出席庆典的人员确定，就应尽早发出邀请或通知，并准确掌握来宾的情况。

2. 庆典的场地安排

举行庆祝仪式的现场，是庆典活动的中心地点。对它的安排、布置是否恰如其分，往往会直接关系到庆典留给全体出席者的印象好坏，所以，要精心布置好举行庆祝仪式的现场。在布置举行庆典的现场时，至少要考虑以下几个方面：

（1）地点的选择。选择地点应结合庆典的规模、影响力以及本单位的实际情况来决定。本单位的礼堂、会议厅，本单位内部或门前的广场，以及外借的会场，均可作为选择的对象。

（2）环境的美化。应当在量力而行的前提下，着力美化庆典举行现场的环境。为了烘托出热烈、隆重、喜庆的气氛，可在现场悬挂彩灯、彩带，张贴一些宣传标语，并且张挂标明庆典具体内容的大型横幅。如果有必要，也可以请乐队演奏音乐或请锣鼓队敲锣打鼓，但是这类活动要适度，不要热闹过头，弄巧成拙。

（3）场地的大小。举行庆祝仪式的场地的大小，应同出席者人数的多少相适应。人多地方小，拥挤不堪，会使人心烦意乱。人少地方大，则会让来宾对本单位产生“门前冷落车马稀”的错觉。

（4）音响的准备。举行庆典之前，务必把音响准备好。尤其是供主持人、领导和来宾发言用的麦克风和传声设备，不能在关键时刻出现“罢工”现象，以致让主持人手忙脚乱、大出洋相。在庆典举行前后，可以播放一些喜庆、欢快的乐曲，但不要抢占“主角”的位置，为防出错，对于播放的乐曲，应先期进行审查。切勿播放那些不合时宜的曲子。

（二）庆典的程序

一次庆典活动举行得是否成功，与其具体的程序不无关系。主办方在拟定庆典的程序时，有两条原则必须坚持：第一，时间宜短不宜长。大体上讲，它应以一个小时为限。这既是为了确保其效果良好，也是为了尊重全体出席者，尤其是为了尊重来宾。第二，程序宜少不宜多。程序过多，不仅会加长时间，而且还会分散出席者的注意力，并给人以庆典内容过于凌乱之感。

依照常规，一次庆典大致包括以下程序：

预备，请来宾就座，出席者安静，介绍嘉宾。

第一项，宣布庆典正式开始，全体起立，奏国歌。

第二项，本单位主要负责人致辞。其内容是，对来宾表示感谢，介绍此次庆典的缘由，等等。其重点应是报捷以及庆典的可“庆”之处。

第三项，邀请嘉宾讲话。大体上讲，出席此次庆典的上级主要领导、协作单位及社区关系单位，均应有代表讲话或致贺词。嘉宾讲话应当提前约定并安排好发言顺序，以免当众推来推去。外来的贺电、贺信等，可以不一一宣读，但对其署名单位或个人应当公布。在进行公布时，可依照其“先来后到”为序，或是按照其具体名称的汉字笔画的多少进行排列。

第四项，安排文艺演出。这项程序可有可无，如果准备安排，应当慎选内容，注意不要有悖于庆典的宗旨。

第五项，邀请来宾进行参观。如有可能，可安排来宾参观本单位的有关展览或工作现场等。

在以上几项程序中，前三项必不可少，后两项则可以酌情省去。

（三）庆典参与人员的礼仪

出席庆典活动人员，应当遵守的礼仪规范有以下几点：

1. 主办方礼仪

对于庆典的组织者来说，整个仪式过程都是礼待宾客的过程。每个人的仪容仪表、言谈举止都关系到主办方的形象。假如有的人在仪式中精神风貌不佳，打扮不适宜，行为举止不当，很容易给本单位的形象带来负面影响。因此，作为主办方的出席者，在参加庆典时应注意以下几点：

（1）仪容要整洁。所有出席本单位典礼的人员，事前都要作适当修饰，女士要适当化妆，男士应梳理好头发，剃掉胡须。任何人不得蓬头垢面，给单位的形象抹黑。

（2）服饰要规范。有条件的单位最好着统一式样的服装，没有条件的，应要求每个人穿着礼仪性服装，即男士穿深色西装，女士穿深色西装套裙或套装。绝不能在服饰方面任其自然，给人很凌乱的感觉。

（3）准备要充分、周到。请柬的发放应按时，不得有遗漏。席位的安排要讲究，一般按身份与职务高低确定主席台座次及贵宾席位，还应为来宾准备好迎送车辆等。

（4）要遵守时间。出席本单位庆典的每一位人员都应严格遵守时间，不得迟到、无故缺席或中途退场。如果仪式的起止时间已经公布，主办单位应准时开始、准时结束，向社会证明本单位是言而有信的。

（5）态度要友好。遇到来宾要主动热情地问好，对来宾提出的问题应予以友善的答复。当来宾发表贺词后，应主动鼓掌表示感谢，不能起哄、鼓倒掌，不能随意打断来宾的讲话、向其提出挑衅性质疑，或是对来宾进行人身攻击。

（6）行为要自律。主办方人员的得体举止，可以充分展示本单位文明礼貌、礼尚往来的良好风范。典礼过程中，主办方人员不得嬉笑打闹，不得做与典礼无关的事，如看报纸、织毛衣、打瞌睡等。不要东张西望，一再看时间，表现得心不在焉。

2. 宾客礼仪

参加庆典的宾客也要注意自己的礼貌礼节，尽量做到以下几方面：

（1）要准时参加庆典，为主办方捧场。如有特殊情况不能到场，应尽早通知主办方，不要辜负主人的一番好意。

（2）宾客在庆典前或庆典中，可送些贺礼，如花篮、镜匾、楹联等以表示对开业方的祝贺，并在贺礼上写明庆贺对象、庆贺缘由、贺词及祝贺单位。

（3）见到主人应向其表示祝贺，并说一些祝顺利、发财、兴旺的吉利话。入座后应礼貌地与邻座打招呼，可通过自我介绍、互换名片等方式结识更多的朋友。

（4）在典礼上致贺词时，要简短精练，不能随意发挥，拖延时间，而且要表现得沉着冷静、心平气和，注意文明用语，少用含义不明的手势。

（5）在典礼过程中，宾客要根据典礼的进展情况，做一些礼节性的附和，如鼓掌、跟随参观、写留言等。

（6）庆典结束后，宾客离开时应与主办方领导、主持人、服务人员等握手告别，并致谢意。

二、签字礼仪

经过长期洽谈之后，我国南方某市的一家公司终于同美国的一家跨国公司谈妥了一笔大生意。双方在达成合约之后，公司决定正式为此而举行一次签字仪式。可在仪式正式举行的那一天，美方代表差一点要在正式签字之前“临场变卦”。

原来，中方的工作人员在签字桌上摆放中美两国国旗时，误以中国的传统作法“以左为上”代替了目前所通行的国际惯例“以右为上”，将中方国旗摆到了签字桌的右侧，而将美方国旗摆到签字桌的左侧。结果让美方人员恼火不已，他们甚至因此而拒绝进入签字厅。这场风波告诉我们：在商务交往中，了解签字仪式的规范举足轻重。

（一）签字的安排

1. 签字场地安排

签字场地有常设专用的，也有临时以会议厅、会客室来代替的。布置它的总体原则是庄重、整洁、清净。

一间标准的签字厅，应当室内铺满地毯，除了必要的签字用桌椅外，其他一切的陈设都不需要，正规的签字应为长桌，其上最好铺设深绿色的台呢。

按照仪式礼仪的规范，签字桌应当横放。在其后，可摆放适量的坐椅。签署双边性合同时，可放置两张坐椅，供签字人就座。签署多边性合同时，可以仅放一张坐椅，供各方签字人签字时轮流就座。也可为每位签字人都各自提供一张坐椅。

在签字桌上，应事先安放好待签文本，以及签字笔、吸墨器等签字时所用的文具。与外商签署涉外商务合同时，须在签字桌上插放有关各方的国旗。插放国旗时，在其位置与顺序上，必须依照礼宾序列而行。例如签署双边性文本时，有关各方的国旗须插放在该方签字人坐椅的正前方。如签署多边性合同、协议等时，各方的国旗应依一定的礼宾顺序插在各方签字人的身后。

2. 签字人员安排

在举行签字仪式之前，有关各方应预先确定好参加签字仪式的人员，并向其有关方面通报。客方尤其要将自己一方出席签字仪式的人数提前给主方，以便主方安排。签字人要视文件的性质来确定，可由最高负责人签，但双方签字人的身份应该对等。参加签字的有关各方事先还要安排一名熟悉签字仪式详细程序的助签人，并商定好签字的有关细节。其他出席签字仪式的陪同人员，基本上是双方参加谈判的全体人员，按一般礼貌做法，人数最好大体相等。为了表示重视，双方也可对等邀请更高一层的领导人出席签字仪式。

3. 签字座次安排

正式签署合同时，各方代表对于礼遇均非常在意，在实际应用中，签字仪式的位次排列有三种形式：

（1）并列式。这是双边签字时最为常见的形式。即签署双边性合同时，签字桌在室内面门横放，双方签字人居中面门而坐，客方就座于签字桌的右侧，主方就座于签字桌的左侧。双方各自的助签人，应分别站立于各自一方签字人的外侧，以便随时对签字人提供帮助。双方其他的随员，可以依照职位的高低，自左至右（客方）或是自右至左（主方）地列成一行，站立于己方签字人的身后。当一行站不完时，可以按照以上顺序并遵照“前高后低”的惯例，排成两行、三行或四行（如图6－7）。

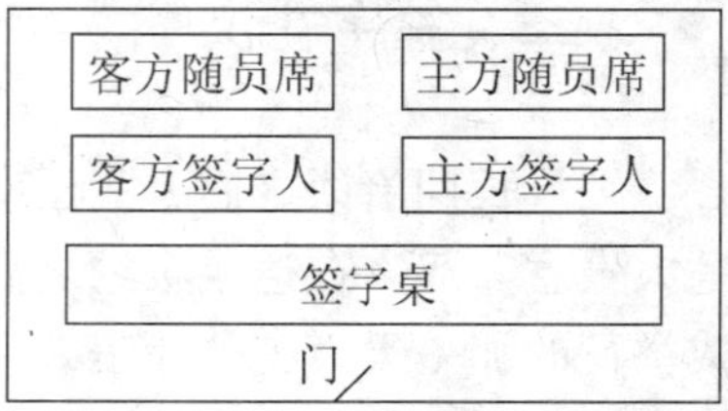

图6－7

（2）相对式。相对式与并列式排座方式基本相同。只是双方随员按照一定的顺序在己方签字人的正对面就座（如图6－8）。

（3）主席式。主席式适用于多边谈判。签字桌室内横放，签字席设于桌后面对正门，只设一个，不固定其就座者。举行仪式时，各方人员包括签字人在内，皆背对正门，面向签字席就座。签字时，签字人以规定的顺序走上签字席就座签字，然后退回原处就座（如图6－9）。

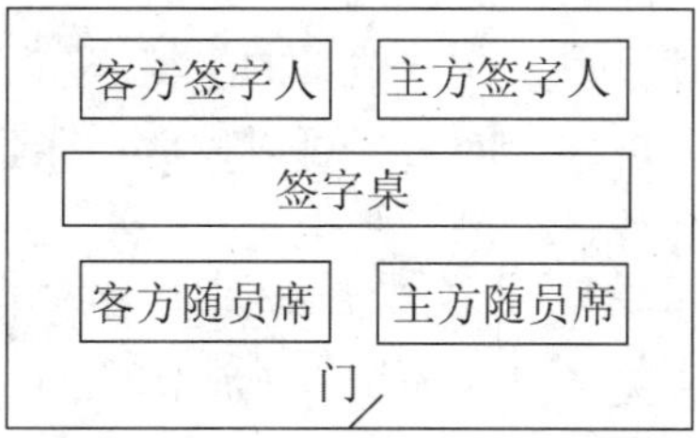

图6－8

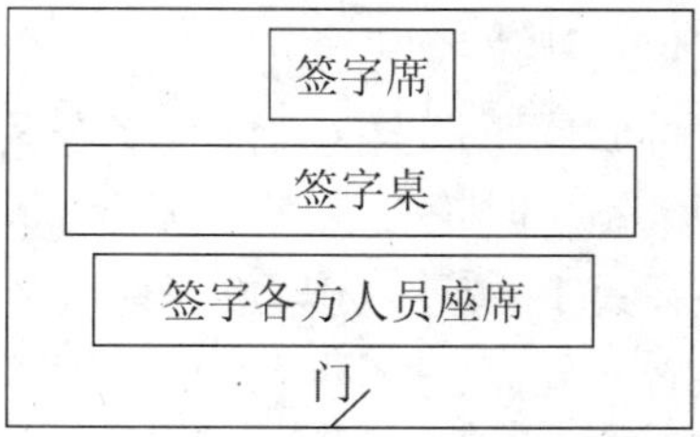

图6－9

（二）签字的合同拟定

洽谈或谈判结束后，双方应指定专人按谈判达成的协议做好待签文本的定稿、翻译、校对、印刷、装订、盖印等工作。文本一旦签字就具有法律效力，因此，对待文本的准备应当慎重严肃。

在准备文本的过程中，除了要核对谈判协议条件与文本的一致性以外，还要核对各种批件是否完备，合同内容与批件内容是否相符等等。审核文本必须对照原稿件，做到一字不漏，对于审核中发现的问题，要及时互相通报，通过再谈判，达到谅解一致，并相应调整签约时间。在协议或合同上签字的有几个单位，就要为签字仪式提供几份样本。如有必要，还应为各方提供一份副本。与外商签订有关的协议、合同时，按照国际惯例，待签文本应同时使用宾主双方的母语。

待签文本通常应装订成册，并以仿皮或其他高档质料作为封面，以示正宗。其规格一般为大八开，所用的纸张务必高档，印刷务必精美。作为主方应为文本的准备提供准确、周到、快速、精美的条件和服务。

（三）签字的程序

虽然签字仪式的时间不长，但它是合同、协议签署的高潮，其程序规范、庄重而热烈。主要有以下几项。

1. 签字仪式开始

有关各方人员进入签字厅，在既定的位次上坐好。签字者按照主居左、客居右的位置入座，对方其他陪同人员按主客双方各自职位、身份高低为序，自左向右（客方）或自右向左（主方）排列站于各签字人之后，或坐在己方签字者的对面。双方助签人分别站在己方签字者的外侧，协助翻揭文本，指明签字处，并为业已签署的文件吸墨防洇。

2. 签字人签署文本

签字人签署文本通常的做法是先签署己方保存的合同文本，再接着签署他方保存的合同文本，这一做法在礼仪上称为“轮换制”。它的含义，是在位次排列上，轮流使有关各方有机会居于首位一次，以显示机会均等，各方平等。

3. 交换合同文本

双方签字人正式交换已经由有关各方正式签署的文本，交换后，各方签字人应热烈握手，互致祝贺，并相互交换各自方才使用过的签字笔，以志纪念。这时全场人员应该鼓掌，表示祝贺。

4. 共同举杯庆贺

交换已签订的合同文本后，礼宾小姐会用托盘端上香槟酒，有关人员，尤其是签字人当场干上一杯香槟酒，这是国际上通用的旨在增添喜庆色彩的做法。

5. 有秩序退场

最后请双方最高领导者及客方先退场，然后东道主再退场。整个签字仪式以半小时为宜。

（四）签字参与人员的礼仪

（1）注意服饰整洁、挺括。参加签约仪式，应穿正式服装，庄重大方，切不可随意着装。这反映了签约一方对签约的整体态度和对对方的尊重。按照规定，签字人、助签人以及随员，在出席签字仪式时，应当穿着具有礼服性质的深色西装套装或西装套裙，并且配以白色衬衫与深色皮鞋。

在签字仪式上露面的礼仪、接待人员，可以穿自己的工作制服，或是旗袍一类的礼仪性服装。

（2）签约者的身份和职位双方应对等，过高或过低都会造成不必要的误会。其他人员在站立的位置和排序上也应有讲究，不可自以为是。在整个签约完成之前，参加仪式的双方人员都应平和地微笑着直立站好，不宜互相走动谈话。

（3）签字应遵守“轮换制”的国际惯例。也就是，签字者应先在自己一方保存的文本左边首位处签字，然后再交换文本，在对方保存的文本上签字。这样可使双方都有一次机会首位签字。在对方文本上签字后，应自己与对方签字者互换文本，而不是由助签者代办。

（4）双方举杯共饮香槟酒时，也不能大声喧哗叫喊。碰杯要轻，而后高举示意，浅抿一口即可，举止要文雅有风度。

三、剪彩

（一）剪彩的起源

剪彩仪式起源于店铺开张。据说美国人做生意保留着一种习俗，即一清早必须把店门打开，为了使人们知道这是一个新开张的店铺，还要特地在门前横系上一条布带。因为这样做既可以防止店铺未开张前闯入闲人，又起引人注目、标新立异的作用，等店铺正式开张时才将布带取走。

1912 年，美国圣安东尼州的华狄密镇上有一家大百货公司将要开张，老板威尔斯严格地按照当地的风俗办事，在早早开着的店门前横系着一条布带，万事俱备，只等开张。这时，老板威尔斯十岁的女儿牵着一只哈巴狗从店里匆匆跑出来，无意中碰断了这条布带。这时在门外等候的顾客及行人以为正式开张营业了，蜂拥而入，争先恐后地购买货物，真是生意兴隆。不久，当老板的一个分公司又要开张时，想起第一次开张时的盛况，又如法炮制。这次是有意让小女孩把布带碰断。果然财运又不错。于是，人们认为让女孩碰断布带的做法是一个极好的兆头，因而争相效法，广为推行。此后，凡是新开张的商店都要邀请年轻的姑娘来撕断布带。

后来，人们又用彩带取代色彩单调的布带，并用剪刀剪代替用手撕，有的讲究用金剪子。这样一来，人们就给这种正式做法取了个名——“剪彩”。

（二）剪彩的意义

在一般情况下，在各式各样的开业仪式上，剪彩都是一项极其重要的、不可或缺的程序。剪彩一直长盛不衰，并且仍然被业内人士所看好，主要是剪彩仪式有如下三个方面的意义：

第一，剪彩活动热热闹闹，轰轰烈烈，既能给主人带来喜悦，又能令人产生吉祥如意之感。第二，剪彩不仅是对主人既往成绩的肯定和庆贺，而且也可以对其进行鞭策与激励，促使其再接再厉，继续进取。第三，剪彩可借自己的活动良机，向社会各界通报自己的“问世”，以吸引各界人士对自己关注。

在剪彩活动中，量力而行地进行适当地投入，绝对是得大于失的。

（三）剪彩的场地与人员安排

1. 剪彩的场地安排及物品准备

剪彩场地的布置对剪彩仪式成功举行至关重要。剪彩场地布置要注意环境的卫生、灯光与音响的准备、媒体与观众的安排等等。在准备这些方面时，必须认真细致，精益求精。

除此之外，尤其对剪彩仪式上所需使用的某些特殊用具，诸如红色缎带、新剪刀、白色薄纱手套、托盘以及红色地毯，仔细地进行选择与准备。

红色缎带，按照传统做法，它应当由一整匹未曾使用过的红色绸缎，在中间结成数朵花团而成。一般来说，红色缎带上所结的花团，不仅要生动、硕大、醒目，而且其具体数目往往还同现场剪彩者的人数直接相关。循例，红色缎带上所结的花团的具体数目有两类模式可依。其一是花团的数目较现场剪彩者的人数多一个。其二是花团的数目较现场剪彩者的人数少一个。前者可使每位剪彩者总是处于两朵花团之间，尤显正式。

新剪刀，是专供剪彩者在剪彩仪式上正式剪彩时所使用的。它必须是每位现场剪彩人手一把，而且必须崭新、锋利且顺手。在剪彩仪式结束后，主办方可将每位剪彩者所使用的剪刀经过包装之后，送给对方以资纪念。

白色薄纱手套，是专为剪彩者所准备的。在正式的剪彩仪式上，剪彩者剪彩时最好每人戴上一副崭新平整的白色薄纱手套，以示郑重其事。有时，亦可不准备白色薄纱手套。

托盘，在剪彩仪式上是托在礼仪小姐手中，用作盛放红色缎带、剪刀、白色薄纱手套的。在剪彩仪式上所使用的托盘，最好是崭新的、洁净的。它通常首选银色的不锈钢制品。为了显示正规，可在使用时上铺红色绒布或绸布。

红色地毯，主要用于铺设在剪彩者正式剪彩时的站立之处。其长度可视剪彩人数的多寡而定，其宽度则不应在一米以下。在剪彩现场铺设红色地毯，主要是为了提升其档次，并营造一种喜庆的气氛。

2. 剪彩的人员安排

（1）剪彩者。剪彩者，即在剪彩仪式上持剪刀剪彩的人。在剪彩仪式上担任剪彩者，是一种很高的荣誉。剪彩者可以是一个人，也可以是几个人，但最多不要超过五个人。

通常，剪彩者应由上级领导、合作伙伴、社会名流、职工代表等担任。剪彩仪式正式举行之前就应确定剪彩者名单，名单一经确定，要尽早告知对方，使其有所准备。

（2）助剪者。助剪者，指的是剪彩过程中为剪彩者提供帮助的人员。助剪者通常由东道主一方的女职员担任，人们一般称之为礼仪小姐。

剪彩仪式上服务的礼仪小姐，具体地又分为迎宾者、引导者、服务者、拉彩者、捧花者、托盘者。迎宾者的任务，是在活动现场负责迎来送往。引导者的任务，是在进行剪彩时负责带领剪彩者登台或退场。服务者的任务，是为来宾尤其是剪彩者提供饮料，安排休息之处。拉彩者的任务，是在剪彩时展开、拉直红色缎带。捧花者的任务则在剪彩时手托花团。托盘者的任务，则是为剪彩者提供剪刀、手套等剪彩用品。

一般情况下，迎宾者与服务者应不止一人。引导者既可以是一个人，也可以为每位剪彩者各配一名。拉彩者通常应为两人。捧花者的人数则需要视花团的具体数目而定，一般应为一花一人。托盘者可以为一人，亦可以为每位剪彩者各配一人。

（四）剪彩的程序

剪彩的程序应当有条不紊。按惯例，剪彩既可以是开业仪式中的一项具体程序，也可以独立出来，由其自身的一系列程序组成。独立而行的剪彩仪式，通常应包含如下六项基本程序：

1. 请来宾就位

在剪彩仪式上，通常只为剪彩者、来宾和本单位的负责人安排坐席。剪彩仪式开始时，就应敬请大家在已排好顺序的座位上就座。一般情况下，剪彩者应就座于前排，若不止一人时，则应使之按照剪彩时的具体顺序就座。

2. 宣布仪式正式开始

在主持人宣布仪式开始后，乐队应演奏音乐，现场可燃放鞭炮，全体到场者应热烈鼓掌。此后，主持人应向全体到场者介绍到场的重要来宾。

3. 奏国歌

此刻须全场起立。必要时，亦可随之演奏本单位标志性歌曲。

4. 进行发言

发言者应依次为东道主单位的代表、上级主管部门的代表、地方政府的代表、合作单位的代表，等等。其内容应言简意赅，每人不超过三分钟，重点分别应为介绍、道谢与致贺。

5. 进行剪彩

此刻，全体应热烈鼓掌，必要时还可奏乐或燃放鞭炮。在剪彩前，须向全体到场者介绍剪彩者。

6. 进行参观

剪彩之后，主人应陪同来宾参观被剪彩之物。仪式至此宣告结束。随后东道主单位可向来宾赠送纪念性礼品，并以自助餐款待全体来宾。

（五）剪彩参与人员的礼仪

正式剪彩时，剪彩者与助剪者的具体做法必须合乎礼仪规范，否则就会使其效果大受影响。

1. 礼仪小姐的登场

当主持人宣告进行剪彩之后，礼仪小姐应率先登场。在上场时，礼仪小姐应排成一行行进。从两侧同时登台，或是从右侧登台均可。登台之后，拉彩者与捧花者站成一行，拉彩者处于两端拉直红色缎带，捧花者各自双手捧一朵花团；托盘者站立在拉彩者与捧花者身后1米左右，并且自成一行。

2. 剪彩者的登台

在剪彩者登台时，引导者应在其左前方进行引导，使之各就各位。剪彩者登台时，宜从右侧出场。当剪彩者均已到达既定位置之后，托盘者应前行一步，到达前者的右后侧，以便为其递上剪刀及手套。若剪彩者不止一人，则其登台时亦应列成一行，并且使主剪者行进在前。在主持人向全体到场者介绍剪彩者时，后者应面含微笑向大家欠身或点头致意。剪彩者行至既定位置之后，应向拉彩者、捧花者含笑致意。当托盘者递上剪刀、手套，亦应微笑着向对方道谢。

3. 剪彩

正式剪彩前，剪彩者应首先向拉彩者、捧花者示意，待其有所准备后，集中精力，手持剪刀，表情庄重地将红色缎带一刀剪断。若多名剪彩者同时剪彩时，其他剪彩者应注意主剪者动作，与其主动协调一致，力争大家同时将红色缎带剪断。

按照惯例，剪彩以后，红色花团应准确无误地落入托盘者手中的托盘里，而切勿使之坠地。为此，需要捧花者与托盘者的合作。

4. 退场

剪彩者在剪彩成功后，可以右手举起剪刀，面向全体到场者致意。然后放剪刀、手套于托盘之内，举手鼓掌。接下来，可依次与主人握手道喜，并列队在引导者的引导下退场。退场时，一般宜从右侧下去。待剪彩者退场后，其他礼仪小姐方可列队由右侧退场。不管是剪彩者还是助剪者在上下场时，都要注意井然有序、步履稳健、神态自然。在剪彩过程中，更是要表现得不卑不亢、落落大方。

第四节　外事礼仪

一、外事交往礼仪的基本原则

1. 维护国家利益的原则

维护国家利益是我国涉外活动必须遵守的基本原则，任何组织和个人在涉外交往活动中都必须贯彻执行。该原则强调在尊重他国的利益和尊严的基础上，更要维护本国的利益和尊严。要做到这一点最重要的是要热爱祖国和人民，时刻牢记祖国的利益高于一切。在参与涉外交往活动时，应时刻意识到在外国人眼里，自己代表国家、民族、单位组织的形象，应做到不卑不亢。

2. 信守约定原则

在涉外交往中，必须认真而严格地遵守自己的所有承诺，说话要“言必信，行必果”。言而无信，出尔反尔，有约不守或守约不严，不仅仅是不尊重对方，更是缺乏文明教养的表现。因此，在涉外交往中许诺对方必须谨慎，既不要含糊不清，模棱两可，也不要大而化之，信口开河。

3. 女士优先原则

尊重妇女是国际社会公认的一条重要的礼仪原则。其核心要求是：在男女都在的社交场合中，男士要照顾、礼让女士。它要求在社交场合男士主动自觉地尊重妇女，照顾妇女，体谅妇女，关心妇女，保护妇女，并尽心竭力地去为妇女排忧解难。在涉外社交应酬中，“尊重妇女、女士优先”这一礼仪原则已成为衡量男子是否具有文明教养与礼仪风度的重要评价标准。

4. 尊重隐私原则

当前，国际礼仪强调尊重个人隐私，并将其视作一个人有没有教养、能不能尊重和体谅交往对象的重要标志之一。因此，自觉地、有意识地回避尊重对方个人的隐私至关重要。对于西方人来讲，凡涉及经历、收入、年龄、婚恋、健康状况、政治见解等均属个人隐私，切勿将“关心他人比关心自己为重”这一中国式的理念滥施于人。否则，极有可能会令对方极度不快，甚至还会因此损害双方之间的关系。

5. 不卑不亢原则

涉外交往是面对全球的跨文化活动，是一种双向互动交流活动。在涉外礼仪中不卑不亢原则主要体现为热情有度、不必过谦。热情有度，就是要求人们在涉外社交活动中，不仅要热情友好待人，更要把握好待人热情的具体分寸，即一切都必须以不妨碍对方，不给对方增添麻烦，不令对方感到不安、不快为限。不必过谦，即在国际交往尤其是涉及自我评价时，要敢于并且善于对自己进行正面的评价或肯定，不可过分谦虚，过谦在国外被认为是一种不自信的表现。

6. 入乡随俗原则

世界上的各个国家、地区和民族，在其历史发展的具体进程中，形成了各自的宗教、语言、文化、风俗和习惯，并且存在着不同程度的差异。这种差异是不以人的主观意志为转移的，也是世间任何人都难以强求统一的。注意尊重外国友人所特有的习俗，将易于增进中外双方之间的理解和沟通，有助于更好地表达亲善友好之意。因而，入境问禁、入乡随俗原则，成为中外人士彼此之间相互理解与沟通的一条最佳坦途。

除了上述六条原则外，我们在涉外工作中还要大大增强爱护环境的意识。近年来，中国人的爱护环境意识已经大大增强，但值得注意的是，这方面仍有一些人还缺乏应有的重视。因此，与外国人打交道时，在有关爱护、保护环境的问题上，要倍加注意，严于自律，切勿大而化之，不拘小节。例如有些人不惜花巨资购买珍禽异兽款待外宾，自以为表示热情与尊重，其实正违背了当前爱护环境、保护环境这一时代潮流，以致受到重视环保的外宾的抵制。

二、外事访问举止礼仪

1. 行路

外事访问行路礼仪主要是指与外方人员同行时应遵循的礼仪规范，主要包括步行时的仪态形象和与对方同行时的举止规范。具体而言，与外方人员同行时，外事访问人员应当特别关注下述几点。

（1）要注意步行时的仪态。人们常言："站有站相，坐有坐相。"在行走之时，每个人都应注意自己的仪态与风度。一个人在行走时要做到仪态优雅，风度不凡，重要的是要做到稳健、自如、轻盈、敏捷。要保持的基本姿态是：脊背与腰部要伸展放松，脚跟要首先着地。

（2）要注意步行的方位。任何人走路，都会碰上一个前、后、左、右的方位问题。在涉外交往中，需要注意的步行时的方位问题主要包括两个方面。其一，是与交通规则有关的方位问题。在任何国家里，每个人都有遵守交通规则的义务。要遵守交通规则，首先就必须对其有一定程度的了解。在世界各国，与步行方位有关的交通规则主要有两类。一类是具有普遍性的交通规则。它们在世界各国广为通行，并无二致。比如，横穿马路时，必须依照规定，要走过街天桥、地下通道，或是走人行横道。不允许随意穿行马路，或是跨越栏杆。在通过人行横道时，要注意交通指示灯，并且严格地遵守"红灯停、绿灯行"的惯例。在街道上行走时，一定要走人行道。在机动车道上走来走去，是违规的行为。另一类则是具有特殊性的交通规则。它们往往适用于某些国家，而在另外一些国家则不一定适用。例如，就行进方向而言，目前世界上存在两种模式。一是"英式"，以英国为代表，行进时要居左而行。另一种称为"美式"，以美国为代表，行进时要求居右而行。再者，有的国家往往会划出一些道路作为专用通道，如仅供盲人专用的"盲道"。还有一些国家，则对外国人划出了一些禁区。它们是不可擅闯乱行的。其二，是与礼仪惯例有关的方位问题。与他人同时行进时，居前还是居后，居左还是居右，是同礼仪直接相关的。在一般情况下，尤其是在人多之处，往往需要单行行进。通常讲究的是"以前为尊，以后为卑"。前面行走的人，在位次上高于后面行走的人。因此，一般应当请客人、女士、尊长行走在前，主人、男士、晚辈与职位较低者则应随后而行。不过有两点务请注意：一是行进时应自觉走在道路的内侧，便于他人通过。二是在客人、女士、尊长对行进方向不了解或是道路较为坎坷时，主人、男士、晚辈与职位较低者则须主动上前带路或开路。倘若道路状况允许两人或两人以上并排行走时，一般讲究"以内为尊，以外为卑"。倘若当时所经过的道路并无明显内侧、外侧之分时，则可采取"以右为尊"的国际惯例。当三个人一起并排行进时，有时亦可以居于中间的位置为尊贵之位。以前进方向为准，并行的三个人的具体位次，由尊而卑依次应为：居中者，居右者，居左者。

（3）要避免步行时的禁忌。一忌行走之时与他人相距过近，尤其是避免与对方发生身体碰撞。万一发生，务必要及时向对方道歉。二忌行走之时尾随于其他人身后，甚至对其窥视、围观或指指点点。在不少国家里，此举会被视为“侵犯人权”，或是“人身侮辱”。三忌行走之时速度过快或者过慢，以至于对周围的人造成一定的不良影响。四忌在私人居所附近进行观望，甚至擅自进入私宅或私有的草坪、森林、花园。此举在一些国家被定为违法之举。五忌一边行走，一边连吃带喝，或是吸烟不止。那样不仅自身不仪，而且还会有碍于人。六忌在行走时与成年的同性勾肩搭背、搂搂抱抱。在西方国家里，只有同性恋者才会这么做。

2. 乘车

涉外人员要遵守乘车的礼仪。有关乘车的礼仪，主要包括乘车时的座次与礼待他人等两个方面的内容。

根据乘坐的车的类型不同，乘车时座次的排列便大为不同。下面介绍四种常用车辆在乘坐时的座次排列。

（1）双排五座轿车。由主人亲自驾驶时，座位顺序应当依次是：副驾驶座、后排右座、后排左座、后排中座（如图6－10）。由专职司机驾驶时，座位顺序应当依次是：后排右座、后排左座、后排中座、副驾驶座（如图6－11）。

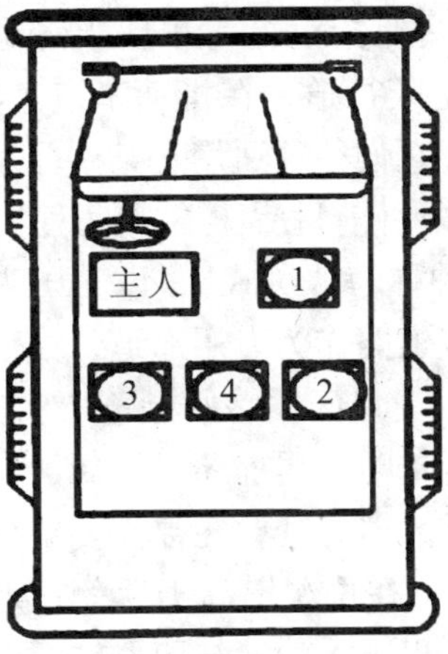

图6－10　双排五座轿车

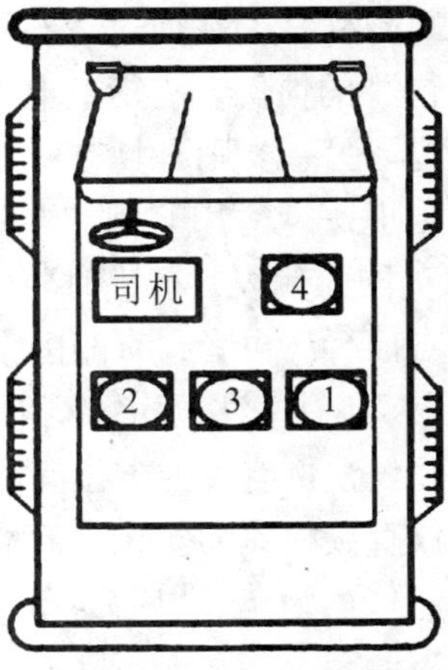

图6－11　双排五座轿车

（2）三排七座轿车。由主人亲自驾驶时，座位顺序应当依次是：副驾驶座、后排右座、后排左座、后排中座、中排右座、中排左座（如图6－12）。由专职司机驾驶时，座位顺序应当依次是：后排右座、后排左座、后排中座、中排右座、中排左座、副驾驶座（如图6－13）。

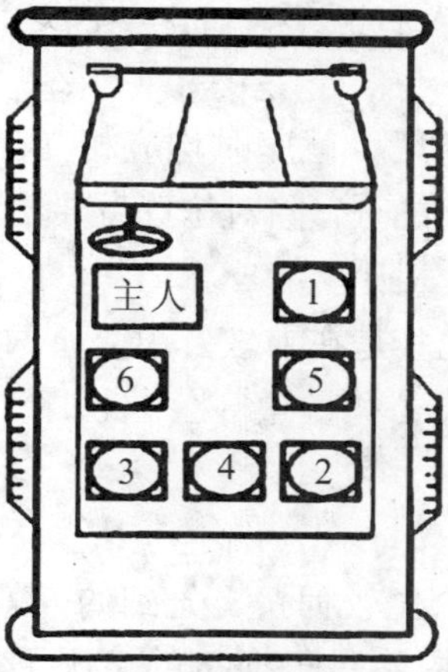

图 6－12　三排七座轿车

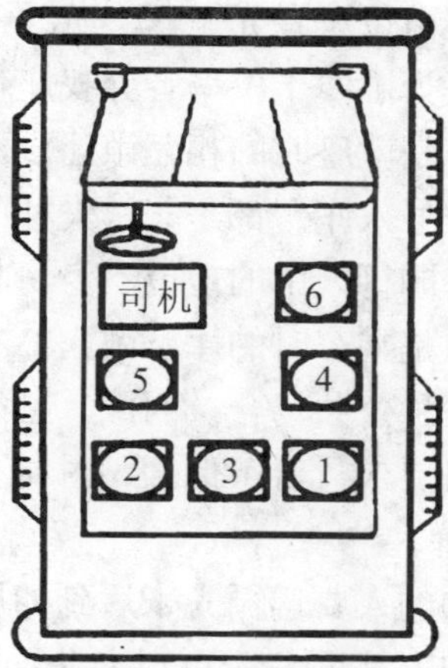

图 6－13　三排七座轿车

（3）吉普车。吉普车是一种轻型越野车，大都为 4 座车。不管由谁驾驶，吉普车上座位顺序均依次是：副驾驶座、后排右座、后排左座（如图 6－14）。

（4）多排座车。多排座车是指 4 排以及 4 排以上座位的大中型车。其不论由何人驾驶，均以前排为上，以后排为下；以右为尊，以左为“卑”；并以距离前门的远近来排定具体座位的顺序，现以 6 排 17 座轿车为例（如图 6－15）。

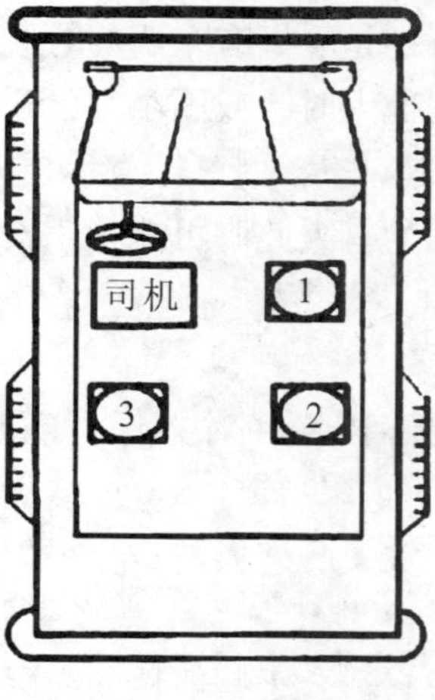

图 6－14　吉普车

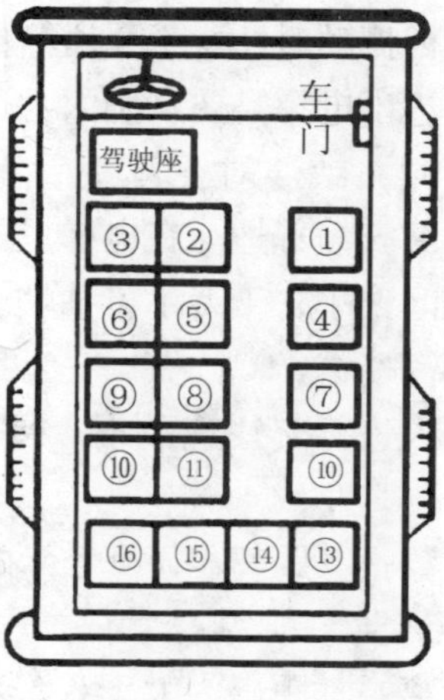

图 6－15　多排座车

在乘坐车辆时以礼待人，不单是一种要求，而且应当落实到乘坐车辆时的许多细节上。特别需要注意下列三个方面的问题。

其一，是上下车的先后顺序。在涉外交往中，尤其是在许多正式场合，上下车的先后顺序不仅有一定的讲究，而且必须认真遵守。乘坐轿车时，按照惯例，应当恭请位尊者首先上车，最后下车。位卑者则应当最后登车，最先下车。乘坐公共汽车、火车或地铁时，通常由位卑者先上车，先下车。位尊者则应当后上车，后下车。这样规定的目的，同样是为了便于位卑者寻找座位，照顾位尊者。

其二，是就座时的相互谦让。不论是乘坐何种车辆，就座时均应相互谦让。争座、抢座、不对号入座，都是非常失礼的。在相互谦让座位时，除对位尊者要给予特殊礼遇之外，对待同行人中的地位、身份相同者，也要以礼相让。

其三，是乘车时的律己敬人。在乘坐车辆时，尤其是在乘坐公用交通工具时，必须将其视为一种公共场合。因此，必须自觉地讲究社会公德，遵守公共秩序。对于自己，处处要严格要求，对于他人，时时要友好相待。

3. 电梯

乘电梯的人要遵循先来后到的原则。电梯内如果比较拥挤，先到的人就要往里走，直到所有的人都进来后再想办法向外迂回。在电梯内不是很拥挤的情况下，男士、晚辈、下属和身体强壮者应让女士、长辈、上司和老弱病残者先进入电梯。

帮助后来的人。如电梯的门即将关上，但还有人没进来，先进入电梯的人应帮助他人将门把住，等后面的人进来。为了自己赶时间，明明看到有人赶过来还要按“关门”而把后面的人关在外面，是非常不礼貌的行为。

不要挡住电梯按钮。进入电梯后，不要用自己的身体将电梯按钮挡住，以免其他人无法按按钮。需要按按钮但又够不着时不要将胳膊伸得太长，而是请离按钮近的人帮忙。电梯无专职人员操作时，靠近按钮的人应负责帮助他人操纵电梯。

在电梯内挪动时注意不要碰撞他人。挪动时，特别是手里有东西的时候，注意不要碰撞他人。进出电梯需要从别人身边走过可能会碰到他人时，或不小心已碰到他人，请说一声“劳驾”或“对不起”。

保持环境安静舒适。在电梯里不要大声讲话，因为有人此时可能希望安静。在电梯中，由于空间狭小，千万不可抽烟。

4. 距离

和外国人进行交往应酬时，要根据双方关系的不同，和对方保持着适度的空间距离。

私人距离：其距离小于0.5米之内。它仅适用于家人、恋人与至交。因此有人称其为“亲密距离”。

社交距离：其距离为大于0.5米，小于1.5米。它适合于一般性的交际应酬，故亦称“常规距离”。

礼仪距离：其距离为大于1.5米，小于3米。它适用于会议、演讲、庆典、仪式以及接见，意在向交往对象表示敬意，所以又称“敬人距离”。

公共距离：其距离在3米开外，适用于在公共场合同陌生人相处。它也被叫做“有距离的距离”。

三、外事接待礼仪

（一）外事接待的基本原则

我国的外交礼遇规格是在长期的外交实践中逐渐形成的。它中西结合，以中为主，具有中国特色。我们的做法，一是国家不论大小一律平等，反对大国沙文主义，尊重各国的风俗习惯，不强加于人，不卑不亢，落落大方，反对低三下四的庸俗作风；二是礼宾安排要与我国的对外政策相一致，要有针对性，重礼仪、重实效，生活上要尽量热情周到；三是提倡勤俭办外事，反对讲排场、摆阔气。因此，在外事接待中我们除了要遵守外事交往的六项原则外，还要遵循以下三条原则：

对等的原则：一方出场与来访者在级别、职务以及待遇、费用等方面，大体上要对等。除非有特殊的安排，外交礼遇不宜随便提高或降低；

破格的原则：有的来访者身份虽然不高，但有较深背景，或一方对另一方有特殊要求，或为了达到某种目的而给来访者以破格的较高接待礼遇。

从简的原则：重精神、重友谊、重实效，不重形式、不讲排场、不事铺张。从简不等于冷落，要注意生活照顾，尽量做到热情周到。

（二）外事接待的基本规范

1. 外事迎送

迎送是涉外交往中最常见的社交礼节。迎送不仅是整个社交活动的开始，也是对不同身份外宾表示相应尊重的重要仪式。对给外宾留下良好的第一印象、加深双方的友谊与合作，发挥着重要作用。

（1）迎送安排的确认。迎送活动的安排主要有两种不同档次：一是举行隆重的欢迎仪式，这主要适用于对外国国家元首、政府首脑、军方高级领导人的访问，以示对他们访问的欢迎与重视。二是一般迎送，适用于一般来访者。无论是官方人士、专业代表团的来访，还是长期在我国工作的外交使节，常驻我国的外国人士、记者和专家等，当他们到任或离任时，都可安排相应的人员前往迎送，以示尊重和友谊。

（2）迎送规格的确定。关于迎送规格，各国的规定不尽相同。在确定迎送规格时，主要是依据来访者的身份、访问的性质和目的，并且适当考虑两国之间的关系，同时还要注意国际惯例，综合平衡。一般按照国际惯例的“对等原则”，主要迎送人员应与来宾的身份相当。如果由于各种原因而不能完全对等时，可灵活变通，由职位相当的人士或副职出面，并向对方作出解释。

（3）成立接待班子。为了接待重要的贵宾和代表团（队），东道主一般组成一个接待班子来履行接待任务。接待班子的工作人员由外事、翻译、安全警卫、后勤、医疗、交通、通讯等方面的工作人员组成。

（4）收集信息资料。接待班子要注意收集来访者的有关信息和资料，了解其本次访问的目的，对会谈、参观访问、签订合同等事项的具体要求，前来的路线、交通工具，抵离时间，来访者的宗教信仰、生活习惯、饮食爱好与禁忌等。

（5）拟订接待方案。接待方案包括各项活动的项目、日程及详细时间表、项目负责人和接待规格、安全保卫措施等等。日程确定后，应翻译成客方使用的文字，并打印好，发给客方，以便及时与客方进行沟通。

拟订接待方案重点要落实好食、宿、行，并制定合理的费用预算，保证接待隆重得体又不铺张浪费。

（6）掌握抵离时间。必须准确掌握外宾乘坐的飞机（火车、船舶）抵达及离开的时间，迎送人员应在来宾抵达之前到机场（车站、码头）。送行人员应在外宾离行前抵达送行地点，切勿迟到、早退。

（7）献花。献花是常见的迎送外宾时用来表达敬意的礼仪之一。一般在参加迎送的主要领导人与客人握手之后，由青年女子或儿童将花献上，也有的由女主人向女宾献花，献花者献花后要向来宾行礼。献花须用鲜花，并注意保持花束整洁、鲜艳，一般忌用菊花、杜鹃花、石竹花以及黄色花卉（黄色具有断交之意）等。有的国家习惯送花环，或者送一、二枝名贵兰花、玫瑰花等。在接待信仰伊斯兰教人士时，不宜由女子献花。

（8）介绍。主宾见面应互相介绍其随从人员。主要的迎送人员在与来宾见面致意（如握手等）后，他还可以担负起介绍其他迎送人员的任务。一般是在客人的内侧引领客人与各位迎送人员见面，并把他们介绍给来宾。然后再由主宾将客人按一定身份一一介绍给主人。若主宾早已相识，则不必介绍，双方直接行见面礼即可。

（9）陪车。来宾抵达后前往住地或临行时由住地前往机场、码头、车站，一般都安排迎送人员陪同乘车。陪车时应请宾客坐在主人右侧。两排座轿车，译员坐在司机旁；三排座轿车，译员坐在主人前面的加座上。当代表团9人以上乘大轿车时，原则上低位者先上车，下车顺序相反，但前座者可先下车开门。大轿车以前排为最尊位置，自右向左，按序排列。上车时应当请客人首先上车，客人从右侧门上；如果外宾先上车坐到了左侧座位上，则不要再请外宾移动位置。陪同人员在替客人关门时，应先看车内人是否坐好，既要注意不要扎伤客人的手，又要确保将门关好，注意安全。

（10）其他具体事项。迎送中一些具体事项要引起我们的注意，它主要包括：

在客人到达之前最好将客房号、乘车号码等通知客人，如果做不到，可印好住房、乘车表，在客人刚到达时，及时发到客人手里。

指派专人协助客人办理入出境手续及机票（车、船票）和行李提取或托运手续等事宜。客人到达后，应尽快进行清点并将行李取出且运送到住处，以便客人更衣。

客人到达后，一般不要立刻安排活动，应让客人稍事休息，倒换时差。可在房间中适当放些新鲜水果或鲜花等。

迎送的整个活动安排要热情、周到、无微不至、有条不紊，使宾客有宾至如归的感觉。接待人员要始终面带微笑，彬彬有礼，不能表现得冷漠、粗心、怠慢或使客人感到紧张、不便。

陪同人员应尽力安排好客人的食、住、行，对客人的要求做出反应，给予答复。

在为外宾送行时，送行人员应在外宾临上飞机（火车、轮船）之前，按一定顺序同外宾一一握手话别。飞机起飞（火车、轮船开动）之后，送行人员应向外宾挥手致意，直至各交通工具在视野中消失方可离去。如果外宾一登上飞机（火车、轮船），送行人员就立即离去，是很失礼的。尽管只是几分钟的小事情，却可能因小失大。

2. 会见

会见和会谈都是涉外交往活动的重要方式。会见，国际上通称接见或拜会。凡身份高的人士会见身份低的人士，主人会见客人，人们通常称其为接见或召见；凡身份低的人士会见身份高的人士，客人会见主人，人们通常称其为拜会或拜见。接见和拜会后回访，通常称为回拜。我国通常对此不作细分，统称会见。

会见就其内容来说，多为礼节性的，也有政治性、事务性的，或兼而有之。礼节性会见一般时间短，话题也较为广泛。政治性会见一般涉及国与国之间的双边关系、国际局势及对一些重大国际问题的看法或意见等。事务性会见一般涉及贸易争端、业务交流与合作等。

会见的礼仪主要有以下内容：

（1）确定参加会见的人员。会见来访者，一般情况下应遵循“对等”的原则，但有时由于某些政治或业务的需要，上级领导或下级人士也可会见来访者。参加会见的人员不宜过多。

（2）确定会见的时间、地点。会见的时间一般安排在来访者抵达的第二天或举行欢迎宴会之前。会见的具体时间不宜过长，一般以半小时左右为宜。会见的地点多安排在客人住地的会客室、会议室或办公室，也可在国宾馆等正式的会客场所。

（3）做好会见的座次安排。会见时座位的安排必须依据参加会见人数的多少、房间的大小、形状、房门的位置等情况来确定。会见的座位安排有多种形式，宾主可以穿插坐，也可分开坐，通常的安排是将主宾席、主人席安排在面对正门位置，客人坐在主人的右边。其他客人按照礼宾顺序在主人、主宾两侧就座。译员、记录员通常安排在主宾和主人的后面。座位不够时可在后排加座。整个会见场所的座位形状有弧形、方形（长椅和单椅两种）（如图 6－16 至图 6－19）。

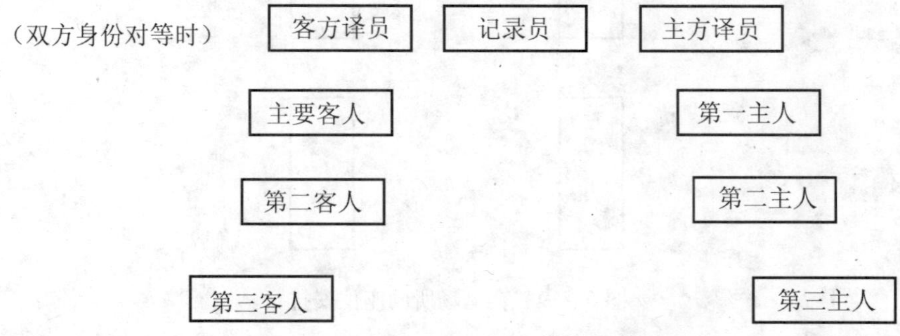

图 6－16　会见场所的座位安排

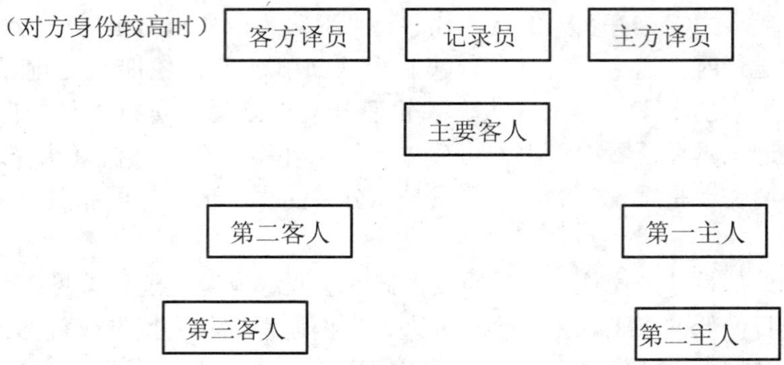

图 6－17　会见场所的座位安排

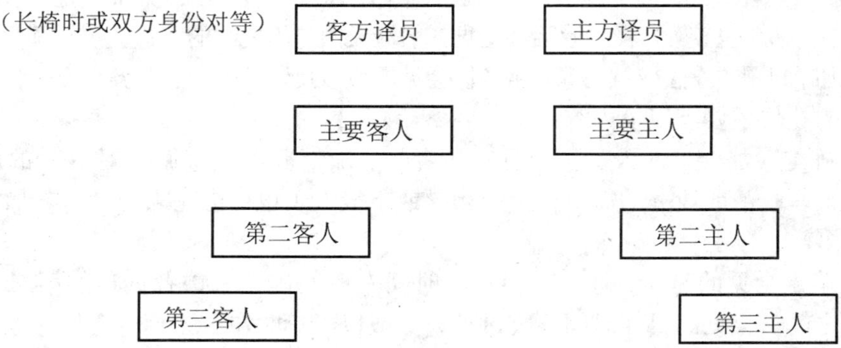

图 6－18　会见场所的座位安排

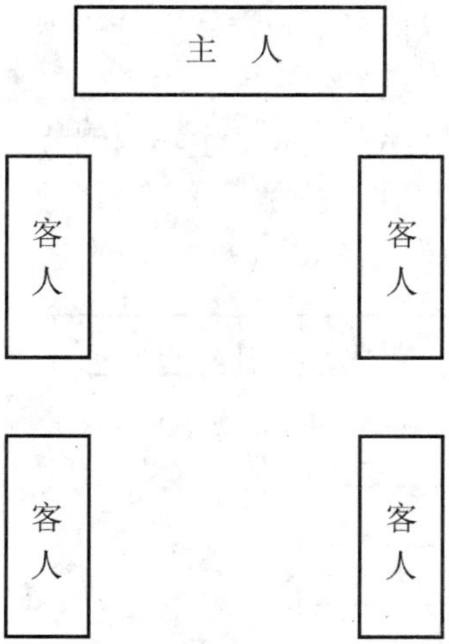

图 6－19　会见场所的座位安排

（4）掌握会见的一般礼节。会客时间到来之时，主人应在门口迎候客人，问候并同客人一一握手，宾主互相介绍双方参加会见的人员，然后引宾入座。主人应主动发言，创造一种良好的气氛。双方可自由交谈，就共同感兴趣的话题发表自己的看法。交谈时应注意坐姿，不要跷二郎腿，不可左顾右盼，漫不经心。主人与主宾交谈时，旁人不可随意插话，外人也不可随意进出。会见时可备饮料招待客人。主人应控制会见时间，最好以合影留念为由头结束会见。合影后，主人将客人送至门口，目送客人离去。

（5）注意合影的礼宾次序。合影时，一般主人居中，男主宾在主人右边；主宾夫人在主人左边，主人夫人在男主宾右边，其他人员穿插排列，但应注意，最好不要把客人安排在靠边位置，应让主人陪同人员在边上（如图 6－20）。

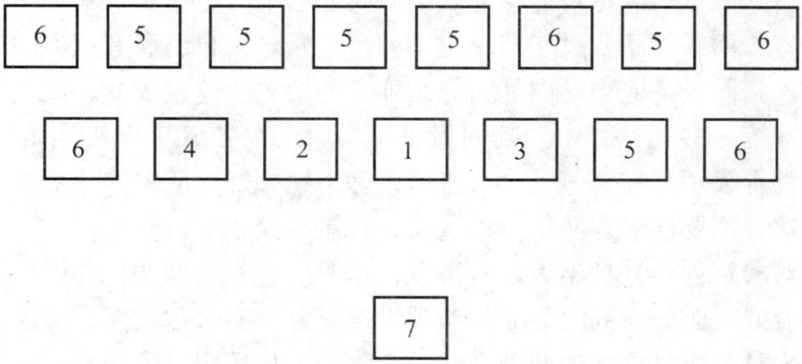

图 6－20　合影时的礼宾次序

注：图中的主宾次序是：1 为主人；2 为男主宾；3 为主宾夫人；4 为主人夫人；5 为主宾陪同人员；6 为主人陪同人员；7 为摄影师。

3. 陪同

在国际交往中，外宾初来乍到，作为主人陪同客人在我国参观、访问、学习、洽谈，都是我们应尽的礼节。陪同是自始至终的事，无论是官方陪同还是民间陪同，都不得疏忽大意。要当好陪同，陪同的礼仪不可不知。

（1）在外宾到来之前，陪同人员就必须做好准备工作。陪同人员可以同我方负责接待的主要领导人一起制定陪同计划。可以根据外宾访问的目的、性质，结合当时国内外的大事，研究外宾可能提出的问题；研究外宾参观访问的项目；还要了解客人的意愿与兴趣，以及各自的特点。对身份高的代表团，事先可通过双方的外交机关了解其要求，对一般代表团，可在其到达后，提出方案，共同商定。同时，还要考虑当地的实际情况，如项目、地点是否具备接待外宾的条件，是否需要办理旅行证等手续。选择项目如果具有季节性，要考虑时令是否合适。此外，还要考虑参观访问时间的长短、路途的远近等。

大致项目选定以后，还应作出详细计划。包括先看什么，后看什么，中间是否休息，参观前有无介绍，参观前后是否座谈，各参观点之间距离远近，徒步前往还是乘车前去等等。

（2）陪同人员应确切了解外宾抵达的时间，按时到机场迎接，并对外宾的车、行李、宾馆等做出安排。对于他们的旅途劳累、由于时差等而产生的不适反应要予以关心。

（3）外宾到达后可请团长介绍该团的一般情况，核对入境人数、护照签证、在华停留次数等等。并酌情交待参观访问的注意事项，通知旅行的具体日程。

（4）在陪同外宾参观访问过程中，陪同人员不宜过多，否则大队人马浩浩荡荡，倒令外宾不自然。指定的陪同人员不能中途离去或不辞而别。向外宾介绍情况时，一般是边看边介绍。介绍情况要实事求是，数字、材料要确切。但涉及要保密的内容则不要介绍。参观项目的基本情况尽可能事先发给外宾。参观时，对于外宾提出的问题，应区别对象酌情回答，回答时不要过于简单也不要过于繁琐，自己没有把握的问题，不要轻易回答或允诺。陪同人员应主动向外宾介绍地方的历史、建设成就、风土人情、传统工艺以及地方风味等。参观过程中，陪同人员不要只对少数几个人讲述情况而冷落其他人，而应以眼神等表示你在对每一个人讲话；除了照顾好访问团的主要外宾，还要注意照顾好其他外宾，不要使参观队伍拉得过长，首尾不接。

有些外宾对参观内容兴趣不大，看得慢，这时应有专人照顾，并做好前后的联络工作，使大家都看好、听好。同时，如果参观沿途有对外宾表示欢迎的标语、板报等对外宣传品，陪同人员也应该灵活地向外宾介绍。陪同人员还应尽早同下一站用信件或电话简略介绍来宾的基本情况和参观要求，到达后再做口头介绍，并了解该地接待准备的情况，提出建议和注意事项供参考。在整个外宾来访期间，对于外宾生活中的困难、要求等都应予以重视，了解客人生活情况和身体状况，及时反映，予以解决。陪同行程中，到客人房间谈话，原则上应两人同去，如客人约找一人交谈，应事先请示，事后汇报。

（5）外宾离开时要安排好他们的行李、汽车，并到机场或车站、码头送行，做好善后工作。

（三）外事接待禁忌

在涉外活动中，接待人员不仅应做到尊重国际公众、礼貌待人，也应了解国外人们的种种忌讳，避免不礼貌情况的发生，这也是十分重要的礼仪内容。

1. 数字的忌讳

西方人认为十三是不吉利的，应当尽量避开，甚至每个月的十三日，有些人也会感到忐忑不安。人们还认为星期五也是不吉利的，尤其是逢到十三日又是星期五时，最好不办任何活动。在日常生活中的编号，如门牌号、旅馆房号、层号、宴会桌次等编号、汽车编号也尽量避开十三这个数字。其原因主要源于基督教传说，耶稣的十二门徒之一犹大，为了贪图三十个银币，出卖了耶稣，结果使耶稣被钉死在十字架上。在那天最后的晚餐上的第十三个人就是犹大，这天又是星期五。人们将十三日又逢星期五的日子称为“黑色星期五”，有些人就会因此而闭门不出，唯恐发生不吉利的事情。

“四”在中文和日文中的发音与“死”相近，所以在日本与朝鲜等东方国家将它视为不吉利的数字，因此这些国家的医院里没有四号病房和病床。在我国也是如此，如遇到“四”，且非说不可时，忌讳的人往往说“两双”或“两个二”来代替；另外，在日语中“九”发音与“苦”相近似，因而也属忌讳之列。

2. 食品的忌讳

伊斯兰国家和地区的居民不吃猪肉和无鳞鱼，日本人不吃羊肉，东欧一些国家的人不爱吃海味，忌吃各种动物的内脏，叙利亚、埃及、伊拉克、黎巴嫩、约旦、也门、苏丹等国的人，除忌食猪肉外，还不吃海味及各种动物内脏（肝脏除外），到阿拉伯国家做客不能要酒喝。

3. 颜色的忌讳

日本人认为绿色是不吉利的象征，所以忌用绿色；巴西人以棕黄色为凶丧之色；欧美许多国家以黑色为丧礼的颜色，表示对死者的悼念和尊敬；埃塞俄比亚人则是以穿淡黄色的服装表示对死者的深切哀悼；叙利亚人也将黄色视为残废之色；而巴基斯坦忌黄色是因为那是僧侣的专用服色。但委内瑞拉却用黄色作医务标志；蓝色在埃及人眼里是恶魔的象征；比利时人也忌蓝色，如遇有不吉利的事，都穿蓝色衣服；土耳其人则认为花色是凶兆，因此在布置房间、客厅时绝对禁用花色，好用素色。

4. 花卉的忌讳

德国人认为郁金香是没有感情的花；日本人认为荷花是不吉祥之物，意味着祭奠；菊花在意大利和南美洲各国被认为是“妖花”，只能用于墓地与灵前；在法国，黄色的花被认为不忠诚的表示；绛紫色的花在巴西一般用于葬礼；在国际交际场合，忌用菊花、杜鹃花、石竹花、黄色的花献给客人，已成为惯例；在欧美，我们被邀请到朋友家去做客，献花给夫人是件愉快的事，但在阿拉伯国家，则是违反了礼仪。

5. 其他忌讳

在使用筷子进食的国家，不可用筷子垂直插在米饭中；在日本不能穿白色鞋子进房间，这些均被认为是不吉利之举；佛教国家不能随便摸小孩的头顶，尤其在泰国，认为人的头是神圣不可侵犯的，头部被人触摸是一种极大侮辱，住宅门口上也禁止悬挂衣物，特别是内衣裤；脚被认为是低下的，忌用脚示意东西给人看，或把脚伸到别人跟前，更不能把东西踢给别人，这些是失礼的行为；有些西方人将打破镜子视作运气变坏的预兆；另外西方人不会随便用手折断柳枝，他们认为这是要承受失恋的痛苦的；在匈牙利，打破玻璃器皿，就会被认为是厄运的预兆；中东人不用左手递东西给别人，认为这是不礼貌的；英美两国人认为在大庭广众之下，节哀是知礼，而印度人则相反，丧礼中如不大哭，便是有违礼仪。

【本章小结】

事务礼仪是人们在工作中处理日常事务应遵守的礼仪规范。主要包括办公室礼仪、会议礼仪、仪式礼仪与外事礼仪。

办公室作为工作人员日常办公活动的主要场所，不同于社交场所，工作人员应遵守特定的规则，按特定的程序办事，即准时上下班；保持办公室环境整洁；衣着整洁大方，修饰得体；举止优雅，以礼待人；忠于职守，爱岗敬业。

会议是为了实现一定的目的，由主办或主持单位召集组织的、由不同层次和不同数量的人们参加的一种事务性活动。无论什么会议，要想取得良好的效果，会议的组织、参加、进行就必须遵循一定的礼仪规范，以便同与会者很好地进行沟通。因此，会议礼仪是会议取得成功的重要保证。

企事业单位遇到重大的事项一般都会安排隆重的庆典以示庆贺。一次庆典活动举行得是否成功，与其具体的组织者、组织程序、主办方及宾客礼仪不无关系。

我国的外交礼遇规格是在长期的外交实践中逐渐形成的，中西结合，以中为主，具有中国特色。在外事接待中我们除了要遵守外事交往的六项原则外，还要遵循以下三条原则：对等的原则；破格的原则；从简的原则。

实操训练

1. 面试情景模拟

(1) 情景：在求职的第一环节，考官往往会要求你做自我介绍。请根据你的求职定位，准备一段自我介绍，并在课堂上模拟。

(2) 模拟人要求：熟悉面试礼仪，认真对待，全力以赴。

(3) 旁观者要求：按照以下评分标准为模拟人评分，并邀请2位旁观者对其表现作现场点评。

自我介绍评分标准：

自我介绍礼仪评分标准（满分为100分）

第一，内容（50分）

A. 详略得当，有针对性；

B. 言之有物，评价客观；

C. 层次清晰，合乎逻辑；

D. 文理通顺，富有文采；

E. 简单明了，清楚明白。

第二，仪表（10分）

A. 服饰整洁、得体，女子适度淡妆，男子适当修饰；

B. 精神饱满，落落大方，面带微笑。

第三，态势（10 分）

A. 站有站相，坐有坐相，走有走相，步履稳健，从容自如；

B. 面部表情、手势与有声语言协调。

第四，礼节（10 分）

A. 开头（见面）礼节；

B. 告别（离去）礼节。

第五，语言（15 分）

A. 脱离讲稿；

B. 使用普通话或英语（其他外语），口齿清楚，声音洪亮；

C. 有一定节奏，语言流畅，发音准确。

第六，时间（5 分）

介绍过程 1 ～ 3 分钟，过长或过短适当扣分。

2. 签订协议礼仪模拟

（1）情景：你所在学校将要与一家外企签订合作协议，学校委托你所在团队，代为设计签字仪式。

（2）模拟设备：

模拟签字会场，签字文本，签字用具，签字方国旗（标志旗），香槟酒具等。

（3）模拟要求：

① 布置签字厅；

② 正中摆放覆盖深绿色厚台布的签字桌，签字人员的座位主左客右；座前摆双方文本，文本上端分别放置签字文具，中间摆一旗架，上面悬挂签字双方的旗帜，旗帜也是左主右客；

③ 仪式开始之前，服务员引导签字双方入座；

④ 签字之后，用托盘送上香槟酒，请双方人员共同举杯庆贺；

⑤ 仪式结束，礼貌送客。

复习思考题

1. 试列举日常办公中不得体的行为。
2. 如何做一个受人欢迎的好同事？
3. 面试前应如何做好心理准备？
4. 面试时应注意哪些礼仪？
5. 会议接待时要注意哪些礼仪？
6. 如何准备一场成功的签字仪式？

7. 外事交往礼仪的基本原则是什么？
8. 外事会见有哪些具体礼仪要求？
9. 外事访问时行路要注意哪些礼节？
10. 陪同外宾参观时应注意哪些礼节？

第七章　服务礼仪

【学习目标】

- 理解服务礼仪在服务人员工作中的重要作用
- 掌握服务礼仪知识
- 明确交际中的诸多忌讳，规避服务交往中的尴尬
- 掌握正确的服务礼仪方法，学会巧用交往技巧，推动事业成功

引入案例

礼仪礼貌周

1996 年 3 月 1 日，在宁波东港大酒店员工餐厅的通道上，一位二十来岁的姑娘，肩上斜套着一块宽宽的绸带，上面绣着：礼仪礼貌规范服务示范员。每当一位员工在此经过，示范员小姐便展露微笑问候致意。餐厅里，喇叭正在播放一位女员工朗诵的一篇描写饭店员工文明待客的散文诗。不一会儿，另一位员工在广播中畅谈自己对礼仪礼貌的认识和体会。原来东港大酒店正在举办“礼仪礼貌周”，今天是第一天。

东港大酒店自被评为四星级饭店以后，一直处于营业的高峰期，个别员工过于劳累，原先的服务操作程序开始有点走样，客人中出现了一些关于服务质量的投诉，饭店领导觉察到这一细微变化后，抓住苗头进行整改，在员工中间开展“礼仪礼貌周”活动。“礼仪礼貌周”定于每月的第一周，届时在员工通道上有一位礼仪礼貌示范员迎送过往的员工，每天换一位示范员，连总经理们都轮流充当服务员，在员工中引起很大反响。为配合“礼仪礼貌周”，员工餐厅在这一周利用广播媒介，宣传以礼仪礼貌为中心的优质服务，有发言，有表演，有报道和介绍，内容生动活泼，形式丰富多彩，安排相当紧凑，员工从中获得很大启迪和教育。饭店同时在员工进出较频繁的地方张挂照片，宣传文明服务的意义，示范礼仪礼貌的举止行为，介绍礼仪礼貌方面表现突出的员工。

1996 年 5 月 1 日，又一个“礼仪礼貌周”开始了。一月一度的“礼仪礼貌周”活动在东港大酒店已成为一项雷打不动的制度。自此整个饭店的礼仪礼貌水平大大提高。

分析提示

礼仪礼貌是饭店服务质量的集中体现。有些饭店一味追求经济效益，在营业情况较理想之时，往往会忽视服务质量。四星级的东港大酒店就不一样，生意红火时更加注重

服务质量。“礼仪礼貌周”就是在客房率和餐饮上座率居高不下的时候推出的。

每月第一周作为“礼仪礼貌周”，在饭店内开展这样的活动，有助于使礼仪礼貌意识在员工头脑中牢牢扎根，通过不断的强化活动，使讲究礼仪礼貌成为员工的一种自觉行为。

第一节　服务礼仪基本原理

服务礼仪通常指的是礼仪在服务行业的具体应用，服务人员在工作岗位上，通过言谈、举止、行为等，对顾客表示尊重和友好应遵守的行为规范。也就是说，服务人员在自己的工作岗位上向服务对象提供服务的标准的、正确的做法。

服务礼仪主要以服务人员的仪容规范、仪态规范、服饰规范、语言规范和岗位规范为基本内容。对于服务人员来说，如何做好服务工作，不仅需要职业技能，更需要懂得服务礼仪规范：热情周到的态度、敏锐的观察能力、良好的口语表达能力以及灵活、规范的事件处理能力。作为服务人员来说，学习和运用服务礼仪，是服务人员做好本职工作的基本保证，是树立企业良好形象的重要因素，并能使员工在工作和生活上不断自我完善。

一、职业道德

职业道德就是具有自身职业特征的道德准则和规范，要求人们以一定的思想、态度、作风和行为去待人、接物、处事、完成本职工作。作为服务人员应具有的职业道德有：

（一）爱岗敬业

1. 热爱本职工作

明确自己工作的目的和意义，热爱本职工作，乐于为顾客服务，忠实履行自己的职责，并以满足顾客的需求为自己最大的快乐。

2. 遵守单位的规章制度

自洁自律，廉洁奉公，不索要小费，不暗示，不接受顾客赠送物品，不带个人情绪上班。

（二）热爱集体

以集体主义为根本原则，能正确处理个人利益、他人利益、班组利益、部门利益和公司利益的相互关系。有严格的组织纪律观念和团结协作精神。

（三）热情服务

全心全意为顾客服务，诚恳待客，知错就改，对待顾客一视同仁。有些服务人员对顾客不是采取一视同仁的态度，而是因人而异，对贵客热情备至，对一般顾客则冷脸相待。顾客之间彼此不论背景、地位、经济状况、国籍、外观衣着，在人格上都是平等的，如果在服务中厚此薄彼，那么必然会给受到轻慢的顾客留下不好的印象。

二、服务礼仪应有的态度

态度是服务人员从业心理中一个重要的组成部分，是否能树立正确的从业态度，决定着服务人员从业中的努力程度、待人接物的情绪等等。有的人认为服务就是专门给人赔笑脸的行业，地位低下，工作起来没干劲，这是一种非常消极的从业态度。服务人员确实应当对顾客笑脸相迎，这是服务业性质所决定的，也是人与人之间起码的表达尊重的方式。但对顾客笑脸相迎并不意味着就低人一等，而是让顾客有一种宾至如归的感觉，让顾客感觉对他的欢迎、友好与热忱。

（一）主动

在工作中全心全意为顾客服务，自觉地把服务做在顾客提出要求之前。要想顾客之所想，把顾客所需要的服务及时、完善、高效地提供到位，使顾客受到热情的礼遇和完满的接待，使顾客慕名而来，尽兴而去。

（二）耐心

在工作中热情解答顾客提出的问题做到问多不烦，事多不厌，遇事不急躁，严于律己，恭敬谦让。当顾客产生误会时，要耐心地向顾客解释，直到顾客理解为止；当顾客所询问的事情没有听明白时，要耐心地将事情说清楚，直到顾客得到满意的答复为止。

（三）热情

对待宾客要像对自己的亲人一样，工作时面带笑容，态度和蔼，语言亲切，热心诚恳。服务人员必须先要具有热情的态度，它是给顾客最好的见面礼。热情就是要让客户感到你在帮助他，应该帮助他说出自己真正需要的，做他的热情参谋，帮他决策，时时让他切身体会到你的热情，从而从心底感到你是值得他信任的。

（四）周到

周到服务，处处关心，帮助顾客排忧解难，使宾客满意。要想顾客之所未想，把企业所可能获得的和可能受到的损失都与自己的利益得失联系起来，在充分履行岗位职责的基础上，把那些规定所没有涉及的，别人所没有想到的或考虑不周的，顾客所没有想到的等等，都要纳入自己的服务范围。

三、服务礼仪应遵守的原则

（一）互尊原则

在交往中，总要有一定的付出或投入，交往的双方都需要遵守这种一定程度的平等互尊原则，平等互尊是建立人际关系的必要前提。作为服务人员与客户之间的心理沟通，是主动的、相互的、有来有往的。人都有友爱和受人尊重的需要，都希望得到别人的平等对待。作为服务人员，要十分注意这种平等互尊的需要，尊重你的客户，同时也会赢得客户对你的尊重。

（二）相容原则

一般来说，在从事服务的工作中，人们往往会感受到，交往的双方其实心理存在着一定的距离，存在不相容的心理状态。这种差异会在交往者双方之间产生思想隔膜，甚至会使关系僵化。要想缩小这种心理上的差异，求得与人交往之间多一份和谐、多一份信赖，要做到心理相容，就必须抱着宽容之心，提高交往频率，寻找双方共同点，学会谦虚与宽容。

（三）适度原则

讲究礼仪是基于对相处对象的一种尊重的表现。但是，凡事过犹不及，特别是在营销交往中，要考虑时间、地点、环境等条件，对待不同的客户或交往对象，要因人而异。如果施礼过度或不足，都是失礼的表现。比如，见面时与人握手的时间过长；告别时一次次地鞠躬，不停地感谢，都会让对方觉得反感。礼仪的施行，只要使自己的内心情感表达出来，让对方感受到你的真诚度，就可以了。反复重复，反而会让人不理解，不领情。例如，平时在一些超市或市场上被人"盯着"挑东西，以及遇到"过分"热情的服务员等等，这些就是最好的反面例子。

（四）真诚原则

如果能抱着诚意与对方交往，那么服务人员的行为自然而然地便显示出对对方的关切与爱心了。要让对方感觉，你十分愿意为他服务。无论用何种语言表达诚意，行为语言是最好的证明。只有真诚地与人交往，才能使行为举止自然得体，与此相反，倘若仅把运用礼仪作为一种道具和伪装，在具体操作礼仪规范时口是心非，言行不一，弄虚作假，这样做是违背服务礼仪的基本原则的。

第二节　饭店服务礼仪

一、饭店前厅服务礼仪

（一）饭店前厅服务流程礼仪

饭店前厅是入住饭店客人接触的第一个部门和离开时的最后一个部门，是为住店客人提供服务的信息枢纽，因此，把握饭店前厅的对客服务礼仪在工作中十分重要。一般而言，客人入住饭店时饭店先后提供如下服务：预订→迎宾→接待→入住→离店欢送，在住店期间还会同时提供问讯、代理、洗衣等服务。至于各个具体流程的服务礼仪，本节后面会专门阐述。

（二）饭店前厅服务语言

1. 前厅员工服务宜使用的语言

（1）顾客到达时，要热情主动地问候顾客。这可以说是礼貌服务的第一步。问候时要使用“先生”、“小姐”等礼貌称呼，使用“您好”、“早上好”、“晚上好”等问候语。

（2）送别顾客时，应主动征求顾客对于饭店的意见，并致以“不足之处请多包涵”、“欢迎再次光临”、“再见”等客气用语。

（3）注意使用礼貌用语，如“请”、“您”、“对不起”、“先生”、“女士”等。

2. 前厅员工服务不宜使用的语言

（1）不尊重的语言。例如，面对残疾人时，切忌使用“残废”一词。一些不尊重残疾人的提法，诸如“傻子”、“呆子”、“侏儒”、“瞎子”、“聋子”、“麻子”、“瘸子”、“拐子”之类，更应禁止使用。

（2）不友好的语言。在任何情况之下，都绝对不允许服务人员对服务对象采用不够友善，甚至满怀敌意的语言。

如顾客要求服务人员为其提供服务时，服务人员以鄙视前者的语气询问：“你买得起吗?”“这是你这号人用的东西吗?”“有能耐你告去，随便告哪都不怕。”等不友好的语言应坚决不说。

（3）不耐烦的语言。服务人员在工作岗位上要做好本职工作，提高自己的服务质量，就要在接待服务对象时表现出应有的热情与足够的耐心。假如使用了不耐烦之语，不论自己的初衷是什么，不允许给对方答以“我也不知道”“从未听说过”“有完没完”。

（4）不客气的语言。服务人员在工作之中，有不少客气话是一定要说的，而不客气的话则坚决不能说。如在需要服务对象交零钱，或没有零钱可找时，直截了当地要对方“拿零钱来”，或告知对方“没有零钱找”“我有什么办法，又不是我让它坏的。”都极不适当。

（三）饭店前厅服务礼仪规范

1. 预订服务礼仪

（1）明确顾客的性质：顾客与饭店的第一次直接接触是在总台接待处，来饭店住宿的顾客可分为预订团体、预订散客及零星散客。明确顾客的性质，有利于饭店进行预先登记工作。

对于预订顾客，饭店可以事先为顾客分房、定价、准备好登记表。但对于非预订的零星散客，则无法做到这一点，因为饭店不能事先得知顾客的需求、到达时间和个人资料。所以，入住登记过程起着收集资料的作用，资料不全就无法分房及定价。

（2）文明礼貌的态度：礼貌、热情、周到。

（3）预订员报价事宜：首先要说明合理税率；其次解释一些额外服务或宜人环境应增补的费用；第三要核实验证饭店是否有最低限度的下榻时间规定，如果是这样是否会影响顾客的时间要求；第四，要核实验证饭店是否有影响顾客下榻时间的任何特殊的销售广告活动；第五要解释合理的外汇兑换汇率比价。

（4）接受或拒绝预订：预订登记表填好以后，预订员就可将预订要求与预订到达当天的可供房情况进行对照，决定是否接受顾客的预订。如果接受预订，预订员随后就要确认预定。如果拒绝预订，要用友好、遗憾和理解的态度对待顾客。首先称呼顾客的姓，然后讲述由于房间订满而无法安排，争取顾客的理解。顾客表示理解后，下一步预订中就会根据不同的情况建议顾客作些更改，如房间的种类、日期、房数等，即使不能满足顾客当初的预订要求，最终也要使顾客满意。

（5）确认预订：接受预订后须加以确认。通过确认，一方面使饭店进一步明确顾客的预订要求；另一方面也使饭店与顾客之间达成协议。

（6）修改预订：预订被接受或确认后，顾客在抵达饭店前还可能对预订内容作许多更改，如到达或离开饭店时间、房间数、人数、住房人姓名及预订种类的变更，以至完全取消预订的情况都有可能发生。每当需要更改时，就要填写更改表，并将有关预订登记作相应的改动，使之保持正确。

（7）取消预订：处理取消预订必须十分谨慎，因为如果把账错算在已经取消预订的顾客身上，饭店就会处于被动的地位，同时也会使顾客感到不满。

（8）预订容易出现的错误：

① 记录错误。包括不正确的到达或离店日期，或将顾客的姓名拼错或者是姓名颠倒，这是很失礼的，遇到这种情况应立即道歉。

② 一次性记录。从顾客预订单上获取一些信息记录后，预订员应该向顾客复述一遍。

（9）接听电话订房：接听电话时，正确的声调应该是很友好、亲切和动听的。预订部接到的多数电话都是先问及有关饭店的服务项目、房价等，订房员工要耐心回答，抓住机会向顾客推销。报房价时，要先报豪华的现价，然后再报低一点的普通房价。当顾客表示愿意接受时，就可以进一步询问顾客的要求，填写订单。

2. 大堂接待服务礼仪

（1）着装要整齐，站立要挺直，不可叉腰、弯腰、靠物，走路要自然、稳重、雄健、仪表堂堂、目光炯炯。

（2）车辆到店时，首先表示欢迎，载客车辆到店，负责外车道的门卫迎送员应迅速走向车辆，微笑着为顾客打开车门，向顾客表示欢迎。

（3）主动为顾客开门，凡来饭店的车辆停在正门时，必须趋前开启车门，迎接顾客下车。一般先开启右车门，用右手挡住车门的上方，提醒顾客不要碰头。对老弱病残及女顾客应予以帮助，并注意门口台阶。

（4）帮助顾客处理行李，如车上装有行李，应立即招呼门口的行李员为顾客搬运行李，协助行李员装卸行李，并注意有无遗漏的行李物品。如暂时没有行李员，应主动帮助顾客将行李卸下车，并携行李引导顾客至接待处办理登记手续，行李放好后即向顾客交接及解释，并迅速到行李领班处报告后返回岗位。

（5）要牢记车牌号和颜色，以便提供快捷、周到的服务。逢雨天，顾客到店时，要为顾客打伞。

（6）顾客进店时，为顾客开启大门，并说："您好，欢迎光临。"

（7）顾客离店时，负责离店的门卫应主动上前向顾客打招呼并代为顾客叫车。待车停稳后，替顾客打开车门，请顾客上车；如顾客有行李应主动帮顾客将行李放上车并与顾客核实行李件数。待顾客坐好后，为顾客关上车门，但不可用力过猛，不可夹住顾客手脚。车辆即将开动，门卫躬身立正，站在车的斜前方一米远的位置，上身前倾15度，双眼注视顾客，举手致意，微笑道别，说："再见"、"一路平安"、"一路顺风"、"谢谢您的光临"、"欢迎您再来"、"祝您旅途愉快！"等道别语。

（8）当团队顾客、大型会议、宴会的与会者集中抵达或离开时，要提高工作效率，尽量减少顾客的等候时间。对重点顾客车辆抵达或离店要先行安排，重点照顾。

（9）当候车人多而无车时，应有礼貌地请顾客按先后次序排队乘车。载客的车多而人少时，应按汽车到达的先后顺序安排顾客乘车。

参考案例

兑换港币

一辆的士在江苏南通大饭店的店门口刚停住，饭店拉门员小陈主动迎上前去开车门，但坐在车内的一位香港客商并不急着下车。他手里拿着一张一百元面额的港币，等待司机找零钱。

司机说："请您付人民币或外币兑换券好吗？我们不收港币。"拉门员小陈便问司机："车费一共要多少？"司机回答说："人民币56元就够了。"当时小陈身穿制服，口袋里没有钱可以付。他本来心里想自己又不是管换钱的，关我什么事，后来又想到这事涉及饭店声誉，于是他便请客人坐在车内稍等片刻，然后急忙奔到总台说明原委，由他个人担保向总台暂支人民币60元付清了车款，然后有礼貌地对客人说："等您办好入住手续，兑换人民币以后再还我不迟。"客人感到满意大步走进了饭店。（资料来源：饭店服务案例一百例）

分析提示

每家饭店员工都应该有助客人为乐，急客人之所急之心。拉门员小陈本身的工作职责虽然不是管兑换外币，但他懂得客人是上帝，当客人有困难时，应当主动设法帮助解决，如果用“不”、“我不是……”、“我不会”、“没有”等等这类的否定句是犯忌的。

此外，从外币兑换处收银员的所作所为中，可以得到下面的启示：为客人提供优质服务，远不能仅仅停留在微笑的表面，而应该体现在更深层次的内涵上面。这种内涵就是“急客人之所急，想客人之所想”，帮助客人解决实际困难。

3. 行李服务礼仪

饭店的行李服务通常是由前厅部的行李员提供。其工作岗位一般位于大堂的礼宾部。顾客抵店后，行李员应主动上前向顾客表示欢迎。与顾客一起清点行李数目，检查是否有损坏。将顾客引至总台，帮助顾客搬运所带的行李，搬运时必须十分小心，不可损坏行李；贵重物品要让顾客自己拿。顾客办理住宿登记时，行李员应要站在一旁等候。带领顾客到客房。顾客办完手续后，行李员从接待员手中领取房间钥匙，带顾客到客房。在乘电梯时，要请顾客先进去，再按楼层键。进入房间之前，为防万一，要先敲门，确定无人再进入。将行李放好，若是白天，再为顾客打开窗帘，将钥匙交给顾客，为顾客适当地介绍房内设施。询问顾客是否还需要其他服务，若没有，则向顾客道别，迅速离开，将房门轻轻拉上。

行李员要站立在前厅大门附近，随时注意是否有人离店，若有则立即上前提供服务。若是接到顾客电话要求搬运行李的服务，则应问清房间号，立即赶到顾客的房间，按门铃或敲门进房，帮顾客将行李搬到大厅，若顾客还未结账，应告诉顾客结账地点，等待顾客。清点行李，装车，送顾客离店，向其道别，祝其一路顺风，行程愉快。

4. 总台接待服务礼仪

（1）入住登记礼仪。顾客一抵店就迅速为其办理住房登记手续，保证总服务台服务高效率，使顾客满意。一般来说，总服务台员工要迅速为顾客办理入住登记，分配房间，所用时间限制在2分钟以内。对于一些突发情况，即顾客的特殊要求作出反应，提供协助和服务。另外，也必须将一些可疑人物及不正常的事件及时向主管汇报。

总服务台必须确定并查对顾客所入住的客房条件是否符合顾客所需。例如房间的类别、等级、价格等。给顾客客房钥匙时，通常要连同饭店地图一同交给顾客。只要饭店员工按照所规定的服务程序及服务规范去做，就会使顾客从开始步入饭店直到进入客房，都会有一种舒适、方便、愉快的感觉。

迅速更新有关顾客迁出和换房的信息以及保持客房和顾客住房情况的最新记录。查验客房房态与实际客房之间有关顾客住宿情况的准确性，以便纠正住店顾客账单上的差错，保证出租所有可供出租的客房。

（2）管理顾客账户礼仪。

① 要保证饭店员工准确无误地将费用及时记入有关的顾客账目上，保证在店顾客账目准确无误。

② 不泄密。总服务台员工对有关顾客的账目数据、账务有责任不泄露给任何人。

例如，假若入住饭店的某位先生使用了失效的信用卡，那就没有必要到处广播，没有必要把此事让无关人员知道，必要时只允许向饭店总经理或有关管理人员汇报。

（3）退房礼仪。

① 温婉有礼。遇到顾客退房，要温婉有礼，不能态度粗鲁或不高兴。要耐心向顾客讲清饭店的有关退房规定，按规定给顾客办理退房手续。顾客退房时，应给他呈上准确无误的结账单，请他付清全部费用。

② 留下好印象。多数顾客办理退房和结账手续一般在上午 7:30 ～ 9:30 之间，如果员工准备工作就绪，工作安排得有条不紊，就能使退房过程顺利，有序地进行并给顾客留下良好的印象。

（4）问询服务礼仪。

① 尽量满足顾客需求。由于问询处在饭店的中心位置及其对顾客服务的重要作用，问询处必须是饭店主要的信息源。问询处作为客房销售的主角，还必须为顾客提供关于饭店的设施及服务项目的准确信息。有关饭店所在地的各种资料和重要活动，也都是顾客询问的内容。毋庸置疑，问询处能提供的信息越多，便越能够满足顾客的需求。

② 注意形象，推销饭店。问询处的饭店员工必须对饭店的形象负责，必须努力推销饭店的设施和服务。为了提高工作效率，问询处员工应熟练掌握店内各设施的位置、服务项目和营业时间，对于住店顾客的资料，则可以通过住店顾客名单和问询来加以掌握。

③ 掌握住客资料。问询处需要掌握住客的资料，住店顾客的名单可以按姓名的字母顺序排列。

④ 熟练使用先进问询设备。大饭店通常使用问询架及电脑，以提高问询处的工作效率，并随时准备提供顾客的确切情况。

（5）总服务台推销礼仪。

① 知识。推销饭店，不仅对客房设施，同时对该地区的旅游景点、旅游吸引力以及名胜古迹、风味小吃等要熟悉并告诉顾客，向顾客推销，介绍好的旅游景点，这样可以延长顾客停留的时间。

② 努力争取客源。努力争取顾客再来饭店入住。假若是某饭店联号隶属饭店，向顾客推荐和介绍，办理顾客到下一旅游目的地的隶属饭店，既方便顾客又控制客源流向。

③ 了解顾客通常的问题。顾客通常的问题包括下列内容：

你能为我叫一辆出租车吗？

这里最近的购物中心在什么地方？

我要去最近的银行，从这里怎么去？

附近有旅游景点吗？

④ 建立信息库。总台员工要有广博的知识，同时要建立实用信息库，人手一份，

当被顾客问到的问题，回答不出来是很尴尬与失礼的，影响饭店声誉。

⑤ 必知问题。掌握有关店内设施及当地情况的业务知识，以便顾客要求时很有礼貌地予以答复，并且推销饭店服务。如饭店各项服务的营业或服务时间，车辆路线，车辆出租公司、价格等，航空公司的电话号码，本地特产、名胜古迹等。

⑥ 推销客房。推销客房时，要建立在可以实现的基础上，必须用令人信服的语言来表达，描述为顾客提供选择的客房和下榻场所的情况。在实际推销中要特别注意向顾客提供的客房等级应符合顾客的实际情况，并不一定要先向顾客推销高价房间。总服务台人员不能与顾客进行讨价还价，而是要按照饭店公布的报价来推销。充分介绍饭店的客房及各种服务设施与服务项目。

介绍时可采用以下说法：

此房间非常适合您的要求。

房间对于您迎接您的小团队是十分方便的，也极为理想。

您可以很快进入梦乡而不受喧哗的干扰。

您的孩子可以同住一个房间，这样免得您为他们担心。

5. 电话总机服务礼仪

（1）接听电话礼仪。基本要求是：面带微笑、声音清晰、态度和蔼、言语准确、反应迅速。

① 电话铃响在三声之内接起。所有来电务必在三响之内接起，以充分体现饭店的工作效率。如果故意延误，提起听筒以后还照常和周围的人闲谈，把发话人搁在一边，这是不允许的。电话铃响三声之内接起电话时，不使用"喂——"回答。

② 先问好，再报单位，再用问候语，这样可以避免搞不清身份和拨错电话的麻烦，例如："您好，××饭店"，一般要求用普通话、粤语，或者用中文和英文。电话铃响三声以上接听时应说："您好，让您久等了，我是××饭店××部×××"。另外需注意的是，问好、报饭店名称、问候语这三者开头语的顺序不能颠倒。这样显得彬彬有礼，给人一种亲切感。

③ 电话接线要迅速准确。下榻在饭店的顾客所接到的大多数电话都是长途电话，都很重要，因而电话接线要迅速准确。另外，不许误传顾客的信件或电话留言，一定要做到认真、耐心、细心。通话时，听筒一头应放在耳朵上，话筒一头置于唇下约5厘米处，中途若需与他人交谈，应用另一只手捂住听筒。

④ 做好记录。在电话机旁准备好记录用的纸笔，如需转达则要确认记录下的时间、地点、对象和事件等重要事项。若是重要的事，应做记录。记录时要重复对方的话，以检验是否无误。然后应等对方自己来结束谈话，如果电话里定不下来，可告知对方待请示领导后，再通电话决定。

⑤ 注意聆听。在顾客讲完之前不要打断也不可妄下结论，对听不清楚的地方，要复述顾客的话，以免搞错。听电话时要注意礼貌，仔细聆听对方的讲话，要把对方的重

要话进行重复和附和，应不时地用“喂”、“对”、“是”来给对方积极的反馈。

如果对方发出邀请或会议通知，应致谢。如对方反映问题或是顾客投诉，接待要耐心，回复对方的话语要十分注意语气和措词，要显得热情、诚恳、友善、亲切，并使对方能体会到你对他的关注。

⑥ 重要内容进行确认。“请您再重复一遍”、“那么明天在××，9点钟见”等等确认时间、地点、对象和事由。如是传言必须记录下电话时间和留言人。结束语“清楚了”、“请放心……”、“我一定转达”、“谢谢”、“再见”等。

⑦ 放回电话听筒。等对方放下电话后再轻轻放回电话机上。

注意事项：①认真做好记录；②使用礼貌语言；③讲话时要简洁、明了；④注意听取表示时间、地点、事由和数字等的重要词语；⑤电话中应避免使用对方不能理解的专业术语或简略语；⑥注意讲话语速不宜过快；⑦遇对方打错电话要有礼貌地回答，让对方重新确认电话号码。

（2）拨打电话礼仪。

① 准备。确认拨打电话对方的姓名、电话号码，准备好要讲的内容、说话的顺序和所需要的资料、文件等，明确通话所要表达的目的。例如，可以将日历、记录本以及笔等放在便于拿到的位置，准备好需要的各种表格、数据、图表等。

② 问候、告知自己的姓名。例如：“您好！我是××饭店××部的×××”。一定要报出自己的姓名。

③ 确认电话对象。“请问××部的×××先生在吗?”、“麻烦您，我要找×××先生。”、“您好！我是××饭店××部的×××”必须确认电话的对方。如与要找的人接通电话后，应重新问候。

④ 电话内容。例如：“今天打电话是想向您咨询一下关于××事……”，应先将想要说的结果告诉对方，如是比较复杂的事情，请对方做记录，对时间、地点、数字等进行准确地传达，说完后可总结所说内容的要点。

⑤ 结束语。“谢谢”、“麻烦您了”、“那就拜托您了”等等，语气诚恳，态度和蔼。

⑥ 放回电话听筒。等对方放下电话后再轻轻放回电话机上。

注意事项：①要考虑打电话的时间（对方此时是否有时间或者是否方便）；②注意确认对方的电话号码、单位、姓名，以避免打错电话；③ 准备好所需要用到的资料、文件等；④讲话的内容要有次序，简洁、明了；⑤注意通话时间，不宜过长；⑥要使用礼貌语言；⑦外界的杂音或私语不能传入电话内；⑧ 避免私人电话；⑨讲电话时，如果发生掉线、中断等情况，应由打电话方重新拨打。

补充小知识：

（1）遵守保密制度。答复顾客查找事项，要在不违反保密规定的前提下。在大多数情况下，电话总机服务员不准向问话对方提供顾客的姓名、他的房间号码以及其他任何有关顾客的情况，保证顾客的隐私、安静生活和居住环境不受侵犯。

（2）快捷服务。电话总机服务因不能与顾客见面，增加了难度，需用全面的知识、快捷的判断来处理事情。

（3）使用礼貌用语。注意使用礼貌用语，不准讲粗话、使用蔑视和侮辱性的语言。任何时候，不能使用“喂”、“不知道”、“什么”、“不在”、“我很忙”或者随便挂断电话。

（4）不要出差错。打错顾客电话，特别是在夜间，必定要遭到顾客的斥责。所以，应尽量避免出差错。

（5）代客留言。应问清来电者身份，大概是什么事，再请稍等，记清有关内容，请对方留下电话号码再复述，然后说谢谢。禁止窃听顾客的电话。

（6）叫醒服务。如遇到顾客要求叫醒，应记录清楚，准确操纵自动叫醒机或准时用电话叫醒，不得耽误，无人接听时，可隔二三分钟叫一次，三次无人接听时，通知服务员。饭店话务员要细心而准确地催醒顾客，这是职责。电话话务员的任何一次失职，没有按照顾客的要求按时催醒顾客，都可能会引起顾客的不满、气愤、怨恨，因为这种粗心服务可能会使顾客误了一次班机，耽误顾客的行程或损失了一笔大生意。

（7）答复咨询。答复咨询时，要耐心、礼貌地为顾客解决问题。

（8）处理紧急事件。要迅速、准确而不忙乱，要熟悉本地区公安、消防等有关业务单位的电话。

（9）不得打私人电话。不得利用工作之便打私人电话，影响饭店正常工作。

二、饭店餐饮服务礼仪

（一）饭店餐饮服务流程礼仪

1. 迎宾服务

当顾客步入迎宾台前2米处，微笑迎宾。当顾客步入迎宾台前1米处问好“中午好（晚上好）！欢迎光临××饭店，很乐意为您服务”。当顾客来到桌前时拉椅让座、上茶、上毛巾，主动提供套衣服和套包服务。询问顾客就餐人数、是否有预订，以“请问几位”、“贵姓”、“哪个单位（电话号码）”、“这边请”等问话获取顾客信息后，迅速正确地将顾客安排好位置，拉椅让座并告之值台服务员。

2. 点菜服务

征求顾客意见是否要点菜，若要点菜应立即上前。向顾客解释本饭店的点菜方式，点菜时注意力要集中，仔细听写顾客所报的菜名，菜单须注明台号、人数、日期、时间、服务员签名。点菜完毕须向顾客复述一遍菜单，以作核对。询问顾客要何种酒水，在收银台开酒水单，点菜过程中应主动推销特价菜、特色菜，说明菜肴的烹饪特色，包括原料口味等。注意要为顾客做好参谋，不可多点或点重复菜、不可强行推销高价位菜肴，如遇所点菜肴缺货应婉转地向顾客解释并换类似菜肴。

3. 斟酒服务

所有的酒瓶、饮料瓶须用抹布擦拭干净，当面帮助顾客打开酒瓶。在斟酒和饮料时须讲出其名称、出示商标。倒泡沫的酒水时，应掌握好速度让酒水沿着杯壁流下。斟酒不可太满，一般八分为宜。上葡萄酒时要跟上冰块。顾客杯中酒水剩四分之一时要及时添加。

4. 上菜服务

上菜时侧身站在顾客左侧，右手上菜至顾客面前轻放在转台上，并报出菜名，介绍菜肴特色。上菜过程中，及时撤去桌上空盆或整理盘碟留出足够的空位上下一道菜。顾客食用虾、蟹等需要用手食的菜肴，应上洗手盅。顾客就餐过程中应主动征求顾客意见，注意上菜次序和速度。随时为顾客添加酒水，顾客示意不要酒水时，及时将空杯撤下，骨盆中有三分之一杂物时要更换。当菜肴上齐后要通知顾客，并提醒顾客是否需要添加主食。

5. 结账服务

当顾客有结账意向或要求结账时，请顾客稍等后，应立即检查是否有开动的酒水，如有应立即退单。仔细查阅账单，检查无误签字确认后交纳收银员结账。将账单放在收银夹内，送到顾客面前双手递上。用收银夹夹住顾客付的现金，收款时看清票面轻声唱票并感谢顾客，找回零钱须用收银夹夹住送至顾客手中，请顾客核对，顾客点头示意后再次感谢顾客，同时放上“再次光临”牌和取回衣套、包套。

6. 送客服务

顾客起身拉椅离座，提醒顾客带好随身物品，送顾客到门外，对顾客的光顾表示感谢、欢迎再次光临。

（二）饭店餐饮服务语言礼仪

语言是服务员和顾客交流的一种工具。所以服务员要掌握基本的礼貌用语。

（1）迎宾示意：“您好，欢迎光临××饭店！请问几位？是否有预定？”

（2）领位让座：“这边请”、“请坐”。

（3）值台服务员拉椅让座：“您好！很乐意为您服务！”

（4）倒茶、上毛巾、撤筷套：“对不起、打扰一下！请喝茶、请用毛巾。”

（5）提供衣、包套服务：“打扰一下，帮您套衣（包）套”。

（6）接受点菜：“对不起，打扰一下，请问现在可以点菜了吗？”

（7）推销酒水：“请问需要什么酒水？”

（8）顾客到齐：“对不起，请问现在可以上菜了吗？”、“祝您就餐愉快”。

（9）席间服务：“对不起，打扰了”（上菜、斟酒、倒茶、点烟、换骨盆、毛巾、烟缸、整理台面等）。

（10）菜肴上齐：“打扰一下，您的菜上齐了，请问还需要添加什么主食？”

（11）顾客结账：“请您稍等，这是您的账单”、“谢谢”。

（12）请顾客填写意见卡：“您能给我们提点意见吗？”

（13）拉椅送客、道别：（送客到门外）“再见、请走好！欢迎下次光临！”

（三）饭店餐饮服务礼仪规范

1. 订餐服务礼仪

接待主动、态度热情、面带微笑、语言亲切，询问顾客用餐时间、订餐内容、座位要求准确，复述顾客姓名、用餐人数、时间、联系方式，并做好记录，安排好座位。电话订餐：电话铃响三声内接听，繁忙时请顾客稍等并表示歉意，接听电话态度和蔼、语言清晰，如遇无位可订，则应婉言谢绝，并表示歉意。

2. 中餐服务礼仪

（1）中餐位次礼仪。中餐宴会通常都有主人、副主人、主宾、副主宾及其他陪同人员，各自都有固定的座次安排。

背对着餐厅重点装饰面、面向众席的是上首，主人在此入座，副主人坐在主人对面，主宾从于主人右侧，副主宾坐于副主人右侧。主人与主宾双方携带夫人入席的，主宾夫人坐在主人位置的左侧，主人夫人坐在主宾夫人的左侧。其他位次不变。

当顾客在餐厅举行高规格的中餐宴会时，餐厅员工要协助客方承办人按位次大小排好座次，或将来宾姓名按位次高低绘制在平面图上，张贴到餐厅入口处，以便引导宾客入席就座。

（2）领位入座。顾客进入餐厅时微笑迎客，根据顾客不同的年龄和身份，使用敬语主动问候，同时拉椅请顾客入座。若顾客早到或提前已约好会客，可请顾客在休息区就座，为顾客及时送上迎客茶（功夫茶、开胃菜等）。为顾客送上小毛巾时，应从顾客左边按顺时针方向进行：上毛巾时要用托盘和毛巾夹，并礼貌地说“请用毛巾”。服务时应遵循先女宾后男宾、先贵宾后主人的顺序。

（3）酒水服务。中餐宴席的重要主宾入席之后，通常主人就要举杯祝酒。与此相应，餐厅员工应在开席前 5 分钟将顾客所需酒斟好。但在一般情况下，要结合餐席顾客饮酒的习惯，征得顾客同意后再在适当的时机给顾客斟适当的酒水饮料种类。如顾客不同意，要及时给顾客予以调换。

① 为顾客斟酒前要询问顾客需要什么酒，一般斟入杯子的八分左右。斟啤酒时，瓶口离杯口一公分距离慢慢倒入，避免溢出杯外；斟白酒和色酒时，应先斟色酒后斟白酒，红葡萄酒斟到杯子的三分之一，白葡萄酒为二分之一；当顾客表示不需要某种酒时，应把空杯撤走；上葡萄酒时顾客若需要冰块应及时提供。

② 斟葡萄酒时，用折好的口布卷套至瓶口，右手握住瓶子与口布，商标朝向顾客斟酒；中餐宴席斟酒的顺序一般是从主宾开始，主宾在先，主人在后，女士在前，男士在后。两名服务员一同为顾客斟酒时，一个从主宾开始，另一个可以从副主宾倒起，然后依座次按逆时针为顾客斟上酒水或饮料。斟酒时服务员应站在顾客的右边，开启有气体的酒或饮料时，瓶口不可对着顾客。

③ 如遇主宾、主人致词，服务员应立即停止服务，保持场内安静，切忌交头接耳闲聊。

④ 当顾客起立干杯时，应迅速拿起酒瓶准备为顾客添酒，同时为顾客拉椅，顾客就座时再把椅子推向前（不管拉椅、推椅都要注意顾客安全）。

（4）上菜服务。当顾客开始用餐时，值台服务员应立即通知跑菜员（厨房）走菜时间和顾客人数。不同种类的宴会上菜的程序是不完全一样的，但从总体上说，中餐上菜的程序是基本固定的。中餐上菜的顺序为：冷盘→热菜→炒菜→大菜→汤菜→炒饭→面点→水果。

餐厅员工给顾客提供服务时，一般要以第一主人作为中心，从宴席的左面位置上菜，撤盘时从宴席的右侧位置。上菜或撤盘时，都不应当在第一主人或主宾的身边操作，以免影响主客之间的就餐和交谈。

上菜时要先主宾，然后按顺时针方向进行。所上菜肴遇有佐料的，应先上佐料后上菜（上虾、蟹等有壳食品需上洗手盅）。整个服务过程中遇有顾客提出特殊要求，应尽量给予解决，不能说“不行”、“不知道”等不礼貌的语言：如确有困难的或向顾客打招呼“对不起，请稍等”，然后立即向餐厅管理人员报告，但一定要给顾客一个答复或请餐厅管理人员出面解决。

上菜时先撤下原来的菜，撤菜时如盆中还有没吃完的菜应主动为顾客分菜，顾客表示不要时方可撤去。换骨盆时应说“对不起”然后撤走，如盆中还有菜肴应征询顾客意见“对不起，还用吗?”或做个手势，当顾客表示不要时，方可撤去；如果顾客表示还需要，新菜先上在顾客的右边，等顾客用完原有的菜后方可撤走骨盆，再把新菜移至顾客的正餐位上。每上一道新菜时，音量适中口齿清楚地报出菜名，必要时适当介绍风味特点。

整个服务过程中，要根据顾客的要求，上菜不可太快（除非顾客有要求），一般时间从开始到结束约 1.5 ～ 2 小时左右。

当顾客宣布用餐结束时，要提醒顾客带好随身物品；要送顾客到门口，并说“谢谢，欢迎下次光临”，当顾客主动与服务员握手表示感谢时，视顾客的神态，适当地握手。

（5）主宾发表讲话。餐厅员工的一切活动都应当停止，宜静静地站在离顾客适当的距离，以免对顾客的正常活动造成不必要的干扰。当主人发言快要结束时，服务员应当将主人的酒杯递上，以供主人敬酒之用。当主人离席给来宾们敬酒时，服务员要用托盘带着低度酒和烈性酒跟随主人，见机给主宾续酒。

（6）上菜中的习惯与礼貌。菜肴上有孔雀、凤凰图案的拼盘应当将其正面放在第一主人和主宾的面前，以方便第一主人与主宾欣赏。

第一道热菜应放在第一主人和主宾的前面，没有吃完的菜则移向副主人一边，后面菜可遵循同样的原则。

遵循“鸡不献头，鸭不献尾，鱼不献脊”的传统礼貌习惯，即在给顾客送上鸡、鸭、鱼一类的菜时，不要将鸡头、鸭尾、鱼脊对着主宾。而应当将鸡头与鸭头朝右边放置。上整鱼时，由于鱼腹的刺较少，肉味鲜美腴嫩，所以应将鱼腹而不是鱼脊对着主宾，表示对主宾的尊重。

3. 西餐服务礼仪

（1）餐具摆法。西餐宴会需要根据宴会菜单摆台，每上一道菜就要换一副刀叉，通常不超过七件，包括三刀、三叉和一匙，摆放时按照上菜顺序由外到内放置。其具体摆法是：

① 先将垫盘摆好作为定位，垫盘左边按顺序摆放餐叉、鱼叉、冷菜叉，垫盘右侧按顺序摆放餐刀、鱼刀、冷菜刀，刀刃朝左。

② 前方摆汤匙，汤匙前边交叉摆放点心叉和点心匙。

③ 叉的左侧摆面包盘，盘内斜放黄油刀，盘的前方摆黄油碟。

④ 点心叉、匙的前方摆水杯、色酒杯、白酒杯。口布折花放在垫盘内或插在水杯中。

⑤ 西餐宴会位次安排与中餐位次安排相同。

（2）西餐斟酒。

① 西餐斟酒有非常严格和复杂的要求，与中餐所不同的是，中餐主人一旦确定饮用何种酒以后，可能就不会发生太大的变化，但西餐却不同，高级的西餐所饮用的酒甚至有七种之多，每吃一道菜就要变换一种酒，相应的菜就要喝相应的酒。

② 每斟一种酒时，应先将前面所用的酒杯与即将饮用的酒杯调换一下位置，然后倒上酒，以方便顾客敬酒。

③ 斟酒顺序是，一般情况下先女主宾后男主宾，接着是主人，然后按座次斟酒。

（3）西餐上菜。西餐上菜的服务位置及顺序：餐厅员工在提供西餐上菜服务中，总体顺序是先女主宾后男主宾，然后服务主人与一般来宾。餐厅员工应用左手托盘，右手拿叉匙为顾客提供服务，服务时，员工应当站在顾客的左边。

西餐的上菜顺序：

① 首先为顾客送上面包黄油。餐厅员工应在开餐前五分钟为顾客送上面包与黄油。先用小方盘装上热的小梭子面包，上面用清洁的口布盖上；再用小圆盘装上黄油，数量与客数相等。然后将黄油刀移放到黄油盅上，在芝士盆的右上角放上黄油，中间放上面包。

② 紧接着是果盘。餐厅员工为顾客送上果盘时应将果盘端送到顾客的左侧，让顾客自己挑选。

③ 上汤。在西餐中，汤有清汤与浓汤之分。清汤又包括热清汤与冷清汤两种。要用热盆放浓汤，从而保持汤的原汁原味。夏天用西餐时一般喝冷清汤，上汤之前首先要将盛放冷清汤专用杯（带两耳）用冰冻冷。

④ 主菜。食用主菜时要用大菜盆，所以主菜通常又称为大盆。员工在为顾客送上主菜的同时还要在大菜盆的前面随送上卤汁和蔬菜，这些配料用半月形的生菜专用盆装盛。

⑤ 点心。食用冰淇淋时，要将匙放到底盆内与冰淇淋一道端上去。烩水果的则应为顾客摆上菜匙。食用热点心，要用中叉与点心匙。

⑥ 水果。有的西餐服务时已事先在台面上摆好了水果盘，作为装饰点缀之用。在这种情况下给顾客上水果时只要为顾客送水果刀叉、净手盅便可。如果桌面上并没有事先摆好水果盘，饭店员工可以在放上辅助工具之后，为顾客送上准备好的果盘。

⑦ 咖啡。西餐中，早、中、晚餐饮用咖啡的杯子各不一样，通常情况下，分别使用大、中、小三种杯子。餐厅员工可以在顾客食用水果时就将一套咖啡杯送到顾客的水杯后面。分派咖啡的盘上应当垫上口布，并装上糖钳、牛奶盅、咖啡壶等用品。

员工为顾客斟好咖啡后，应当先将顾客的水果盘与洗手盅收去，然后将咖啡轻移到顾客面前，做好这一切后，便可以为顾客派送立口酒。

补充小知识：毛巾递送技巧

（1）将卷好的毛巾整齐地放在一个服务碟中，配上毛巾夹或是分餐叉勺。

（2）用左手托住服务碟。

（3）从顾客右边递送毛巾。

（4）用右手拿毛巾或是分餐叉勺，夹住毛巾的边角，这样在递送到顾客面前时毛巾就会自动打开。

（5）按逆时针方向顺次服务，最后给主人。

（6）将服务碟放在餐桌的中央，这样顾客可以将擦后的毛巾放在服务碟中。

（7）在顾客放回毛巾后，将服务碟从餐桌上撤走。

三、饭店客房服务礼仪

（一）客房服务流程礼仪

（1）服务员的服装、鞋、袜要整齐清洁；头发修剪要美观大方。胸前要佩戴名章，面带微笑；

（2）清扫房间尽量避免干扰客人，最好是客人外出时打扫或客人特别吩咐才去做，但必须掌握时间，要在客人未回来前整理好。长住客人的房间按客人的需要去打扫；

（3）未经许可不得让来访者进入客人的房间。访客应在总服务台办理来访登记手续。征得客人同意方可引进客房；

（4）服务员必须乘坐员工专用电梯，有急事例外；整理有客人住的房间时，切不可随意扔掉客人的书报杂志和物品；

（5）进房前要先敲门，得到允许后方进入；

（6）被客人叫进房间时，要把门半掩着，客人让坐下，也不可坐；

（7）随时注意客人的情绪。对醉客要特别关照；对超过起床时间尚无动静的患病客人，必须提高警惕，以防意外；发现客人中有从事不法活动或房内有争吵声等不正常情况，应立即报告主管；

（8）未经客人同意，不要去抱客人的小孩，更不得随便给小孩食品吃；

（9）不要在楼层大声喧哗、追逐、打闹，搬运物品要轻拿轻放，要保持肃静；

（10）在楼层与客人相遇时要问好，或打招呼，与客人同行，要礼让，不要抢行，不要从谈话的客人中间穿行，更不准靠边旁听，如急需通过要表示歉意；

（11）服务员不得使用房间设备，如浴缸、脸盆、电视、电话等，更不得翻看或动用客人的物品；

（12）服务员要认真填写值班记录，凡未办完之事要交待清楚，不得因下班使服务中断或脱节，引起客人的不满；

（13）客人迁出时，如有遗留物品，应立即交还或报告主管。同时注意检查房间的零星物品，如发现烟灰缸、小巧的装饰品缺少时，不要直接查询客人，要立即报告主管；

（14）服务员不得聚在一起议论客人，更不得讥笑客人的生理缺陷；

（15）客房服务员要思维敏捷、周密。随时随地注意客人的动态，尽快熟悉客人，不仅要记忆客人的姓名及房号，更要记忆客人的特征和特殊的好恶。这样可以针对客人的特点进行服务，使客人满意。如有的客人写字、吸烟习惯用左手，我们摆台灯、文具用品及烟缸就应以左边为主，使客人用时方便。

（二）客房服务语言礼仪

（1）按照饭店规定的待客服务中所必须使用的标准化语言。如“请”“谢谢”“您好”“再见”“对不起”等。任何时候不能回答客人说“不知道”。

（2）说话语气友好，亲切，柔和。

（3）敲门时，自报“房务员”。

（4）做房时不主动说工作之外的事情，不打听客人的隐私。

（5）离开时，向客人致歉：“对不起，打扰了。”

（6）在走廊遇见客人，应主动问好：“您好！”、“早上好！”等。

（7）不议论客人的行为，习惯或爱好。

（三）客房服务礼仪规范

1. 迎客的准备工作礼仪

客房迎客的准备工作是服务过程的第一个环节，它直接关系到后面的几个环节和整个接待服务的质量，所以准备工作要做得充分、周密，并在顾客进店之前完成。

（1）了解顾客情况。为了正确地进行准备工作，必须先了解将要来到的顾客的到店时间、离店时间、何地来、去何地、人数、身份、国籍、健康状况、性别、年龄、宗教信仰、风俗习惯、生活特点及接待规格、收费标准和办法等情况，以便制定接待计划，安排接待服务工作。

（2）房间的布置和设备的检查。根据顾客的风俗习惯、生活特点和接待规格，对房间进行布置整理。根据需要，调整家具设备，铺好床，备好热水瓶、水杯、茶叶、冷水具及其他生活用品和卫生用品。补充文具夹内的信封、信纸、服务指南、顾客须知和各种宣传品，补充冰箱的饮料。

按照接待规格将饭店经理的名片放在桌上，若是重要顾客还要准备鲜花和水果，表示欢迎。如果顾客在风俗习惯或宗教信仰方面有特殊要求，凡属合理的均应予以满足。对顾客宗教信仰方面忌讳的用品，要从房间撤出来，以示尊重。

房间布置好之后，要对房内的家具、电器、卫生设备进行检查，如有损坏，要及时报修。要试放面盆、浴缸的冷热水，如发现水质混浊，须放水，直到水清为止。

（3）迎客的准备。顾客到达前要调好室温，如果顾客是晚上到达，要拉上窗帘，开亮房灯，做好夜床。完成准备工作后，服务员应整理好个人仪表，站在电梯口迎候。

2. 顾客到店的迎接礼仪

（1）梯口迎宾。顾客由行李员引领来到楼层，服务员应面带笑容，热情招呼。如果事先得知顾客的姓名，在招呼时应说："欢迎您！××先生"，然后引领顾客到已为顾客准备好的房间门口，侧身站立，行李员用钥匙打开房门，请顾客先进。

（2）端茶送巾。顾客进房后，针对接待对象按"三到"——"客到、茶到、毛巾到"的要求进行服务。如顾客喜欢饮冰水、用冷毛巾，也应按其习惯送上。

3. 住客的服务工作礼仪

为了使顾客住得舒服、愉快，有"宾至如归"之感，日常的服务工作必须做到主动、热情、周到、细致。

（1）端茶送水。要及时提供热水。顾客喜欢冷饮，要随时补充冰箱饮料，以保证供应。如有访客，开水、凉开水及饮料的供应要视需要情况及时补充。

（2）整理房间。按照顾客的接待规格、要求和饭店住房清扫程序进行整理。上午要按照程序进行清扫，拉开窗帘、倒垃圾、换烟灰缸、换布巾、扫地板、擦家具和各种物品；补充房间的茶叶、文具用品和清扫、整理卫生间。

顾客午间休息起床后，进行小整理，倒垃圾、换烟灰缸、整理床上卧具、撤换用过的毛巾。

（3）委托代办和其他服务。要认真、细致、及时、准确地为顾客办好委托代办的事项，如洗衣、房间用餐、访客接待和其他顾客委托代办的事宜。

（4）安全检查。饭店首先应对顾客的生命财产负责，确保顾客的安全是客房部的一项极其重要的职责。如果因措施不力或工作疏忽，使顾客的人身或财物受到损害，不仅饭店在经济上要受到损失，更严重的是饭店的声誉也要受到影响。因此，必须在每个服务环节上都有安全措施。

4. 离店结束工作礼仪

（1）做好顾客离店前的准备工作。要了解顾客离店的日期、时间，所乘交通工具的车次、班次、航次，所有委托代办的项目是否已办妥，账款是否已结清，有无错漏。

问清顾客是否需要提前用餐或准备饭盒餐。早晨离店的顾客是否需要叫醒，什么时间叫。如房间有自动叫醒钟应告诉顾客如何使用。最后还要问顾客还有什么需要帮助做的事情。如果有的事情在本部门不能完成，应与有关部门联系，共同协作，做好离店的准备工作。

（2）定时的送别工作。利用顾客就餐时间，检查顾客有无物品遗留在房间，如有，要提醒顾客。顾客离开楼层时，要热情送到电梯口，有礼貌地说“再见”、“欢迎您再来”。要有服务员帮助顾客提行李，并送至大厅。对老弱病残顾客要有专人护送下楼，并搀扶上汽车。

（3）顾客走后的检查工作。顾客走后要迅速进入房间，检查有无顾客遗忘的物品，如有应立即派人追送，如送不到应交总台登记保管，以便顾客寻找时归还。同时，要检查房间小物品如烟灰缸或其他手工艺品有无丢失，电视机、收音机等设备有无损坏，如有应立即报告主管。

5. 重要客人服务礼仪

贵宾服务在客房部对客服务工作中包括贵宾抵店的准备工作、迎接和服务、离店的欢送三个环节。

（1）贵宾抵店前的准备工作。客房部接到贵宾接待通知单后，要详细了解客情及接待规格和标准，预先制定接待方案，以便做好服务。调动最有力的业务能手，一班到底。同时服务员要彻底清扫房间，认真检查房间的设施设备。按接待规格配备好客房物品。贵宾等级不同，相应客房内的物品配备也不同。通常在客房内应摆放有总经理签名的欢迎信、鲜花、水果等。对清扫布置完毕的贵宾房，需经领班、主管、前厅部经理或大堂副理、客房部经理等按接待规格标准实施层层严格检查，符合标准后封闭客房。在必要的情况下，有时还可以将一个楼层或区域进行封闭，到完成接待任务时再解除。

（2）抵达后的迎接和服务。贵宾在饭店有关人员的陪同下抵达楼面时，服务员必须在电梯口迎接问候，根据情况进行适当引领，及时为客人提供茶水等服务，视情况向客人介绍客房设施及服务项目。贵宾享有在房间办理登记入住的特权，由总台负责办理。

客人住店期间．客房部应选派有经验、责任心强的服务员为客人提供优质高效的服务。对特别重要的贵宾，应提供专人服务，随叫随到。注意，如没有客人的吩咐，宾客在房间时，不允许进房进行小整理和做一些服务性的工作。在接待服务中，服务员要能用姓名或职务尊称客人，主动问候。要善于通过观察捕捉服务信息、把握服务时机，及时为客人提供服务。同时要配合保安部做好安全工作，以确保贵宾的安全。

（3）贵宾离店送行。楼层服务员接到贵宾离店通知单后，应主动向客人表示问候，征求客人意见，询问有无需要帮助的事宜。客人离开楼层时，应向客人道别并为客人按下电梯按钮，等电梯门关闭并运行到下一楼层后方可离开。客人离店后，要及时做好客史档案，为下一次接待积累经验。

第三节 日常营业场所服务礼仪

日常营业场所主要是指商场、医院、餐馆等商业性营业场所，这一类场所服务人员每天都要面对大量的客人，事务繁琐，容易导致服务人员的精神压力大，服务质量下降。因此，做好这些服务场所营业人员的观念引导、心理疏通，规范服务流程、语言和行为礼仪，对营业场所提高经营业绩会起到良好的作用。

一、顾客接待礼仪

顾客接待是企业销售产品的前奏和基础，客人对接待服务感受的好坏，直接关系到后面交易的成败。顾客接待礼仪最重要的是态度亲切、以诚待人，在行为上具体而言要做到“四到”。

（一）眼到

眼睛一定要放亮，并注意眼、耳、口并用的礼貌。面带微笑，使进来的顾客感觉亲切且受到欢迎。当顾客进来时，坐在位子上的营业员要立刻起身迎接，表示尊重顾客。

（二）口到

亲切地说“欢迎光临”。此外，最重要的是用心，千万不能心口不一。比如顾客光临仍坐在位子上，或坐着向顾客说“欢迎光临”等，都是没有诚意的行为。

（三）手到

商场上“顾客至上”是不变的法则，所以在交换名片、传送商品给顾客时应双手接递以示尊重。如果无法以双手捧物，也要尽量以右手呈送表示礼貌，因为很多国家视左手为不洁的象征。

作为引导迎宾员应走在顾客的左或右前方以为指引，因为有些顾客尚不熟悉商场环境，切不可在顾客后方以声音指示方向及路线，走路速度也不要太慢让顾客无所适从，必须配合顾客的脚步，将顾客引导至正确位置。

（四）心到

不论客户是何种身份，都应视其为贵宾而诚挚相待，不要厚此薄彼，以怀疑的眼光看人或用外观穿着来打量别人，并以此作为是否隆重接待的依据。

二、业务受理礼仪

（一）导购推销

1. 把握时机

基本礼仪：零干扰——不要进行强迫服务，影响顾客。

掌握分寸——时间适当，语言适当。

2. 介绍重点

人无我有——同类产品中别人没有我有；

人有我优——同样的产品，我的质量最好；

人优我新——介绍我行的创新之处。

（二）投诉处理

1. 专注地倾听顾客诉说，准确领会顾客意思，把握问题的关键所在。

2. 请顾客移步至不引人注意的一角，对情绪冲动的顾客或由外地刚到达的顾客，应奉上茶水。

3. 耐心、专注地倾听顾客陈述，不打断或反驳顾客。用恰当的表情表示自己对顾客遭遇的同情，必要时作记录。

4. 必要时察看投诉相关业务资料，迅速作出判断。

5. 向顾客致歉，作必要解释，请顾客稍为等候，自己马上与有关部门取得联系。

6. 把调查情况与顾客进行沟通，向顾客作必要解释，向顾客询问对处理的意见，作简短祝辞。

三、基本服务用语

在营业工作过程中，我们处处都应注意正确地使用服务用语。服务用语是营业工作的基本工具，怎样使每一句服务用语都发挥它的最佳效果，这就必须讲究语言的艺术性。服务用语不能一概而论，我们应根据营业性工作岗位的服务要求和特点，灵活地掌握。

（一）接待顾客时

接待顾客时应说"欢迎光临"、"谢谢惠顾"。不能立刻招呼顾客时，应说"对不起，请您稍候"、"好！马上去！请您稍候，一会儿见"。让顾客等候时应说"对不起，让您久等了"、"抱歉，让您久等了"。

（二）拿商品给顾客看时

拿商品给顾客看时应说"是这个吗？好！请您看一看"。介绍商品时应说"我想，这个比较好”。

（三）将商品交给顾客时

将商品交给顾客时应说“让您久等了!”

（四）收账时

收货款时应说“谢谢您，一共×××元。”

收了货款后应说“这是×××元，请稍候一会儿。”

找钱时应说“让您久等了！找您×××元。”

当顾客指责货款算错时应说“实在抱歉，我立刻帮您查一下，请您稍候!”

已确定没有算错时应说“让您久等了，刚刚我们算过，经办人说，收了×××元没有错，能否请您自己再核实一下。”

找错钱时应说“让您久等了，实在对不起，是我们算错了，请您原谅。”

（五）送客时

应说“请再次光临！谢谢!”、“再见，一路平安”。

（六）请教顾客时

问顾客姓名时应说“对不起！请问是哪一位?”

问顾客住址时应说“对不起，请您留下住址好吗?”、“对不起，改日登门拜访，请问府上何处?”

（七）换商品时

替顾客换有问题的商品时应说“实在抱歉！马上替您换（马上替您修理）。”

顾客想要换另一种商品时应说“没有问题，请问您要哪一种?”

（八）向顾客道歉时

应说“实在抱歉!”“给您添了许多麻烦，实在抱歉。”

在营业接待工作中，使用礼貌用语应做到自觉、主动、热情、自然和熟练。把“请”、“您好”、“谢谢”、“对不起”等最基本礼貌用语与其他服务用语密切结合起来加以运用，给营业工作增添绚丽的色彩。

【本章小结】

服务礼仪通常指的是礼仪在服务行业的具体应用，服务人员在工作岗位上，通过言谈、举止、行为等，对顾客表示尊重和友好应遵守的行为规范。服务礼仪主要以服务人员的仪容规范、仪态规范、服饰规范、语言规范和岗位规范为基本内容。对于服务人员来说，如何做好服务工作，不仅需要职业技能，更需要懂得服务礼仪规范：热情周到的态度、敏锐的观察能力、良好的口语表达能力以及灵活、规范的事件处理能力。学习和运用服务礼仪，是服务人员做好本职工作的基本保证，是树立企业良好形象的重要因素，并能使员工在工作和生活中不断自我完善。

实操训练

[情景描述一]

飞机起飞前，一位乘客请空姐给他倒一杯水吃药，空姐很有礼貌地说：“先生，为了您的安全，请稍等片刻，等飞机进入平稳飞行后，我会立刻把水给您送过来，好吗?”十五分钟后，飞机早已进入平稳飞行状态。突然，乘客服务铃急促地响了起来，空姐猛然意识到：糟了，由于太忙，她忘记给那位乘客倒水了。当空姐来到客舱，看见按响服务铃的果然是刚才那位乘客，她小心翼翼地把水送到那位乘客眼前，微笑着说：“先生，实在对不起，由于我的疏忽，延误了您吃药的时间，我感到非常抱歉。”这位乘客抬起左手，指着手表说道：“怎么回事，有你这样服务的吗？你看看，都过了多久了?”空姐手里端着水，心里感到很委屈，但是，无论她怎么解释，这位挑剔的乘客都不肯原谅她的疏忽。

[实训目的]

掌握服务人员应对过失时的礼仪，体现服务人员的应变能力。

[实训要求]

两位学生分别扮演乘客和那位空姐进行情景模拟，努力使顾客放弃投诉。

[实训步骤]

1. 指导学生了解服务礼仪规范和禁忌。
2. 分析乘客的心理，有针对性地设计服务礼仪、言谈举止。

[实训提示]

1. 在接下来的服务过程中尽力弥补过失。
2. 在微笑中化解顾客的不满情绪。
3. 让顾客感受到对他的尊重和歉意。

[情景描述二]

××饭店前厅部的客房预订员小张接到一位美国客人从北京打来的长途电话，想预订两间每天收费在120美元左右的标准双人客房，三天以后开始住店。小张马上翻阅了一下订房记录表，由于三天以后饭店要接待一个大型国际会议的多名代表，标准间客房已经全部订满，而每天收费280元美元的豪华套房却还有剩余。作为小张，怎样巧妙推销豪华套房呢?

[实训目的]

掌握客房预定礼仪，了解前厅部的一个重要职责是销售。

[实训要求]

两位学生分别扮演顾客和小张进行情景模拟，进行豪华客房的推销。

[实训步骤]

1. 指导学生了解前厅服务订房的礼仪规范。

2. 运用语言技巧，注意礼貌。

[**实训提示**]

前厅客房预订员在平时的岗位促销时，一方面要通过热情的服务来体现；另一方面则有赖于主动、积极的促销，这只有掌握销售心理和语言技巧才能奏效。不能强行推销。

复习思考题

一、简答题

1. 宴请时，作为在旁边的服务人员有哪些礼仪规范?

2. 如何安排中餐的桌次和座次?

3. 请以饭店的某一个服务岗位为例，谈谈如何让客人产生“宾至如归”的感受。

二、案例分析题

案例一：

一个下雨的晚上，机场附近某一大酒店的前厅很热闹，接待员正紧张有序地为一批误机团队客人办理入住登记手续，在大厅的休息处还坐着五六位散客等待办理手续。此时，又有一批误机的客人涌入大厅。大堂经理小刘密切注视着大厅内的情景。

“小姐，麻烦您了，我们打算住到市中心的酒店去，你能帮我们叫辆出租车吗?”两位客人从大堂休息处站起身来，走到小刘面前说。“先生，都这么晚了，天气又不好，到市中心去已不太方便了。”小刘想挽留住客人。

“从这儿打的士到市中心不会花很长时间吧，我们刚联系过，房间都订好了。”客人看来很坚决。

“既然这样，我们当然可以为您叫车了。”小刘彬彬有礼地回答道，她马上叫来行李员小秦，让他快去叫车，并对客人说“我们酒店位置比较偏，可能两位先生需要等一下，我们不妨先到大堂等一下好吗?”

“那好吧，谢谢。”客人被小刘的热情打动，然后和她一起来到大堂吧休息处等候。

天已经很黑了，雨夹着雪仍然在不停地下，行李员小秦始终站在路边拦车，但十几分钟过去了，也没有拦到一辆空车。客人等得有些焦急，不时站起身来观望有没有车。小刘安慰他们说：“今天天气不好，出租车不太容易叫到，不过我们会尽力而为的。”然后又对客人说：“您再等一下，如果叫到车，我们会及时通知您的。”

又是15分钟过去了，车还是没拦到。客人走出大堂门外，看到在风雪中站了30多分钟脸已冻得通红的行李员小秦，非常抱歉地说：“我们不去了，你们服务这么好，我们就住这儿吧，对不起。”还有一位客人亲自把小秦拉进了前厅。

分析整个过程，阐述为什么客人会留下。

案例二：

在一个秋高气爽的日子里，迎宾员小贺，着一身剪裁得体的新制服，第一次独立地走上了迎宾员的岗位。一辆白色高级轿车向饭店驶来，他目视顾客，礼貌亲切地问候，并以熟练而准确的姿势，准确地将车停靠在饭店豪华大转门的雨棚下，动作麻利而规范、一气呵成。小贺看到后排坐着两位男士、前排副驾驶座上坐着一位身材较高的外国女宾。小贺一步上前，以优雅姿态和职业性动作，先为后排顾客打开车门，做好护顶关好车门后，又迅速走向前门，准备以同样的礼仪迎接那位女宾下车，但那位女宾满脸不悦，使小贺茫然不知所措。通常后排座为上座，一般凡有身份者皆在此就座。

优先为重要顾客提供服务是饭店服务程序的常规，这位女宾为什么不悦？小贺错在哪里？

案例三：

黄先生入住一家五星级酒店，前一天晚上22时左右曾委托总机叫醒，但酒店总机未能准时叫醒客人，从而耽误了航班，引起了客人的投诉。下面是大堂副理张敏与客人黄先生的一段话：

张：黄先生，您好！我是大堂副理张敏，请告诉我发生了什么事？

黄：什么事你还不知道？我耽误了飞机，你们要赔偿我的损失。

张：您不要着急，请坐下来慢慢说。

黄：你别站着说话不腰疼，换你试试。

张：如果这件事发生在我身上，我肯定会冷静的，所以我希望您也冷静。

黄：我没你修养好，你也不用教训我。我们没什么好讲的，去叫你们经理来。

张：叫经理来可以，但您对我应有起码的尊重，我是来解决问题的，可不是来受你气的。

黄：你不受气，难道让我这花钱的客人受气，真是岂有此理。

张：……

大堂副理张敏在处理客人投诉时有什么问题？

结合服务礼仪的知识，对这个案例进行分析。

第八章　宗教民俗礼仪

【学习目标】

- 了解宗教的产生、教义及相关的习俗礼仪与禁忌
- 了解各民族的民俗，重点掌握中国传统节庆及蒙古族、藏族、维吾尔族、回族、壮族、苗族、瑶族的主要风俗、禁忌和重要节庆活动
- 掌握台、港、澳地区的主要民俗礼仪和禁忌

引入案例

凤凰卫视的著名主持人吴小莉有过这样一次经历：一天，她接到紧急通知立即到泰国王宫进行采访。因为等待很久才获得这样的机会，她十分兴奋。可等到了王宫才发现自己是光着脚穿着凉鞋。泰国是著名的佛教国家，非常重视礼法，按照规定凡进入泰国王宫者必须穿着规矩，不能穿着露脚趾的凉鞋，怎么办？情急之下，全体摄制组成员一起努力，想尽办法，最后找到两块布把两只脚包起来，才使这次采访得以顺利进行。

分析提示

从该案例我们得到的启示是：在涉外交往或者社会交往中我们必须遵循“入乡随俗”的基本原则。即首先要对当地所特有的风俗习惯加以了解和尊重。在涉外交往或者社交活动中我们应注意尊重对方所特有的习俗，这样容易增进双方之间的理解和沟通，有助于更好地、恰如其分地向对方表达我方的亲善友好之意，起到事半功倍的作用。

第一节　宗教礼仪

宗教是一种社会历史现象。原始社会时期，人类在复杂的自然现象面前，如火山爆发、洪水泛滥以及疾病与死亡等现象面前，感到无能为力，他们寄希望于天地中、宇宙间存在着的某种超越自然、并且能够支配万物的神秘力量，希望以祈祷、祭祀或巫术来影响这种神秘的力量，这是早期宗教仪式的起源。在此基础上，原始宗教应运而生。

进入阶级社会以后，自发的原始宗教逐渐演变、发展成为有组织、有目的的人为的

宗教。此时宗教产生了具有人格化的崇拜对象，建立了相应的宗教机构，而且宗教理论、教规和仪式日趋完备。宗教是一个民族或国家人民信仰的集中表现，因此，在社会交往中，尊重对方的宗教信仰、习俗、禁忌是社交礼仪的一个重要方面。

佛教、基督教和伊斯兰教是世界上流传最广的三大宗教。三大宗教在历史上先后传入了中国，它们和中国的道教一起，成为中国各种宗教中信仰人数最多的四个宗教。

一、佛教礼仪

（一）佛教的起源

佛教是以信仰“佛”为中心的宗教，公元前6世纪由古印度迦毗罗卫国（今尼泊尔南部）净饭王的太子乔达摩·悉达多创立。后世佛教徒尊称其为“释迦牟尼”，意即释迦族的圣人，简称为佛陀、佛。佛是梵音，意为觉悟者，即自觉、觉他、觉行圆满的智者。佛教的经典为《大藏经》。目前佛教信徒约有3亿多人，主要集中分布在东亚、南亚及东南亚一带。

公历纪元前后，佛教开始由印度传入中国，经长期传播发展，形成了具体有中国民族特色的中国佛教，中国佛教形成三大系，即：汉地佛教、藏传佛教和云南地区上座部佛教。

（二）佛教的基本教义

（1）“四谛说”。即苦、集、灭、道四谛。“苦谛”是说人生一切皆苦，苦海无边；“集谛”是说造成人们痛苦的种种原因；“灭谛”是说佛教引导人们最终达到理想境界（涅槃）；“道谛”是说抵达理想境界的种种手段和方法。

（2）“八正道”。把“四谛”中的“道谛”进一步具体化，提出欲到理想境界应遵循的八种方法：正见（正确的见解）、正思（正确的思考）、正语（正确的言论）、正业（正确的行动）、正命（正确的生活）、正精进（正确的努力）、正念（正确的信念）、正定（正确的自我精神集中）。

（3）“十二因缘”。是佛教“世轮回”的基本理论，是对人生苦难的缘由所做的分析。它以“无明”作为过去世的原因，以“爱、取、有”作为现世的原因，以“识、名、色、六入、触、受”作为现世的结果，以“老、死”作为未来世的结果，这就是佛教宣扬的“生死轮回”、“一切皆空”等。

（三）佛教的主要节日

（1）佛诞节。又称浴佛节，用以纪念佛教创始人释迦牟尼的诞辰。我国汉族地区的佛教徒以农历四月初八为佛诞节，而藏传佛教徒以农历四月十五日为佛诞节。

（2）成道节。又称道令、佛成道日，是纪念释迦牟尼成佛的节日。成道节在农历腊月初八（即十二月初八）。中国在这天有吃腊八粥的习俗。

（3）涅槃节。是纪念释迦牟尼逝世的佛教节日，这一天是二月十五日。

（四）佛教礼仪及禁忌

1. 佛教的礼仪

（1）佛教常用的称谓。佛教常用的称谓有法师、住持、居士。现在一般称僧人为师父，称尼姑为师太。法师是对通晓佛法的僧人的称谓。方丈、住持都是对寺院负责人的称谓。居士是不出家而遵守一定戒律的佛教信徒的称谓。

（2）合掌。这是佛教徒最常用的礼节，亦称合十，即两手当胸，十指并拢，表示由衷的敬意。

（3）顶礼。向佛、菩萨或上座行此礼。也称五体投地，是佛教的最高礼节。双膝跪下，头顶叩地舒双掌过额承空，以示头触佛足，恭敬至诚。

（4）绕佛。即围绕佛像，按顺时针的方向行走，表示对佛的尊敬。

（5）日常课诵。即定时的诵经礼佛，这是僧尼们每日必做的功课，随众念诵佛教经文。一般每日早晚各两个小时左右，早课在早上4时左右开始，晚课在下午4时左右开始。

（6）五戒。指不可杀生，不可偷盗，不可邪淫，不可饮酒，不可妄语。佛教在个人生活方面的还要求：不结婚，不蓄私财等。佛教认为出家僧众担负着住持佛法、续佛慧命的重大责任和终身事业，因此必须独身出家才能成就，积蓄私财是违背出家本意的。除此以外，还要求不自歌舞，不观看听取歌舞，不坐卧高级豪华床位，不接受金银象马等财宝，不做买卖，不看相算命等。

2. 佛教的禁忌

佛教的戒（禁忌）有两个方面：一方面是针对僧人和僧团的，另一方面是针对在家修行者的。在我国佛教的禁忌一方面来自于佛教本身的戒律仪规，另一方面也受到中国本土传统民间风俗的影响。

对于我国信仰佛教但没有出家的佛教徒，佛教最基本的戒律是“五戒十善”。所谓五戒，就是戒杀生，戒偷盗，戒邪淫，戒妄语，戒饮酒。十善实际上是五戒的分化和细化，分为身、语、意三业的禁忌，其内容包括，身体行为的善（禁忌）：不杀生，不偷盗，不邪淫；语言方面的善（禁忌）：不妄语，不两舌，不恶口，不绮语；意识方面的善（禁忌）：不贪欲，不嗔恚，不邪见。

对于出家的信徒，其禁忌主要有不食荤腥，不饮酒吸烟，不结婚，不蓄私财。

在佛门中荤食指：葱、蒜、辣椒等气味浓烈、刺激性强的食物，吃了这些食物不利于修定。腥食指鱼、肉这一类食品。

（五）非佛教徒进入寺庙礼仪

佛寺被佛教徒看做是清净的圣地，因此非佛教徒进入寺庙衣装要整洁，不能穿袒胸露背的服饰，也不能赤脚或穿拖鞋。当寺内举行宗教仪或做道场时，不能高谈阔论。

对僧尼的称呼，可称“师父”，或在他们的职称后加“师”字，习惯上可称法师或师太。非佛教徒不要主动与僧尼握手。僧尼往往以“合十”为礼。进入寺庙时，对于佛祖、佛像、寺庙以及僧尼，非信徒对其不可妄加评论，慢走轻声，不允许拍照。

二、道教礼仪

（一）道教的起源

道教是中国本土产生的宗教，距今已有1 800余年的历史，它起源于中国古代的巫术和秦汉时期的神仙方术，又吸收了道家的学说，于东汉时期形成。相传是东汉末年张道陵所创立，他在四川鹤鸣山自称太上老君授之以“道”，命其为天师，以为百姓治病为名进行宗教活动，信奉老子为教主和最高天神。经过历代的发展，特别是在唐、宋两代，逐渐形成“全真道”和“正一道”两大派别。《道藏》是道教经籍的总集。

在道教看来，上天有玉清、上清、太清三个仙境，它们也是道教修行的最高境界，称为“三清”。玉清元始天尊、上清灵宝天尊、太清道德天尊（太上老君）是道教崇拜的最高尊神。

（二）道教的教义

道教创始人张道陵首先用道家老子的哲学思想来阐述自己所创立的宗教，把道农的理论作为其教义的基本要素，从而使道家哲学思想宗教化。

1. 道教以“道”为最高信仰

道教认为“道”是超越时空、永恒存在的万物之源，是万物的阴阳之宰。天地万物都由“道”所派生，以“道”或“道德”为核心，依“道”而行。“德”是道的表现，是道的行动。六朝以后“道”又进一步人格化，演化为至高无上的元始天尊，并产生了道教的三清尊神等。

2. 乐生、重生、贵生

道教是四大宗教中唯一乐生、重生、贵生的宗教，认为“天地之大德日生”，“天大地在，有生乃大”，提出世间万事万物之中，人是最为尊贵的，生是最为快乐的。所以道教追求长生不老、成仙得道。而且道教认为，只要诚心悟道，可以肉身成仙。为此道教提出了整套修炼的方法，如内养、外养和房中术等，希望通过修炼，得“道”成“仙”，实现长生不老的梦想。

（三）道教的节日

（1）老子诞生日。以二月十五日为老子生日，每年这个时候，道观必做道场，诵读《道德真经》以示纪念。

（2）玉皇大帝诞生日。据传玉皇大帝生于丙午年正月九日，道观每年这天都举行祭祀，以示纪念。

（3）西王母诞生日。相传夏历三月三日为西王母生日，这天西王母召开蟠桃盛会，宴请诸仙，诸仙从四方赶来为她祝寿。后来道教于每年这天举行盛会，以示纪念，俗称蟠桃会。

（四）道教的习俗礼仪与禁忌

1. 称谓

出家的道士一般称为“道长”。道士又称为“黄冠”、“羽客”。女道士一般称为“道姑”，又叫“女冠”，也有的尊称为“元君”。道观的负责人则称为“监院”或“住持”。教外人士对道士、道姑一般可统称为“道长”。

2. 交往

道士对客人所行的见面礼节为“抱拳拱手”礼，若有所问，则躬身作揖。

3. 叩拜

叩拜是道教最隆重的礼拜仪式。行跪拜时，两手拱至地，头至手。

4. 道教的仪式

道教的仪式除了日常的早晚功课，还有大型的功德法事，统称为“斋醮”。供斋醮神是道教特有的宗教仪式。祭祀或举行典礼前清洁身心，谓之“斋”；祭礼神祇的仪式，称为“醮”。

醮分清醮（阳事）和幽醮（阴事）两类。清醮指祝国迎祥、祝寿、庆贺、祈雨、祈福、谢恩等太平醮。幽醮是超度亡魂的活动。斋醮常配有烛灯和音乐吹打，颇具民族特色。斋醮常与道教庙会结合，成为道教文化的重要组成部分。

5. 道教的禁忌

（1）道教烧香禁忌主要有：忌戊日烧香；忌双香祀神，道教祭神一般多以三炷香为准；忌用右手捻香，须左手持香，右手护香；忌以口啮香，也就是不能用嘴叼香；烧香忌回顾，要心神专一；忌用灶中火燃香。

（2）道教服饰禁忌内容很多，主要包括：忌秽亵法服；忌法服不洁、形仪慢黩；忌衣服杂色；忌衣饰华美、与俗无别；忌法服借人等等。

（3）在饮食方面，道教养生之道的一个很重要的内容就是饮食禁忌。道教特别强调对于酒、肉及五辛之菜等的禁绝。现今，道教两派之中，全真恪守古训，苦心励志，不立家室，禁绝荤辛；而正一则允许成家，除斋醮活动期间，一般不禁绝荤辛饮酒，但求心净而已。

（4）参访宫观时也有一些礼仪应该注意。一是和道士“招呼”的礼仪。同道士打招呼，不能用佛教的“合十”礼仪，而要用“拱手”礼仪。拱手就是两手抱拳。二是见了道士不得问寿。即不得问道士的年龄。三是烧香的礼仪。各地道观习俗不同。有的地区，可以在神坛前燃烛烧香和焚化纸制“元宝”等。有的地区，只能在道观指定的蜡台、香炉和焚炉中燃烛、烧香、焚纸。有的地区，则只允许烧香祀神，而没有燃烛等其他习俗。四是叩首的礼仪。重大的道教醮仪，主祭道士都用中国传统的三跪九叩仪。如果入门问禁，入乡随俗，可以在神坛前行鞠躬礼。

（5）道教宫观是道士生活、修道和举行各种道教活动的重要场所，无论道内道外，都要保持道观的清静、整洁和庄严，切忌有任何不合禁戒的言行。比如说，进入道观，应当衣冠整齐，注重形仪，不可光身赤脚，也不可高声喧哗。特别是全真道士茹素吃斋，入全真道观决不能夹带荤菜。正一道士平日可以吃荤，唯逢斋必须吃素，因此，在香期内入正一道观，也不能带放荤菜。

三、基督教礼仪

基督教是以信仰耶稣基督为核心的各宗教派别的总称（主要包括天主教、东正教、新教等派别）。“基督”一词来自希腊文，其意为“救世主”，是基督教对其创立者耶稣的专称。《圣经》是基督教的正式经典，由《旧约全书》和《新约全书》组成。作为世界第一大宗教，在全世界约有12亿信徒。它的教义、礼仪和节日习俗在当今的欧洲、美洲、大洋洲等地区和国家人民的生活与交往中，仍然起着重要的作用。

（一）基督教的起源

基督教产生于公元1世纪的巴勒斯坦。传说基督教的创立人耶稣，他作为救世主，许诺穷人死后升入天堂，而富人要进入天堂比骆驼穿过针眼还难。由于迎合了广大社会底层人民的需要，基督教逐渐传播开来，引起了罗马统治者的不安。公元30年，耶稣带领门徒前往耶路撒冷传教，被门徒犹大以30金币出卖，耶稣被罗马派驻犹太的总督彼拉多钉死在十字架上。但是第三天，耶稣又复活了，并升了天，他将来还要对所有的死人、活人施行末日审判。

基督教创立初期，基督徒大多数是贫民和奴隶，长期受到统治阶级的鄙视和罗马帝国的残酷迫害。公元4世纪前后，由于中、上层人士的逐步渗透和基督教领导阶层的不断变化，基督教教义起了很大的变化，大致是主张顺执政者。这一变化迎合了罗马帝国统治阶级的政治需要，公元392年，罗马帝国将其定为国教。从此，基督教在统治阶段的大力扶植下迅速发展，很快走向世界，成为世界性的宗教组织。

（二）基督教的教义

1. 上帝创世说

基督教相信是上帝创造了世界并主宰世界。基督教认为在宇宙创造出之前，世界上没有任何物质存在，甚至没有时间和空间，只存在上帝及其“道”。上帝就是通过“道”创造了地球和人。因此人们应该而且必须无条件地服从上帝，否则，将要受到上帝的惩罚。

2. 原罪救赎说

上帝按照自己的形象创造了人类的始祖亚当和夏娃，并安置他们居住在伊甸园，过着无忧无虑的生活。但是亚当和夏娃却经不起蛇的诱惑，偷吃了知善恶树上的禁果，因而被逐出伊甸园。亚当和夏娃的罪过世世代代相传下去，成为整个人类的原始罪，也是人类一切罪恶和灾难的根源。这种原罪，人类无法获得解脱，只有忏悔，只有依靠上帝派来的救世主耶稣来拯救人类的灵魂。

3. 天堂地狱说

基督教认为，信仰、服从上帝，才能使灵魂得救，死后灵魂升入天堂；不信奉上帝，不思悔改的罪人，死后灵魂受罚，将被打入地狱。

（三）基督教的主要节日

1. 圣诞节

公历12月25日为耶稣诞生的日子，这一天定为圣诞节。现在圣诞节是西方国家最隆重和最重要的全民节日。这一天，通常要举行各种形式的娱乐和庆祝活动。各种活动和象征物主要有：圣诞游行、圣诞夜、圣诞树、圣诞老人、圣诞歌等。

2. 复活节

复活节是纪念耶稣复活的节日，在基督教中是仅次于圣诞节的重大节日。传说耶稣被钉死在十字架上之后第3天复活，所以这一天人们来纪念耶稣的复活。时间在每年春分月圆后的第一个星期天，约在3月21日至4月25日之间。复活节期间，人们互相赠送复活节彩蛋，象征生命和繁荣昌盛。复活节的吉祥物主要有：蛋、火、水、兔子等。

3. 受难日

4月18日是耶稣受难日。传说耶稣在这一天因门徒犹大出卖而被罗马帝国当局钉死在十字架上。

（四）基督教的习俗礼仪和禁忌

1. 称谓

基督教对神职人员的称谓因教派不同而有所区别。天主教的最高首领为教皇，其他负责管理教区事务或教堂的称为主教或神父；东正教的最高首领为牧首，称教区负责人为主教，教堂负责人为牧师。离家进修会的男、女教徒分别称为修士、修女。

2. 礼拜

礼拜是基督徒每逢星期日在教堂内举行宗教聚礼，它是基督教最经常和最主要的宗教礼仪。

3. 圣事

圣事也称圣礼，基督教认为，事事是耶稣基督亲自定位，并且有一定形式的宗教仪式。主要有“洗礼”（基督徒的入教仪式）和“圣餐礼”（纪念耶稣救赎的仪式）。

4. 祈祷

祈祷也称为念经。是指向上帝和耶稣求告，其内容可以是认罪、感谢、祈求和赞美等。

5. 告解

告解通常称为忏悔，是耶稣为赦免教徒在领洗后对上帝所犯错误的请罪。通过忏悔自己的罪过，祈求上帝的原谅，重新得到恩宠而亲自定立的。教徒单独向神职人员讲述自己所犯的过错或罪行，并表示悔过，神职人员对教徒的告解内容应当给予保密。

6. 婚配

教徒的婚礼可以在教堂进行，请牧师或神父主持婚礼。按仪式要求，主持婚礼的牧师或神父在询问男女双方是否愿意结为夫妻并得到肯定回答后，主礼人诵念规定的祈祷经文，宣布他们为合法夫妻，给予祝福。

7. 基督教的禁忌

（1）与基督徒打交道时，不宜对其尊敬的上帝、圣母、基督以及其他圣徒、圣事说长道短，不宜任意使用圣像及其宗教标志。

（2）耶稣受难日是星期五，被捕前最后的晚餐有耶稣及其门徒共 13 人，因此，基督徒忌讳数字“13”，并将 13 日与星期五视为凶日。

（3）在基督教的专项仪式上，讲究着装典雅，神态庄严，举止稳重。服装前卫，神态失敬，举止随便的人不受欢迎。在教堂中不允许打闹、喧哗等有碍宗教活动的行为。

四、伊斯兰教礼仪

伊斯兰教是世界上最重要的宗教之一，目前世界上有 10 亿多信徒。伊斯兰教的主要经典是《古兰经》。麦加、麦地那、耶路撒冷是伊斯兰教的三大圣地。

（一）伊斯兰教的起源

公元 7 世纪初伊斯兰教由穆罕默德创立于阿拉伯半岛，公元 610 年前后，穆罕默德宣称自己是“安拉”的使者，是“先知”，他奉行“安拉”的意志创立伊斯兰教。伊斯兰在阿拉伯语中的本意是“顺服”，意思是顺服唯一的“安拉”。伊斯兰教认为除了安拉再没有别的神，反对信多神，拜偶像。伊斯兰的教徒称为穆斯林，意为顺服“安拉”意志的人。经过发展，伊斯兰教逐渐分裂成两个宗教派别，即逊尼派和什叶派。逊尼派是伊斯兰教最大的教派，被认为是伊斯兰教的正统派；什叶派，原意为“追随阿里的人”，指拥护阿里，主张世袭“合法主义”派别。

（二）伊斯兰教的教义

伊斯兰教以基本教义为核心，形成了自身宗教的“六大教义”。

1. 信安拉

安拉即“真主”，相信安拉是创造和主宰宇宙万物的唯一的神，除了安拉，世界上再没有其他的神灵。

2. 信先知

相信穆罕默德是安拉派往人间的使者，负责传达真主的旨意，并且认为穆罕默德是最后的、集大成者的使者。

3. 信天神

相信天神是安拉用光创造出来的有翅膀而无性别的精灵，他们神通广大，各司其职。

4. 信经典

相信《古兰经》是安拉给后人的启示，是伊斯兰的根本经典，也是社会立法、道德规范、思想学说的基础。

5. 信前定

相信世间一切事物均由安拉事先安排，世人既无法选择也无力改变，所以必须顺从。

6. 信后世

相信人死后，安拉会根据天神的记录，使行善者进入天堂，作恶者下地狱。

（三）伊斯兰教的主要节日

1. 开斋节

伊斯兰教历10月1日为开斋节，我国穆斯林称肉孜节、大尔代节。穆斯林在开斋节要净身、理发、剪指甲，穿上新衣，吃枣子。到清真寺举行会礼，要在去时、回时走不同的路，较富裕的穆斯林要施舍。会礼后，亲友互访，互赠礼品，举行庆祝活动。

2. 宰牲节

宰牲节又称古尔邦节，时间为伊斯兰教义 12 月 8 日到 10 日。在清真寺举行会礼，宰牲献祭，牲畜肉分三份，一份送亲友，一份施舍，留一份自食。亲友间互相拜会。宰牲节的意义是学习易卜拉欣准备杀儿献祭，经受了考验，安拉改命易卜拉欣以绵羊来献祭。

3. 圣纪节

伊斯兰教历 3 月 12 日为圣纪节，是穆罕默德诞生和逝世的日子。穆斯林到清真寺举行圣会，集体诵读《古兰经》，宣扬穆罕默德的生平业绩。

（四）伊斯兰教的习俗礼仪与禁忌

1. 称谓

宗教领袖、教长、清真寺的领导人，什叶派的政教领导人，尊称为伊马目；主持清真寺的负责人尊称为了訇；伊斯兰学者尊称为毛拉；教徒称穆斯林，穆斯林之间一般互称“兄弟”。

2. 五功

五功是穆斯林的宗教义务和修炼方式，指念功、礼功、斋功、课功、朝功。

念功，要心诚口服地念诵清青言：“万物非主，惟有真主；穆罕默德，主的使者”，以表白自身的信仰。

礼功，要求穆斯林每天在晨、晌、晡、昏、宵五个时辰向麦加方向朝拜五次，每周五“主麻日”参加聚礼。

斋功，每年伊斯兰教教历 9 月斋戒，昼间禁止饮食、娱乐活动。

课功，以纳天课的名义向穆斯林征收一定的课税，以救济穷人。

朝功，要求穆斯林信徒在身体健康、经济状况允许的情况下，一生至少应去麦加朝觐一次。

3. 日常交往礼仪

穆斯林相见，先要互相问安，然后再交谈。见到尊长，应致立敬礼。同辈相逢，行握手礼。上门拜访，一定要征得主人同意方可入门。穆斯林握手、端饭、敬茶均用右手，用左手被视为不礼貌。

4. 伊斯兰教禁忌

(1) 饮食。伊斯兰教对饮食有严格的规定。不吃猪和不反刍的动物、没有鳞的水生动物，不食葱、蒜等有异味的东西。禁止饮酒。

(2) 服饰。伊斯兰教讲究衣着规矩，提倡衣着要符合自己的社会地位和身份。男子禁止穿纯丝织品制成的衣服和色彩鲜艳的衣服、禁止戴金银饰物，到清真寺做礼拜、参加葬礼等，必须戴弁（即上小下大的圆帽子）；女子要戴面纱、盖头。

(3) 其他禁忌 。

伊斯兰教禁止偶像崇拜，不要把雕塑、画像、照片以及玩具娃娃赠送给穆斯林；不邀请穆斯林观看电影、电视等，也不要邀请对方参加拍摄。

穆斯林做礼拜时请不要干扰，进入清真寺，不穿过于暴露的衣服，不要在寺内追逐、嬉戏或大喊大叫。

第二节　民俗礼仪

一、汉族民俗节庆礼仪

汉族是我国56个民族中人口最多的民族，目前全世界汉族人口约13亿，国内约12亿，是世界上人口最多的民族。汉族是原称为"华夏"的中原居民，后同其他民族逐渐同化、融合，汉代开始，称为汉族。汉族以农耕为本。汉族没有产生全民族必须信仰的宗教，但其文化受佛教影响很深，部分人信仰天主教、基督教、伊斯兰教、道教等其他宗教。

由于我国汉族分布地域广阔，所以在饮食、生活起居、生老病死等方面也有许多差异，但也有一些基本的共同信仰与习俗，如在节庆方面。

（一）春节

春节，是农历正月初一，又叫阴历年，俗称"过年"。这是我国民间最隆重、最热闹的一个传统节日。春节的历史很悠久，它起源于殷商时期年头岁尾的祭神祭祖活动。如何庆贺这个节日，在千百年的历史发展中，形成了一些较为固定的风俗习惯，主要有：

1. 扫尘

新春扫尘有"除陈布新"的含义，其用意是要把一切穷运、晦气统统扫出门。这一习俗寄托着人们破旧立新的愿望和辞旧迎新的祈求。

2. 贴春联

春联也叫门对、春贴、对联、对子、桃符等，它以工整、对偶、简洁、精巧的文字描绘时代背景，抒发人们对生活的美好愿望。

3. 守岁

除夕守岁是最重要的年俗活动之一。除夕之夜，全家团聚在一起，吃过年夜饭，围坐炉旁闲聊，等着辞旧迎新的时刻，通宵守夜，象征着把一切邪瘟病疫赶跑驱走，期待着新的一年吉祥如意。

4. 燃放爆竹

中国民间有"开门爆竹"一说。即在新的一年到来之际，家家户户开门的第一件事就是燃放爆竹，以哔哔叭叭的爆竹声除旧迎新。

5. 拜年

新年的第一天，人们都早早起来，穿上最漂亮的衣服，打扮得整整齐齐，出门去走亲访友，相互拜年，恭祝来年大吉大利。拜年时，晚辈要先给长辈拜年，祝长辈人长寿安康，长辈可将事先准备好的压岁钱分给晚辈，据说压岁钱可以压住邪祟，因为"岁"与"祟"谐音，晚辈得到压岁钱就可以平平安安度过一岁。

6. 传统食品

蒸年糕，年糕因为谐音"年高"，再加上有着变化多端的口味，几乎成了家家必备的应景食品。年糕的式样有方块状的黄、白年糕，象征着黄金、白银，寄寓新年发财的意思。

饺子，在一年的最后一天，全家人要围坐在一起包饺子过年，饺子的"饺"和"交"谐音，"合"和"交"又有相聚之意，所以用饺子象征团聚合欢；又取更岁交子之意，非常吉利；此外，饺子因为形似元宝，过年时吃饺子，也带有"招财进宝"的吉祥含义。

（二）元宵节

正月是农历的元月，古人称夜为"宵"，所以称正月十五为元宵节。正月十五日是一年中第一个月圆之夜，也是一元复始，大地回春的夜晚，人们对此加以庆祝，也是庆贺新春的延续。元宵节又称为"上元节"。

按中国民间的传统，在这天上皓月高悬的夜晚，人们要点起彩灯万盏，以示庆贺。出门赏月、燃灯放焰、喜猜灯谜、共吃元宵，合家团聚、同庆佳节，其乐融融。

民间过元宵节吃元宵的习俗。起初，人们把这种食物叫"浮圆子"，后来又叫"汤团"或"汤圆"，这些名称与"团圆"字音相近，取团圆之意，象征全家人团团圆圆，和睦幸福，人们也以此怀念离别的亲人，寄托了对未来生活的美好愿望。

一些地方的元宵节还有“走百病”的习俗，又称“烤百病”“散百病”，参与者多为妇女，他们结伴而行或走墙边，或过桥，走郊外，目的是祛病除灾。

随着时间的推移，元宵节的活动越来越多，不少地方节庆时增加了耍龙灯、耍狮子、踩高跷、划旱船扭秧歌、打太平鼓等传统民俗表演，使这个传承已有两千多年的传统节日更具魅力。

（三）清明节

清明节，又叫踏青节，在每年的4月4日至6日之间，是我国传统节日，也是最重要的祭祀节日，是祭祖和扫墓的日子。扫墓俗称上坟，是祭祀死者的一种活动。汉族和一些少数民族大多都是在清明节扫墓。

清明节的习俗是丰富有趣的，除了讲究禁火、扫墓，还有踏青、荡秋千、放风筝等一系列风俗体育活动。相传这是因为清明节要寒食禁火，为了防止寒食冷餐伤身，所以大家来参加一些体育活动，以锻炼身体。因此，这个节日中既有祭扫新坟生别死离的悲酸泪，又有踏青游玩的欢笑声，是一个富有特色的节日。

（四）端午节

农历五月初五，是中国民间的传统节日——端午节，它是中华民族古老的传统节日之一。端午也称端五，端阳。此外，端午节还有许多别称，如：午日节、重五节、五月节、浴兰节、女儿节、天中节、地腊、诗人节、龙日等等。

过端午节，是中国人两千多年来的传统习惯，由于地域广大，民族众多，加上许多故事传说，于是不仅产生了众多相异的节名，而且各地也有着不尽相同的习俗。其内容主要有：女儿回娘家，挂钟馗像，迎鬼船、躲午，帖午叶符，悬挂菖蒲、艾草，游百病，佩香囊，备牲醴，赛龙舟，比武，击球，荡秋千，给小孩涂雄黄，饮用雄黄酒、菖蒲酒，吃五毒饼、咸蛋、粽子和时令鲜果等，有些活动，如赛龙舟等，已得到新的发展，突破了时间、地域界线，成为国际性的体育赛事。

（五）七夕节

在我国，农历七月初七的夜晚，天气温暖，草木飘香，这就是人们俗称的七夕节，也有人称之为“乞巧节”或“女儿节”，这是中国传统节日中最具浪漫色彩的一个节日，也是过去姑娘们最为重视的日子。七夕节最普遍的习俗，就是妇女们在七月初七的夜晚进行的各种乞巧活动。女孩们在这个充满浪漫气息的晚上，对着天空的朗朗明月，摆上时令瓜果，朝天祭拜，乞求天上的女神能赋予她们聪慧的心灵和灵巧的双手，让自己的针织女红技法娴熟，更乞求爱情婚姻的姻缘巧配。过去婚姻对于女性来说是决定一生幸福与否的终身大事，所以，世间无数的有情男女都会在这个晚上，夜深人静时刻，对着星空祈祷自己的姻缘美满。

（六）中秋节

每年农历八月十五日，是传统的中秋节，也称仲秋节。八月十五的月亮比其他几个月的满月更圆、更明亮，所以又叫做“月夕”，“八月节”。此夜，人们仰望天空如玉如盘的朗朗明月，自然会期盼家人团聚。远在他乡的游子，也借此寄托自己对故乡和亲人的思念之情。所以，中秋又称“团圆节”。

在中秋节，我国自古就有赏月的习俗，《礼记》中就记载有“秋暮夕月”，即祭拜月神。到了周代，每逢中秋夜都要举行迎寒和祭月。设大香案，摆上月饼、西瓜、苹果、李子、葡萄等时令水果，其中月饼和西瓜是绝对不能少的。西瓜还要切成莲花状。月饼最初是用来祭奉月神的祭品，人们把中秋赏月与品尝月饼结合在一起，寓意家人团圆。以月之圆兆人之团圆，以饼之圆兆人之常生，用月饼寄托思念故乡，思念亲人之情，祈盼丰收、幸福，都成为天下人们的心愿，月饼还被用来当做礼品送亲赠友，联络感情。

（七）重阳节

农历九月九日，为传统的重阳节。因为古老的《易经》中把“六”定为阴数，把“九”定为阳数，九月九日，日月并阳，两九相重，故而叫重阳，也叫重九，九九重阳，因为与“久久”同音，九在数字中又是最大数，有长久长寿的含意，况且秋季也是一年收获的黄金季节，重阳佳节，寓意深远，古人认为是个值得庆贺的吉利日子，并且从很早就开始过此节日。

今天的重阳节，被赋予了新的含义，在1989年，我国把每年的九月九日定为老人节，传统与现代巧妙地结合，成为尊老、敬老、爱老、助老的老年人的节日。

庆祝重阳节的活动多彩浪漫，一般包括出游赏景、登高远眺、观赏菊花、遍插茱萸、吃重阳糕、饮菊花酒等活动。

二、少数民族礼仪

中国有56个民族，各少数民族在长期的历史发展中，形成了各自鲜明独特的民俗习惯和礼仪。在与少数民族的交际中，应了解并尊重少数民族的风俗习惯，不做他们忌讳的事，这样才有利于各民族之间平等友好的交往。

（一）蒙古族

蒙古族现有人口约480万，主要分布在内蒙古自治区，其余分布在西北和东北等省区。“蒙古”意为“永恒之火”，别称“马背民族”。

(1) 见面礼仪。蒙古族人见面要互致问候，即便是陌生人也要问好。平辈、熟人相见，一般问“赛拜努”（你好）；若是遇见长者或初次见面的人，则要问“他赛拜努”（您好）。

蒙古族以性情直爽、热情好客著称。家中来客，不管常客还是陌生人，都要献茶敬酒，主人敬酒时，客人应随即接住酒，能饮则饮，不能饮时便品尝少许，然后将酒归还主人；若是过分推让，会被认为是瞧不起主人，不愿以诚相见。

遇有尊贵的客人来到，蒙古族人会将美酒斟在精美的杯中，托在长长的哈达上，并唱起动人的敬酒歌，款待远方的贵客，以表达自己的诚挚之情。

（2）婚娶礼俗。说亲下聘：男方的父母委托信赖的说亲人，择个好日子带上儿子去看中的姑娘家说亲。姑娘及父母如果看上了小伙子就收下献上的哈达和带来的饼食，婚事就算定下来了。蒙古族往往以牲畜作为聘礼。蒙古族崇尚白色，也崇尚奇数，所以多半是送白色的奇数的马和羊作为聘礼。

婚礼仪式：蒙古族许多地方的婚礼是在傍晚时分开始的。男方到姑娘家接亲，女方先闭门不出，男方必须以羊碰门，叫“羊碰门”，而且男方擅长说辞的人要与女家进行几个回合的交锋，才能进入女家；在叫做“沙恩吐宴”的宴席上，新郎和新娘要抢“羊嘎拉”，这“羊嘎拉”是成婚的重要标志，拿到“羊嘎拉”，新郎才算是放心。

东方快要发白时，接亲的队伍才同送亲的队伍一道往新郎家进发。路上送亲和迎亲的双方为争夺新郎头上的红缨帽，展开类似赛马的游戏，一路上欢声笑语，不绝于耳。在离新郎家不远的地方，送亲的队伍停下，迎亲的队伍先回到家后，重新同新郎的父母亲人前来第二次迎接。婆婆为儿媳妇掀开盖头后，新郎和新娘进行神圣的祭火仪式，就是向院中点燃的火堆祭洒马奶酒，并向父母、主婚人、亲戚们一一行礼并敬酒。众人也会兴奋地唱起婚礼歌，跳起舞，并在宴会上表演各种趣味横生的婚礼节目。

（3）岁时节俗。蒙古族的岁时节俗主要有“白节”、“那达慕”、千灯节等。

蒙古族人民把春节称作“白节”。农历正月在蒙语中称为“查干萨日”（意为白月）。蒙古民族最崇尚的是白色，以白色为纯洁、吉祥之色，故称春节为白节。过白节是从古代沿袭下来的习俗，这一习俗可以追溯到元朝初年，蒙古人把白节作为最隆重的节日。腊月三十晚上，全家老少穿上节日盛装，欢聚一堂，拜贺新年，彻夜不眠。通常全家老少先是烧香拜佛，然后晚辈向长辈依次献哈达、敬酒、礼拜。初一清晨，家族亲友开始互相拜年，直到“白月”十五或月底才结束。

“那达慕”在蒙语中有娱乐或游戏之意，在蒙古族人民生活中占有重要地位。“那达慕”一般在七、八月份举办，为期五至七天。那时，牧民们穿着崭新的民族服装，骑着马，赶着勒勒车。从四面八方汇集而来。在绿茵茵的草地上搭起毡帐，熬茶煮肉。整个草原炊烟袅袅，人欢马叫，一片欢腾。“那达慕”上要进行被称为“男儿三艺”的射箭、摔跤、赛马等传统体育比赛。如今的“那达慕”还增加了各种文艺演出、物资交流等许多新的内容，使这一传统的民族盛会，更加喜庆吉祥、欢乐而富于实效。

蒙古族人民笃信喇嘛教，农历十月二十五日这天举行的千灯节是为了纪念黄教创始人宗喀巴诞辰。这天各寺庙都要举行法会，喇嘛们诵经讲法，并点燃千佛灯；百姓们在自家佛像前点灯到第二天清晨。第二天大早男女青年和孩子们到各家去索取奶豆腐和饭团，称作“赶二十五”。

（4）蒙古族主要禁忌。骑马坐车接近蒙古包时要轻骑慢行，马鞭须放在门外，以示对主人的尊敬；来客不坐西炕，西炕为供佛的神位；忌在火盆上烤脚、鞋、裤子等；

主人献茶时，客人要欠身双手去接；赠送礼品忌单数；出蒙古包后，要步行一段路，等主人回去后再上车或上马；见到门前挂红布条等记号，表明这家有病人或产妇，不要进入；禁止打骂守门的狗和猎犬，否则视为对主人的不礼貌。

（二）藏族

藏族是中国古老的民族之一，据史书记载，早在秦汉以前，藏族先民就聚居在雅鲁藏布江中游两岸。公元7世纪初，松赞干布建立“吐蕃”王朝，直到康熙年间才称“西藏”。藏族现有人口约460万，主要分布在西藏自治区以及青海、甘肃、四川、云南等临近省。藏族普遍信奉藏传佛教。藏族礼仪有如下几点：

（1）称谓：藏族人非常重视称谓，称谓不准确，往往被认为不懂礼貌。在对方名字后面加一个拉字，表示尊敬。例如称格桑为格桑拉，扎西为扎西拉；教师称为格拉，厨师称为玛青拉等等。

（2）献哈达：献哈达是藏族最普遍的一种礼节。婚丧嫁娶、民俗节庆、拜会尊长、拜佛，迎送宾客等等场合，通常都要献哈达。哈达是一种生丝制品，长短不一，献哈达是对人表示纯洁、诚心、忠诚的意思。自古以来，藏族认为白色象征纯洁、吉利，所以哈达一般是白色的。献哈达的动作因人而异，一般来说，要用双手捧哈达，高举与肩平，然后再平伸向前，弯腰给对方，这时，哈达正与头顶平， 这表示对对方尊敬和最大的祝福——吉祥如意。对方以恭敬的姿态用双手平接。对尊者、长辈献哈达时要双手举过头，身体略向前倾，将哈达捧到座前或足下；对平辈或下属，则可以系在他们的颈上。

（3）敬酒茶：到藏族人家做客，主人便会敬酒，一般是青稞酒。青稞酒是不经蒸馏、近似黄酒的水酒，度数十五度至二十度。敬献客人时，客人须先啜三口，每喝一口主人都要斟满，最后再喝干一满杯。喝茶则是日常的礼节，客人进屋坐定，主妇或子女会来倒酥油茶，但客人不必自行端喝，得等主人捧到你面前才接过去喝，这样，才算懂得礼貌。

（4）敬老：藏族自古就有敬老的美德。在许多节日里，都有向老人祝拜的习惯。藏历年除夕晚上，全家吃面古突辞旧迎新的时候，总是先请老人吃第一碗。初一黎明，家中最小的姑娘或媳妇要抢先背回第一罐水，调制成酥油茶敬献老人，以此表示晚辈对老人的孝敬和祝福。

（5）见面礼。见到长者或尊敬的人，要脱帽置于手上，弯腰45度；见到平辈，头稍稍低下即可，帽子可以拿在胸前；有时合掌与鞠躬并用，合掌要过头，表示尊敬。

（6）宗教礼节。僧人见到自己的老师要行叩拜礼，如觐见堪布或活佛时，要行三叩头礼。坐垫子是根据地位的不同而有高低之分。宗教节日时，达赖、班禅给朝拜者摩顶也有分寸，对大官员行碰头礼和用双手摩顶，对中等官员用一只手摩顶，对一般平民则用一条丝穗子在其头上拂一拂以表赐福。

（7）藏族的禁忌有。忌讳捕杀野生动物；不吃驴、马、骡肉，忌食飞禽鱼虾等水生动物；忌讳在寺庙内吸烟、摸佛像、翻经书、敲钟鼓及动手抚摸喇嘛随身佩戴的护身符、念珠等宗教器物；不得在寺院附近砍伐树木、大声喧哗；忌单手接递物品；进入房间后，男坐左边，女坐右边，不得混杂而坐；饮食用的碗和茶具忌扣着放置；妇女生育时，忌外人进入；忌讳别人对自己的孩子过分夸奖。

（三）维吾尔族

维吾尔族现有人口约720万，主要分布在新疆，其中，大部分聚居在天山以南，伊犁等北疆各地亦有散居，极少部分居住在湖南的桃源、常德等县。维吾尔族全民信仰伊斯兰教。古尔邦节、肉孜节（开斋节）、那吾鲁孜节是他们的传统节日。

维吾尔族是一个热情好客、崇尚礼仪的民族，在与人交流中非常注重礼貌。

熟人、亲朋见面时，要用右手抚胸微微躬身，互道“萨拉姆”（平安），或握手问候；妇女在问候完毕，双手抚膝，躬身道别。妇女还有互相亲吻（贴脸）和长辈吻晚辈的礼节。

维吾尔族对长者非常尊重，走路时让长者先行，谈话时让长者先说，进门时让长者先进，入座时让长者先坐上席。如骑马或骑驴出行，晚辈要给牲畜备鞍、喂草、饮水，乘骑时要扶老人上下。晚辈在老人面前不喝酒，不吸烟，不说不恭不敬的粗话。

来了客人，全家都要出来迎接，女主人要用托盘端茶送水。客人接茶碗或食品时要用双手。饭前饭后必须洗手，洗手时用当地特制的“阿布塔巴”冲洗，不用脸盆。无论是主人持壶或自己持壶，通常只限洗三下，然后用毛巾擦干，不要甩动双手抖落沾在手上的水，乱甩手被视为不礼貌。

维吾尔人出门做客，非常注意衣冠整洁，绝不穿背心短裤、更不袒胸露怀出入公共场合。

在维吾尔人家做客时，客人要坐在毡上或炕上，进餐时围坐在餐布旁，要盘腿坐或跪坐，不能蹲，更不能双腿伸直脚心朝外。

做客时应听从主人招待，主人斟茶时，客人不必表示客气而接过壶自己动手。

吃馕和点心时要掰成小块，不能整个拿来啃。不要用鼻子嗅食物或随意拨弄盘中食物，也不要随便到主人的锅灶跟前去。

掉下的食物要捡起来，放在餐布或桌子上。

在葡萄园做客时，无论吃多少都可以，但掉落的葡萄要捡起来，一颗都不浪费。

进餐或在公共场合，不要吐痰、擤鼻涕、打哈欠、放屁。

维吾尔人饭前，要按伊斯兰教习惯念“比斯米拉热合玛尼热衣木”，饭后捧起双手做“都瓦”，客人应随主人做，如不习惯可以不做，但不要嬉笑。

主人收拾餐具后，客人方可离席，否则即为失礼。

墓地、清真寺、水渠旁、果树下、葡萄架下一定要保持清洁，不能在上述地方大小便。

在公用水井或涝坝打水，要用公用的水桶、水罐打水，然后倒进自己的桶罐。

按照伊斯兰教的教规，禁食猪肉、驴肉、狗肉，禁食未经阿訇念经和未经宰杀的牛、羊、家禽。

维吾尔族人家请客、聚会，男女不同桌。妇女和非穆斯林不得进入清真寺，也不得到坟地为死者送葬。

（四）回族

回族现有人口约860万，主要聚居在宁夏回族自治区以及中国西北一带省区。回族信仰伊斯兰教，伊斯兰教对回族人民的生活有着非常重大的影响。

回族是一个非常好客而热情的民族，有着“持家从俭，待客要丰”的优良传统，重视待客礼节。当家里来了客人，主人立即起身相迎让座，献上香茶。当男主人与客人愉快交谈时，女主人则到厨房准备丰盛饭菜款待客人。就餐前，要先洗手。入席，谦让年长者入坐上席。上饭菜之前，主人首先要上盖碗茶。倒茶水时要当着客人的面将碗盖揭开，然后盛水加盖，双手捧递。这样做，一方面表示这盅茶不是别人喝过的余茶，另一方面表示对客人的尊敬。客人要起立，双手接茶盅。进餐时，上席长者先动筷子，其他人才能进食。席间，不说污言秽语，不挑剔食物，不要向碗里吹气，也不要用筷子在碗里乱搅动，要小口进食。饮水时，不接连吞咽，不能对着杯盏喘气饮吮，要一口一口地慢慢饮。当客人道别时，回族主人总是满脸笑容，并一再挽留，一直将客人送出自家大门。

回族的饮食禁忌颇多，主要有：进入清真寺忌抽烟。忌食猪肉以及凡有犬齿且猎食其他动物的猛兽。在语言上，对食用的畜禽忌说“肥”，而说“壮”；忌说“杀”，而说“宰”；忌说“肉”，而说“菜”，如“牛菜”“羊菜”。相互间不用禁忌物来比喻。

回族民居内部的布局分配体现“以西为贵”，西房通常为老年人居住，西墙是老年人在家礼拜时面对的地方。当年老人做礼拜的时候，切忌旁人从正在礼拜的老人前面走过。

回族婚姻一般实行族内婚，少数与其他民族通婚者，原则上要求对方随回族习俗生活。斋月一般不结婚。

回族把人的去世称作“归真”，实行土葬、速葬、薄葬。土葬送葬时众亲友争抬“金匣”，不穿孝衣，不戴孝帽、黑纱，不哭丧，不鸣鞭炮，不搞吊孝活动。

（五）壮族

壮族是中国少数民族中人口较多的一个民族，约有1 550万，主要聚居在广西壮族自治区，在广东、贵州、云南、湖南等省也有分布。壮族信仰原始宗教，部分人信仰天主教和基督教。

三月三是壮族人民的传统节日，对歌是三月三的一项主要活动，因此又称“歌圩”或“歌节”。在三月三歌圩中，人们可以通过对歌、抛绣球来选择伴侣。

尊老爱幼是壮族的传统美德。路遇老人要主动打招呼、让路，在老人面前不跷二郎腿，不说污言秽语，不从老人面前跨来跨去。杀鸡时，鸡翘必须敬给老人。

有关社交方面的禁忌：公公不能进儿媳妇的卧室；识字人不敢给人写离婚书；有客人在家女人不上桌同吃；下一代不能陪同客人慢慢喝酒；哥哥不能同弟媳随便交谈。

有关迷信方面的禁忌：春节忌说不吉利的话；正月初一不准吹火，不准扫地，不得串门，禁止舂米、洗衣服和动刀斧，不准外借东西；除夕前要还清借款和借物；不能坐门槛，不能用脚踩灶台和火塘上的三脚架，不能抬着锄头或戴着斗笠进家，不能攀爬或砍伐龙山上的树木。

有关妇女方面的禁忌：结婚之家，孕妇不准看新娘；家有产妇时，门上挂一顶草帽，暗示外人不能入内；出嫁的妇女回到娘家时，不能取祭坛上的东西；不准在孕妇的厨房顶上盖新瓦；产妇的衣服不能和男子的放在一处洗。大年初一女人不能梳头。

（六）苗族

苗族现有人口约740万，主要分布在贵州、云南、湖南、广西等省区。苗族信奉多神，祀奉祖先，崇拜自然，少部分人信仰天主教、基督教。芦笙节是其传统的民间节日，苗族人们能歌善舞，情歌、酒歌享有盛名。

苗族十分注重礼仪。客人来访，必杀鸡宰鸭盛情款待，若是远道来的贵客，苗族人习惯先请客人饮牛角酒。吃鸡时，鸡头要敬给客人中的长者，鸡腿要赐给年纪最小的客人。有的地方还有分鸡心的习俗，即由家里年纪最大的主人用筷子把鸡心或鸭心拈给客人，但客人不能自己吃掉，必须把鸡心平分给在座的老人。如客人酒量小，不喜欢吃肥肉，可以说明情况，主人不勉强，但不吃饱喝足，则被视为看不起主人。

苗族讲究真情实意，非常热情，最忌浮华与虚伪。主人路遇客人不抢走第一步，不走在前面；交谈中用敬语称呼；迎客要穿节日服装；对贵客要到寨外摆酒迎候；客人到家门，男主人要叫门，告知在家的女主人，女主人要唱歌开门迎客；在客人面前，女主人不登高上楼；宴会上以鸡、鸭待客为佳肴，尤以心、肝最贵重，要先给客人或长者，客人则分给众人享用，次序是先长后幼。客人不要称主人"苗子"，他们喜自称"蒙"。

苗族的禁忌是：不吃牛羊肉，不在屋里煮蛇肉；忌刀口朝上，用凶器指人；亲人或亲戚去世时，家里人不能吃辣椒，不能唱歌或吹芦笙；忌在家里或夜间吹口哨。

（七）瑶族

瑶族现有人口约215万人，主要分布在云南、贵州、广西等地区。瑶族和苗族有密切的亲属关系，同源于秦汉时的"武陵蛮"部落。

瑶族过去因其居住和服饰等方面的特点不同，曾有"过山瑶"、"红头瑶"、"大板瑶"、"平头瑶"、"蓝靛瑶"、"沙瑶"、"白头瑶"等自称和他称。在风俗习惯方面一直保有本民族传统的特点。盘王节（又叫达努节或瑶年）是瑶族最大的节日。瑶族人民喜爱唱歌，每逢节日或喜庆，都要唱起嘹亮动人的歌谣。

瑶族是十分注重礼仪的民族，在日常生活中，有许多礼仪禁忌。平日里洗脸盆不能拿来洗脚。用餐时忌讳互用碗筷。忌讳乱用班辈排行。忌讳衣裤当户晒。忌讳在屋内乱吐口痰。猪日不杀猪，鸡日不杀鸡，牛马日不准买卖牛马。有客人到家，客人先要与主妇打招呼，主人才高兴，否则被认为傲慢无礼。

与瑶族路途相遇，不论相识与否，都要热情打招呼。否则被视为不懂礼貌。路遇老人要主动打招呼，并让到路的下方。骑马者，见到老人时必须立即下马。与老人和长辈同桌共餐，要让他们坐上席，主动给他们添饭加菜，可口的菜肴要移到老人和长辈面前摆放。

火塘是瑶族家庭的核心，火塘上的三脚架以及灶膛，不能用脚踩，火塘内的柴火忌讳倒着烧。有些地方的瑶族忌吃狗肉，到了瑶族地区，不要打主人家的狗，不要吃狗肉。还有些地方的瑶族忌吃乌龟、蛇和鳝鱼，客人应入乡随俗，尊重瑶族的风俗。

瑶族妇女生了小孩后，要在门上悬挂柚子、黄果和橘子枝条，以示禁忌。产后未满30日，外人不得穿着鞋进入产妇家。

三、港台民俗礼仪

（一）港澳礼仪

香港和澳门自古以来就是中国的领土，中国政府分别于1997年和1999年对恢复对香港和澳门行使主权，并建立了香港特别行政区和澳门特别行政区。

香港和澳门的居民大部分原籍广东，民俗风情与广东相似。

港澳地区通行的见面礼节为握手礼，同时还保留有拱手、抱拳、鞠躬等中国传统礼节，还流行叩指礼，当接受别人献茶、敬烟、斟酒、布菜或端饭时，立即用略弯曲的拇指、食指、中指三个手指撮合在一起，指尖轻轻叩打桌面，以示谢意。

港澳地区的人们恪守粤式传统饮食方式。相约饮茶时互相斟茶。宴请时，客人要待主人说“起筷”后才可开始进食。用膳时，手肘不能横抬，不能“飞象过河”（取碟子中远处菜），不能“美人照镜”（将碟子取起倒菜），喝汤不能出声，餐毕碗中不要留食。喝酒吃菜时，不宜手不离筷。上鱼时要将鱼头对准客人方向，吃鱼时不要翻转鱼身（寓“翻船”之意）等等。

送礼时忌送时钟（“送终”）、书籍（“输”）、毯子（“压财”）。对数字的使用有讲究，喜用8（发），6（顺），忌用4（死）。

（二）台湾礼仪

台湾素有“宝岛”之称，海峡两岸同根同祖同宗同族，台湾在衣食住行、婚丧喜庆、礼仪赠送及禁忌方面，一般仍保持着闽、粤等地的习俗。

在台湾，忌以甜果、粽子送人，因为甜果、粽子是逢年过节的祭品；忌送扇子、手巾给他人，意味着与他人断绝来往或抛弃对方；忌以钟、刀剪送人，会使人想到“送终”、“一刀两断”的意思；忌以镜子送人，有“破镜难圆”之嫌，又有嫌人丑陋之意。

【本章小结】

宗教是一种社会历史现象。原始社会时期，人类在复杂的自然现象面前，希望以祈祷、祭祀或巫术来获得能量，原始宗教应运而生。

进入阶级社会以后，自发的原始宗教逐渐演变、发展成为有组织、有目的的人为的宗教。宗教产生了具有人格化的崇拜对象，建立了相应的宗教机构，而且宗教理论和教规、仪式日趋完备。宗教是一个民族或国家人民信仰的集中表现，因此，在社会交往中，尊重对方的宗教信仰、习俗、禁忌是社交礼仪的一个重要方面。

佛教、基督教和伊斯兰教是世界上流传最广的三大宗教。三大宗教在历史上先后传入了中国，它们和中国的道教一起，成为中国各种宗教中信仰人数最多的四个宗教。

通过本章的学习，了解世界主要宗教的节日与习俗；了解中国传统节日与习俗，包括汉族传统节日与习俗以及我国主要少数民族的传统节日和习俗，以及中国的民俗禁忌等方面知识，在交际中充分尊重不同宗教信仰、不同民族、不同国家人们的习俗礼仪，消除交际障碍。

实操训练

结合以下案例分析尊重不同宗教习俗礼仪的重要性。

一家生意兴隆的国际电讯公司在泰国曼谷为开一家分公司选地址时，看中了一处房价适中、交通方便且游人众多的地段，而这幢楼的对面竖着一尊并不十分高大但却非常显眼的如来佛像。有好心者警告公司经理，若在此开分公司，生意会很糟糕。但公司经理非常自信，认为这不可能，因为公司在远东地区设的另外几家分公司业务开展得都很红火。所以，公司没听劝阻，仍敲定了这个地段。

一年来，这家公司果然生意清淡，几乎没有做成一桩像样的大买卖。公司经理终于面对现实不得不另选地址，生意这才明显地好起来。经理本人对此始终大惑不解，到处打听原因，得到的解释是：业务不景气的根源在于公司的大楼高度超过了对面的如来佛像，也就是说，公司的位置在如来佛像之上，这在信奉佛教的泰国是犯忌讳的。经理闻言，沉思良久，感触颇深。

复习思考题

1. 如何与穆斯林人士交流和相处？
2. 在宗教场所（基督教教堂、佛教寺院等）旅游时，需要注意哪些问题？
3. 列举世界主要国家的各种禁忌。
4. 端午节的来历是什么？分别有哪些民俗？
5. 壮族主要有哪些节日与习俗？

参考文献

[1] 葛晨虹．中国礼仪文化［M］．北京：经济科学出版社，2001.

[2] 陈刚平．旅游社交礼仪［M］．北京：旅游教育出版社，2006.

[3] 苏文才．会展概论［M］．北京：高等教育出版社，2004.

[4] 胡锐．现代礼仪教程［M］．杭州：浙江大学出版社，2001.

[5] 钱玄，等．礼记［M］．北京：岳麓书社，2001.

[6] 彭林．仪礼［M］．北京：岳麓书社，2001.

[7] 钱玄，等．周礼［M］．北京：岳麓书社，2001.

[8] 林成益，帅学华．现代礼仪修养教程［M］．杭州：浙江大学出版社，2007.

[9] 徐白，高晓梅．公关礼仪修养教程［M］．上海：同济大学出版社，2007.

[10] 杨狄．社交礼仪［M］．北京：高等教育出版社，2006.

[11] 李兴国．社交礼仪［M］．北京：高等教育出版社，2006.

[12] 金正昆．社交礼仪教程［M］．北京：中国人民大学出版社，2007.

[13] 杨丽娜．社交礼仪［M］．武汉：华中科技大学出版社，2006.

[14] 金正昆．政务礼仪［M］．北京：北京大学出版社，2005.

[15] 曹浩文．如何掌握商务礼仪［M］．北京：北京大学出版社，2004.

[16] 云牧心．社交与礼仪［M］．北京：北京工业大学出版社，2006.

[17] 杨茳，王刚．礼仪师培训教程［M］．北京：人民交通出版社，2007.

[18] 周思敏．上班族礼仪［M］．北京：中国轻工业出版社，2005.

[19] 徐克茹．商务礼仪标准培训［M］．北京：北京纺织出版社，2007.

[20] 侯红杰．美丽女人礼仪［M］．上海：东华大学出版社，2005.

[21] 刘金同，陈永顺，田桂芹．实用社交礼貌礼仪教程［M］．北京：北京大学出版社，2007.

[22] 金正昆．服务礼仪［M］．北京大学出版社，2005.

[23] 王韶清．现代职业礼仪教程［M］．广州：暨南大学出版社．2007.

[24] 刘墉．说话的魅力——你不可不知的沟通技巧［M］．南宁：接力出版社，2006.

[25] 张永宁．饭店服务教学案例［M］．北京：中国旅游出版社，2003.

[26] 冯兆军．饭店服务礼仪［M］．北京：旅游教育出版社，2006.

[27] 栗书河．饭店服务礼仪训练手册［M］．北京：旅游教育出版社，2006.

[28] 蔡万坤，郝四平．餐饮企业市场准入管理［M］．北京：北京大学出版社，2007.

[29] 滕宝红，刘慧明．星级酒店培训指南：前厅·客房管理问答一本通［M］．广州：广东经济出版社，2006.

[30] 李先国，曹献存．客户服务实务［M］．北京：清华大学出版社，2006.

[31] 唐树伶，王炎．服务礼仪［M］．北京：北方交通大学出版社，2006.

[32] 姜玲．酒店培训管理实务［M］．广州：广东经济出版社，2006.

[33] 厉鑫，等．导购高手十日通［M］．北京：经济管理出版社，2006.

[34] 张浩．新编现代酒店管理制度大全［M］．北京：蓝天出版社，2002.

［35］李嘉珊，刘俊伟．旅游接待礼仪［M］．北京：中国人民大学出版社，2006.
［36］陆永庆，等．旅游交际礼仪［M］．大连：东北财经大学出版社，2004.
［37］王冬青，等．全国导游基础知识［M］．大连：大连理工大学出版社，2004.
［38］张岩松．现代交际礼仪［M］．北京：中国社会科学出版社，2006.
［39］周敏．现代公务礼仪［M］．杭州：浙江大学出版社，2007.
［40］谢瑞芳．现代公关礼仪［M］．西安：西安地图出版社，2006.
［41］杨眉．现代商务礼仪［M］．大连：东北财经大学出版社，2005.
［42］蒋一凤．酒店管理180例［M］．上海：上海东方出版中心，1997.